*Macht und Geheimnis
der Illuminaten*

Copyright © 2004 bei
Jochen Kopp Verlag, Graf-Wolfegg-Str. 71, D-72108 Rottenburg

Alle Rechte vorbehalten

Umschlaggestaltung: ZERO Werbeagentur, München
Satz und Layout: Agentur Pegasus, Zella-Mehlis
Druck und Bindung: GGP Media GmbH, Pößneck

ISBN 3-930219-94-8

Gerne senden wir Ihnen unser Verlagsverzeichnis
Kopp Verlag
Graf-Wolfegg-Str. 71
D-72108 Rottenburg
Email: info@kopp-verlag.de
Tel.: (0 74 72) 98 06-0
Fax: (0 74 72) 98 06-11

Unser Buchprogramm finden Sie auch im Internet unter:
http://www.kopp-verlag.de

Andreas von Rétyi

Macht und Geheimnis der Illuminaten

Verschwiegene Weltgeschichte

JOCHEN KOPP VERLAG

Inhalt

Am Anfang war das Licht 9

1. WURZELN EINER VERSCHWÖRUNG 19

Vom Blitz getroffen 19
Im Bann des Feuerkults 20
Dem Verborgenen auf der Spur 22
Der geheimnisvollste Mann der Welt 26
Mysterien am Nil 29
Horte der Macht 30
Der Platz des Osiris 33

2. DIE GEHEIMNISSE ÄGYPTENS 36

Altes Wissen für unsere Zukunft 36
Strahlende Gräber 39
Das Rätsel der Kokain-Mumien 40
Ein morsches Geschichtsbild 43
Hieroglyphen in Australien? 45
Ägypten – Wiege des Geheimwissens 48
Macht über die Schwere? 50
Das Unzerstörbare 53
Die Sprache der Steine 56

3. EINWEIHUNG ZWISCHEN LICHT UND SCHATTEN 61

Begegnung mit dem Hohepriester 61
Der Geist der Jahrtausende 65
Zeitreisen in der Unterwelt 68
Quantensprünge der Mystik 74
Konzentrierte Energie 75
Tempel der Einweihung 78

4. DER ORDEN 83

Prometheus 83
Düstere Experimente 84
Das Monster aus Ingolstadt 86
Der Zweck heiligt die Mittel! 89
Recht über Leben und Tod 91
Spürhunde der Illuminaten 94
Infiltration 96
Zeremonien und Ziele 97
Das größte Geheimnis 101

5. VERSCHWIEGENE BRÜDER 105

In geheimer Mission 105
Die Macht, Throne zu stürzen 107
Der Schatz der Templer 111
Baphomet 113
Erben der Gralsritter 116
Die Maske 118
Magische Künste 121
Umformung der Gesellschaft 123

6. GEFÄHRLICHE PLÄNE 125

Illuminatengift für Mozart? 125
Außer Kontrolle 129
»Eine Kugel für den Kopf ...« 131
Der Denunziant 133
Feuer aus der Glut 138
Neuer Geist 142
Die Saat geht auf 144

7. PHOENIX AUS DER ASCHE 149

Ungerecht behandelt? 149
Weishaupts Abstieg 152

Die unsichtbaren Brüder 153
Totgesagte leben länger 157
Eine Brücke in die Neue Welt 161
»322«. 165
Gruftgeflüster 168
Alles doch nur halb so wild? 173
Okkulte Traditionen 175

8. DIE NEUEN LICHTBRINGER 179

Eine ungewöhnliche Frau 179
Von der Pike auf 182
Gerüchte um »KKK« 185
Ausnahmen bestätigen die Regel 186
Drei große Kriege 188
Geheimnisvolle Dokumente 191
Die Zeit der offenen Bruderschaft 194
Attentäter am Werk 197
Eine unglaubliche Doktrin 201
Verwirrspiel der Macht 203
Die Mystiker der Zaren 206
Tod den Reformern! 209
Der Plan wird ausgeführt 211

9. WIE MAN DIE WELT IN ATEM HÄLT 215

Die unsichtbare Regierung 215
Machtgier 218
Im Würgegriff der »Illuminati« 220
Wege zum Olymp der Macht 224
Der innere Zirkel 227
Kampf als Naturzustand 228
Das Amerikanische Jahrhundert 230
Geheimbund USA 233
Todesstrafe für Kinder? 237
Die Angst-Nation 239

Zum Schweigen gebracht 241
»Der Illuminat ist tot – Es lebe der Illuminat!« 243

Literatur 246

Register 249

Am Anfang war das Licht

Manchmal fügen sich die Dinge ganz von selbst, eins ergibt sich einfach aus dem anderen. Und am Ende scheint es, als ob alles bereits von Anfang an so und nicht anders sein sollte ...

Während ich hier die ersten Zeilen für mein neues Buch über die Illuminaten schreibe, befinde ich mich in einer der mächtigsten Metropolen der Erde und gleichsam der größten Stadt des afrikanischen Kontinents – Kairo. Nach einem durchaus hektischen und ereignisreichen Vormittag habe ich mich nun aufs Hotelzimmer zurückgezogen, um den Wüstenstaub abzuwaschen und einige ruhigere Stunden zu verbringen.

Die Sicht durchs Eckfenster reicht von hier oben, aus dem achten Stock, über die meisten Häuser hinweg. Direkt neben einem schlanken Minarett erheben sich die drei großen Pyramiden von Giseh in königlicher Distanziertheit über die flachen Dächer; die jahrtausendealten Monumente hinter einem Wald aus Antennen und Parabolschüsseln. Ägyptische Romantik heute.

Die Gebete der Muezzin dringen hundertfach durch die Megaphone und gemahnen die moslemische Welt jeden Tag vielfach ihres Gottes. Unbeeindruckt davon setzen sich in den hoffnungslos überfüllten Straßenzügen die Hupkonzerte fort. Menschenmassen folgen der Dynamik eines scheinbar vorbestimmten Lebens, während jedes Individuum doch in so viele Unwägbarkeiten der Zeit geboren wurde. Bereits der Blick aus dem achten Stock läßt die Dinge so gleich und unwichtig erscheinen! Doch jeder, der dort unten schlendert oder dahinhastet, der gerade auf den anrollenden Bus springt oder versucht, im kaum mehr zu überbietenden Verkehrschaos heil über die Straße zu kommen, verbindet eine einzigartige, individuelle Lebenslinie mit einem unverwechselbaren Wesen. Und jeder will leben, überleben!

Während ich hier sitze und mir einige Notizen mache, wandern meine Blicke zeitweilig nach draußen. Ein paar Kinder haben sich ein älteres Auto ausgesucht, um auf dessen Dach zu spielen. Sie raufen wie wild, rutschen über die Frontscheibe und springen auf der Motorhaube herum.

Für sie gibt es in diesem Augenblick nichts anderes auf der Welt, sie leben im Moment und sind zumindest für diesen Moment glücklich. Was sonst auch immer um sie herum geschieht, nichts außer diesem Auto ist für sie wichtig. Neben dem Hotel und direkt an der Moschee steht ein Gebäude, von dem sich mir nicht sofort erhellt, ob es ein Rohbau ist oder eine Ruine. In schwindelnder Höhe jedenfalls liegen zwei Arbeiter direkt am hervorkragenden Ende einer Betonplattform und sind damit beschäftigt, Holzlatten von der steinernen Kante abzuschlagen. Ab und zu stehen sie auf, um Werkzeuge zu holen. Seelenruhig laufen sie immer wieder gefährlich knapp am Rand der Betonfläche entlang, als würde es dort nicht zig Meter in die Tiefe gehen. Wie kann man nur so verdammt sicher sein, nicht aus dem Gleichgewicht zu geraten? Es ist ja immerhin schon ein paarmal vorgekommen, daß Leute in die Tiefe stürzen.

Der Mensch am Abgrund, ein symbolisches Bild. Und ganz bestimmt ein aktuelles Thema, vielleicht mehr denn je …

Am breiten Bürgersteig hat sich ein kleiner Junge ein schattiges Plätzchen unter einem Baum gesucht. Der Schüler legt seine Tasche zur Seite und kramt ein Büchlein hervor, um sich darin zu vertiefen. Ruhig hockt er da und taucht in eine andere Welt ein. Um ihn herum brodelt die Stadt weiter. Und ich sitze als stiller Beobachter, selbst (vermutlich) unbeobachtet, auf meinem kleinen Aussichtspunkt, den mir das Hotelzimmer bietet. Hier beginne ich bald schon in jeder einzelnen Szene eine tiefere Bedeutung zu sehen.

Das Hotelzimmer gleicht einer kleinen Oase in der unaufhörlich drängenden, staubigen und lauten Hektik der ägyptischen Megastadt. Ich bin wirklich froh, nach einem längeren Spaziergang über das kochende Pyramidenplateau nun endlich wieder etwas Sauberkeit und Ruhe genießen zu können. Doch unwillkürlich geht mein Blick immer wieder in Richtung der drei großen Wahrzeichen. Sie wirken so unendlich magisch, die Nähe der Stadt kann ihnen nichts anhaben. Und magisch ziehen sie jeden an. Warum also sollte es mir anders gehen? Kaum, daß ich ein paar Zeilen geschrieben habe, muß ich schon wieder zu ihnen hinüber sehen. Ja, sie sind noch da!

Im Laufe der Reise wurde mir immer klarer, warum ich hierher gekommen war – ins Land der Pharaonen. Viele der Gründe für dieses Hiersein waren mir nun an recht ungewöhnlichen, verborgenen Plätzen aufgegangen, Plätze, wie es sie einfach nur in diesem Land gibt. Eben gerade komme ich von einem jener Orte und versuche nun, die ersten Gedanken für mein neues Buch zu fassen.

Um die geheimen Machthaber dieser Welt soll es gehen, um die berühmt-berüchtigten Illuminaten, die »Erleuchteten«. Mir wurde erst mit der Zeit bewußt, daß sich mit diesem Thema keineswegs nur esoterische Hirngespinste verbinden, sondern eine sehr ernste, wenn auch komplexe Geschichte. Ihre Wurzeln sind nicht zuletzt genau hier, im Land am Nil zu finden. Um einige wesentliche Hintergründe zu verstehen und Antworten zu finden, ist es offenbar manchmal nötig, in unterirdische Gewölbe und alte Gräber hinabzusteigen. Auch das wurde mir jetzt mehr und mehr bewußt. So still die Stimmen der Steine und der Jahrtausende sind, so eindringlich können sie wirken.

Vor vielen Jahrtausenden wuchs an den Ufern des gigantischen Stromes die vielleicht geheimnisvollste Kultur heran, die unser Planet je erlebte. Obwohl Grabmalereien und entschlüsselte Hieroglyphenschriften uns über diese alte Kultur mehr verraten haben als über jede andere Zivilisation der Vergangenheit, stehen wir dennoch nirgends sonst vor noch größeren Rätseln und Geheimnissen.

Noch heute suchen teils recht ungewöhnliche Gruppierungen und Organisationen geradezu fieberhaft nach den alten Mysterien. Auch heute noch werden einige der uralten Bräuche und Zeremonien wiederbelebt, manchmal von Personen, von denen man dies nie erwarten würde. Es war für mich selbst eine kräftige Überraschung, als ich auf eine ständig wachsende Zahl von Belegen dafür stieß, wie okkult die Macht-Elite unserer Erde noch heute orientiert ist. Diese Tatsache ist erstaunlich genug, ganz ungeachtet der Frage, ob irgend jemand den Riten auch noch eine echte Wirkung zugesteht oder nicht.

In meinen Büchern *Die unsichtbare Macht – Hinter den Kulissen der Geheimgesellschaften* sowie *Skull & Bones – Amerikas geheime Macht-Elite* habe ich versucht, den federführenden Kräften unseres Planeten zu folgen und die skrupellosen Machenschaften jener menschenverachtenden Führungsriege offenzulegen. Immer wieder bin ich mit zahlreichen überraschenden Themen aus dem Reich der Geheimhaltung konfrontiert worden (siehe hierzu auch www.s-topsecret.de).

Während der Recherchen bin ich selbst immer wieder aufs Neue erschrocken, wie weit jene wenigen, aber unvergleichlich mächtigen Menschen in ihrem elitären Anspruch gehen und wie stark sie uns als den Rest der Welt bereits im Griff haben. Alles ist miteinander vernetzt und dient den Interessen einiger weniger, superreicher Familien. Verhöhnung und Verfolgung, Ächtung und Mord sind fast immer die Mittel, die von diesen Schattenregenten angewandt werden, sobald jemand auch nur die obersten Mörtelschichten anzukratzen versucht, die ihre himmelhohen Bastionen zusammenhalten.

Natürlich geschieht so manches, um Behauptungen über eine Weltverschwörung als lächerliches Sensationsgeschwätz zu degradieren. Schilderungen über die »allmächtigen, grundgefährlichen Illuminaten« und ihre mörderische Macht seien nichts als haltloses Gerede, vermeintliche Dokumente über die geheimen Aktionen lieferten angeblich keine wirklichen Beweise. Und daß die innersten Zirkel der Macht-Elite an ihren Erholungsorten grausame rituelle Kulte praktizierten, entbehre ohnehin jeglicher faktischen Grundlage. Alles pure Spekulation.

Schon im 18. Jahrhundert, als der Orden der Illuminaten gegründet wurde und sich enorm schnell ausbreitete, hatte es bald darauf heftige Proteste und deutliche Angriffe gegeben. Waren auch sie völlig ungerechtfertigt? Obwohl die Illuminaten so einiges in Bewegung setzten, wurde es schon nach kurzer Zeit ziemlich still um sie, verblüffend still sogar.

Aus heutiger Sicht könnte man das Illuminatentum beinahe schon als das fehlende Kapitel der Weltgeschichte bezeichnen. Irgendwem scheint es so gar nicht recht zu sein, daß Informationen über jenen altehrwürdigen Bund und seine Sprossen ans Licht gelangen. Denn das Licht der »Illuminierten« soll auch wirklich nur den Eingeweihten selbst leuchten. Wie sich aber zeigt, gibt es einige bedeutsame Unterschiede zwischen den Illuminaten von einst und jetzt. Doch ihr Machtstreben zeigt Beständigkeit.

Zumindest einige Historiker, die sich genauer mit dem originalen Orden auseinandergesetzt haben, können nicht verstehen, warum die Illuminaten kaum oder gar nicht in den Geschichtsbüchern erwähnt werden. In der Schule lernt man nichts über sie. Das Thema wird größtenteils umgangen. Der Historiker und Philosoph Richard van Dülmen wundert sich:»Merkwürdig ist, daß trotz der heute unbestrittenen Bedeutung des Illuminatenbundes für die Geschichte und Verbreitung der Aufklärung, des deutschen Bürgertums und seiner Intelligenz sowie für die Geschichte der politischen Geheimbünde er nie die ihm gebührende Beachtung in der deutschen Geschichtswissenschaft gefunden hat.«

Warum wohl? Weil dieses Kapitel der Weltchronik wie auch einige andere viel besser unter einem Geschichtsteppich aus tausendundeiner Nacht untergebracht wird. Was so an Krieg und Blut die dicken historischen Schwarten füllt, reicht ohnehin für viele schlaflose Nächte; allerdings zu erfahren, wer wirklich hinter allem steckt und wieviel Grausamkeit lange geplant war, wieviel tonnenschwere Lügen verbreitet worden sind und wie extrem ganze Völker manipuliert, mißbraucht und absichtlich gegeneinander aufgehetzt wurden, nur um die maßlosen Ansprüche einer Macht-»Elite« zu befriedigen, nun, dies alles als unbedarfter Bürger zu erfahren, ist nicht im Sinne der Erfinder. Irgendwann aber wird der Unrat unter dem Teppich zu groß, um nicht darüber zu stolpern. Unsere Gesellschaft allerdings wird dahin erzogen, diesen Teppich eben einfach liegen zu lassen, wie er ist, und um den Buckel herumzugehen. Nur gibt es da bald keinen Platz mehr.

Viele wollen mehr überhaupt nicht wissen, wie die Welt geformt worden ist, solange sie selbst nicht von Nachteilen betroffen sind. Die Erkenntnis, daß das längst der Fall ist, scheint zu diesen Zeitgenossen noch nicht vorgedrungen zu sein.

Die Zeiger der »Weltuhr« stehen in jener berühmten, kritischen Position, und es bleibt nur eines zu hoffen: Wenn die Hintergründe über das, was auf unserem Planeten geschieht, in ein allgemeineres Bewußtsein gelangen, dann besteht vielleicht noch die Möglichkeit, das Schlimmste einzudämmen. Für manchen tut's immer noch das Weltbild von der flachen Scheibe vollauf. Andere wollen wissen, in welchem Kosmos sie leben.

»Illuminaten«, dieses Thema erweist sich, wie gesagt, als sehr komplex und vielschichtig, mit zahlreichen Facetten. Es ist so farbig wie verwirrend, so spannend wie paradox.

Hinter dem einen bedrohlichen Wort stehen verschiedene Bedeutungen. Illuminaten sind nicht gleich Illuminaten. Es sind heute andere als zu früheren Zeiten. Und selbst zu ein und derselben Epoche gab es verschiedene Auffassungen und Ideen. Fast immer aber galt es, möglichst fern der Öffentlichkeit zu »leuchten« und aus dem Geheimen heraus zu agieren. Sicherlich mußte das nicht immer und ausschließlich Böses bedeuten, meistens aber leider eben doch. Das hat sich deutlich gezeigt, vor allem in der jüngeren Geschichte. Zwangsläufig legt sich über die Welt der Geheimbünde ein düsterer Schleier. Beim Bund der Iluminaten hat diese »Verdunkelung« weltweite Ausmaße angenommen. Diese Informations-Finsternis macht es Außenstehenden schwer, die Gratwanderung zwischen reiner Spekulation und Aufdeckung von Fakten erfolgreich zu bestehen. Und selbst sogenannte Insider werden sich schwer tun, herauszubekommen, welchem Herrn sie eigentlich dienen. Vielleicht ist es für sie sogar besonders schwer. Wer Teil eines Systems ist, wird im Normalfall auch von dessen Richtigkeit überzeugt sein und es mit »feurigem Schwert« verteidigen. Befinden sich Eingeweihte auf unteren Ebenen der Geheimhaltungshierarchie, wie sie nicht zuletzt schon bei den ursprünglichen Illuminaten existierte, werden sie, ohne es zu wissen oder wissen zu wollen, lediglich zu willenlosen, hörigen Werkzeugen einer subtilen Maschinerie. Dem »Outsider« dürften solche Personen eine mangelnde Urteilsfähigkeit vorwerfen, sobald er das System ernstlich kritisiert; ihnen selbst aber fehlt andererseits die nötige Distanz zur Sache, ausreichend Information über die »höchsten Weihen« und der grundsätzliche Antrieb, die Geheimnisse jener federführenden Kräfte überhaupt ergründen und dann offen beurteilen zu wollen. Schließlich stehen sie innerhalb des Systems und damit unter dessen Druck. Immerhin kann auch der Außenstehende bei näherem Hinsehen einige Signale erkennen, aus denen sich die wahren Verhältnisse zumindest teilweise ableiten lassen.

Auf dieser Welt gibt es einerseits immer noch große und sehr alte Geheimnisse, die seit Urzeiten bewahrt werden. Andererseits liegen Neugierde und die Bereitschaft, Informationen weiterzugeben, in der Natur des Menschen. Und zum Glück gibt es immer noch Individuen, die ihrem Individualismus nicht abschwören und sich nicht von fragwürdigen geheimen Organisationen führen oder verführen lassen wollen. Es sind Menschen, die in engere Berührung mit der »Macht-Elite« gekommen sind und die Gefahr erkannt haben, die von ihr ausgeht. Menschen, die nicht mitverantwortlich für eine Versklavung der Welt sein wollen und Menschen, die versucht haben, die dunklen Pfade verschworener Gesellschaften zu verfolgen, um wenigstens einen Teil ans Licht der Öffentlichkeit zu bringen. Journalisten, Anwälte oder Senatoren, Polizeibeamte, Nachrichtendienstler oder Firmenangehörige – Personen verschiedenster Berufsgruppen sind auf unterschiedlichste Weise mit der Macht derjenigen konfrontiert worden, die heute unter dem Schlagwort »Illuminaten« als die einflußreichsten und gefährlichsten Menschen der Erde zusammengefaßt werden.

Mit diesem Buch möchte ich Sie, liebe Leser, gewissermaßen »hinters Licht« der Erleuchteten führen, der »Illuminaten« eben. Verfolgen Sie mit mir die Spuren, wie sich das geheime Bündnis im Grunde unter wechselnden Namen bereits lange in unsere Erde gegraben hat. Dabei stoßen viele Strömungen aufeinander, in einem nicht selten verwirrenden Wechselspiel. Stück für Stück werden wir die einzelnen Wurzeln des geheimnisvollen Gewächses ausgraben, um die verschiedenen Ursprünge und Hintergründe einer teils okkulten und zunehmend menschenverachtenden Philosophie zu ergründen.

Bis in die Gegenwart hinein ist es den Mächtigen gelungen, eine grandiose Kulisse zu errichten, die häufig den erhabenen Glanz von Philanthropie und Humanität verstrahlt. Doch dahinter ist es meist sehr dunkel. Auf eine ganz andere Weise »verstrahlt« ist am ehesten wohl die Philosophie der Macht-Elite.

Sehr bescheiden halten sich die großen Namen der Welt oft im Schatten auf, man will ihrerseits nicht wahrgenommen werden. Die wirklich Mächtigen haben es nicht nötig, berühmt zu sein und aufzufallen. Hier wird vielmehr sehr gerne eine vornehme Zurückhaltung geübt – verdächtig vornehm, verdächtig zurückhaltend. Die mächtigsten und verdächtigsten Familien der Welt sind nicht nur die Herrscher über gigantische Wirtschaftsimperien, sondern stellen eigene Staatsgebilde dar, die so unübersichtlich und in ihren Transaktionen so geheim und frei sind, daß sie grenzüberschreitend ohne Wissen offizieller Regierungen jahrzehntelang ihre dubiosen Geschäfte betrieben haben. Aus dieser Deckung heraus waren und sind sie imstande, die Weltgeschichte bis zum heutigen Tag entscheidend zu beeinflussen.

Die gesteuerte Geschichte ist keine Verschwörungstheorie, keine Legende, sondern eine traurige und gefährliche Tatsache. Die bestimmenden Personen hinter den Ereignissen sind, wie gesagt, trotz oder gerade wegen ihrer Macht nicht selten unbekannte Größen – ganz im Wortsinne. Andere sind uns allerdings durchaus gut bekannt und stehen mitten in der Öffentlichkeit. Glücklicherweise sind nunmehr bereits viele Fakten über die verschwörerischen Machinationen der »Großen« durchgesickert und in unzähligen Büchern veröffentlicht worden. Viele Werke enthalten unfraglich auch stark überzogene Darstellungen und zahlreiche Spekulationen. In Anbetracht der elitären Geheimhaltung ist wohl verständlich, wie das geschehen kann. Doch worum es zunächst geht, das ist die grundlegende Erkenntnis, daß Verschwörungen größten Stils wirklich existieren und geradezu an der Tagesordnung sind. Das vorliegende Buch soll einige Lücken schließen, bislang wenig bekannte Informationen auch aus persönlichen Erfahrungen einbringen und einige bedrohliche Fakten vorlegen, die bis in die neueste Zeit hinein wirken.

Die Recherchen zu meinen früheren Büchern haben mir immer mehr Belege dafür geliefert, wie bedeutend dieses Thema ist, auch wenn der einzelne an sich nur wenig bewirken kann. Im Laufe meiner Arbeit habe ich selbst zu spüren bekommen, wie machtvoll die modernen Illuminaten in ihren verschiedenen Ausprägungen agieren. Es ist der Kampf von David gegen Goliath, allerdings hoch zehn, und wer einmal realisiert hat, wie chancenlos dieser Kampf eigentlich ist, könnte schier verzweifeln oder aufgeben. Solange man aber die Möglichkeit hat, von den Vorgängen zu sprechen, die sich hier abspielen, solange man die vorliegenden Informationen verbreiten kann, geschieht zumindest noch etwas Sinnvolles. Ein längerfristig betrachtet durchaus aussichtsreiches Unternehmen. Denn je mehr Menschen von der Situation erfahren, desto größer wird der Gegendruck gegen diese »Elite«, die sich zu aller Zeit alles herausnimmt.

Jeder, Sie und ich, wir alle sind durchaus in der Lage, einen kleinen Teil dazu beizutragen, daß die Thematik aus der Verschwörungstheorie und der Lächerlichmachung in ein allgemeines Bewußtsein rückt. Damit kann der Druck schließlich groß genug werden, um eine Weiterentwicklung der Machenschaften, der Geschichtsverfälschung und Verbrechen größten Stils zumindest einzudämmen. Es kann dann geschehen, daß die Rechnung der Elite letztlich nicht so ganz aufgeht.

Zur Zeit wird an Schulen und Universitäten immer noch ausschließlich gelehrt, was im Sinne der Mächtigen gelehrt werden darf. Auch die Kontrolle der Medien ist keine Mär, das habe ich selbst ebenfalls schon zu spüren bekommen. Kaum ein Bereich weltweit, der nicht kontrolliert wäre. Wie konnte es dazu kommen?

Wenn wir dieser Frage nachgehen, werden wir auf einige erstaunliche Hintergründe stoßen, die uns ein sehr ungewöhnliches Gedankengut präsentieren. Nicht zu unterschätzen ist dabei das mystische und okkulte Rüstzeug, das mit seinen archaischen Wurzeln gleichsam einer Einschwörung und wirksamen Konditionierung »gewisser Kreise« dient. Allein die so lange Existenz verleiht diesen Riten ihre außergewöhnliche Kraft.

Wir sollten nicht vergessen, daß jeder Eid ein feierlicher Ritus ist. Keine Aufnahme in ein hohes politisches Amt ohne eine Vereidigung. Dies allein als rein traditionelle Geste zu betrachten, würde der Sache nicht gerecht. Wir werden der spannenden Frage nachgehen, woher die ursprünglichen Illuminaten ihre ideellen Anregungen bezogen und auf welche Weise sich diese Lehren auf ihre späteren Erben ausgewirkt haben. Wie sich erweist, wirken erstaunlich viele Kräfte zusammen, und gleich einem Staffellauf geben die einzelnen Teilnehmer des Rennens ihren kultischen Gegenstand von Etappe zu Etappe weiter.

Das Phänomen der Illuminaten stellt sich hierbei als Chamäleon der Weltgeschichte dar. Seine enorme Wandelbarkeit gestattet ihm, lange Zeit unerkannt unter den verschiedensten Namen und Erscheinungsformen zu operieren. Der legendäre Graf von St. Germain, der als Zeitreisender in verschiedenster Gestalt und in den verschiedensten Epochen der Weltgeschichte aufgetreten sein soll, wäre wohl keine schlechte Personalisierung dieser Methode. Man fühlt sich vielleicht sogar noch mehr an die faszinierende Comic- und Filmfigur der Mystique erinnert, die das X-Men-Universum um einen einzigartigen Mutanten vermehrt – einen, der jederzeit sozusagen jede x-beliebige Gestalt annehmen kann. »Mystique« war sinnigerweise auch als Agentin für das US-Verteidigungsministerium tätig und gründete die zweite Bruderschaft der *Evil Mutants*. Ob jemand beim Ersinnen dieser zweiten Bruderschaft womöglich an ein reales Vorbild dachte?

Immerhin gibt es in Form des Ordens von *Skull & Bones*, auch als »Bruderschaft des Todes« bekannt, in den USA eine zweite Sektion des originalen Illuminatenbundes. Davon soll später gleichfalls noch die Rede sein.

Begeben wir uns also nun auf Spurensuche, um das Phänomen der Illuminaten in seinen verschiedenen »Mutationen« zu ergründen, seine gefährlichen Pfade zu orten und die Organe zu identifizieren, die es heute mehr denn je am Leben erhalten ...

1. Wurzeln einer Verschwörung

Vom Blitz getroffen

Johann Jakob Lanz hatte noch einen weiten Weg vor sich. Der Weltpriester aus dem bayerischen Erding befand sich auf einem anstrengenden Ritt nach Berlin, unterwegs in geheimer Mission. Es war ein verhangener Sommertag im Jahr 1785, als Lanz die Stadt Regensburg erreichte und dort einen guten Freund traf, der von der Obrigkeit verfolgt wurde und dort zeitweilig Unterschlupf gesucht hatte.

Die Wolken hingen schwer und düster am Himmel, als die beiden Gelehrten gegen Abend noch einen Spaziergang vor den Toren der Stadt machten. Schon stundenlang diskutierten und erörterten sie verschiedene Fragen, die sich meistens um ein ganz wesentliches Ziel drehten: geheime Pläne vor der Entdeckung zu wahren und die Weichen für die Zukunft zu stellen. Über den Männern braute sich ein Gewitter zusammen, gleich in mehrfacher Hinsicht. Tatsächlich ging der Tag mit Blitz und Donner zu Ende – und mit einem tragischen Ereignis.

Die beiden Spaziergänger waren so vertieft in ihren Dialog, daß sie kaum bemerkten, wie die ersten dicken Tropfen vom Himmel fielen. Ein heftiger Donnerschlag riß die Verschwörer aus dem Gespräch. Lanz blickte argwöhnisch zum Himmel, um sich jedoch gleich wieder seinem Gegenüber zuzuwenden. Das Wetter war allerdings mittlerweile so ungemütlich geworden, daß sich das dubiose Duo allmählich auf den Rückweg machte. Am Himmel zuckten die Blitze über der verschlafenen Silhouette der Stadt. Mit ohrenbetäubendem Krachen donnerte ein gleißendes Licht aus den Wolken herab und erfaßte Lanz, der zu Boden sackte. Er war augenblicklich tot.

Noch bleicher, als er es ohnehin immer war, stand der Begleiter fassungslos neben dem leblosen verbrannten Körper. Eben noch sprachen die beiden Männer über geheime Pläne, jetzt hatte die Natur jene ihr eigene, unbeeinflußbare Macht unter tödlichen Beweis gestellt. Und wie leicht hätte es statt Lanz auch den geheimnisvollen Herrn treffen können, der sich nach Regensburg absetzen mußte, ihn, der niemand anderes als der Hauptinitiator der groß angelegten Verschwörung war! Jener tragische Unfall jedenfalls, bei dem Priester Lanz sein Leben verlor, veränderte vieles. Obwohl die Angelegenheit dem Stift Regensburg unterstand, beschlagnahmte der kurpfälzische Gesandte den Leichnam und veranlaßte, ihn nach Freising zu überführen. Laut zeitgenössischen Berichten machte man bei der nachfolgenden Untersuchung einen interessanten Fund. In die Kleidung des Toten waren sehr aufschlußreiche Geheimdokumente eingenäht, die Informationen über die Verschwörung des Geheimbunds der Illuminaten enthielten. Diese Enthüllungen führten bald zu einer ganzen Reihe von Verhaftungen unter den federführenden Personen. So hatte der verhängnisvolle Blitzschlag den Lauf der Geschichte wahrhaft schlagartig beeinflußt.

Adam Weishaupt, der Begründer des rätselhaften Illuminatenbundes mit seinen obskuren Vorhaben, war noch einmal mit dem Schrecken davongekommen.

Wer war dieser Mann, um den sich so viele Legenden ranken und der bis in die Gegenwart hinein als Inbegriff des machtbesessenen Weltverschwörers gilt?

Im Bann des Feuerkults

Geboren wurde Adam Weishaupt am 6. Februar 1748 in Ingolstadt. An der dortigen Universität lehrte sein Vater Jurisprudenz, und auch der hochintelligente und ehrgeizige Jesuitenschüler Adam Weishaupt steuerte in diese akademische Richtung. Noch bevor er das 15. Lebensjahr erreicht hatte, begann er mit dem Studium von Geschichte, Philosophie und Staatswissenschaften. Von Anbeginn seiner steilen Karriere war Weishaupt geradezu beseelt von einem enormen Wissensdurst. Allerdings widerstrebte ihm die zwanghafte jesuitische Lehrmethode, während die französische Aufklärung ihn faszinierte. Mit eisernem Willen stieg Weishaupt die Erfolgsleiter schnell nach oben, und bereits im Alter von 24 Jahren wurde er außerordentlicher Professor für Natur- und Kirchenrecht an der Uni-

Adam Weishaupt, der Begründer des Illuminatenordens

versität von Ingolstadt. Drei Jahre später lehrte er dort dann als ordentlicher Professor.

Weishaupt in diesem Amt! Das war vor allem den Jesuiten ein gewaltiger Dorn im Auge, denn 90 Jahre lang befand sich der Lehrstuhl unter ihrer Verwaltung. Den Professor selbst störte das allerdings eher wenig, abgesehen davon, daß er ohnehin ganz andere Ziele und Absichten verfolgte.

Weishaupt begann, Pläne für einen echten Geheimbund zu entwickeln. Zuerst sah alles recht harmlos aus und erschien unter den gegebenen Umständen jener Jahre sogar ziemlich sinnvoll. Der junge Ingolstädter Professor wollte das geistige Leben wieder auf Vordermann bringen und eine riesige Bibliothek errichten, die das Wissen der Zeit zusammenfaßte. Die Jesuiten übten ihre Macht im Bildungswesen nach allen Mitteln der Kunst aus, gelehrt wurde nur, was eben ins Konzept paßte. Viele der verhaßten und verbotenen Bücher fand Weishaupt allerdings in der Bibliothek seines Großonkels Johann Adam Freiherr von Ickstadt, der als Direktor der Universität von Ingolstadt auch Weishaupts Vater an seine Lehranstalt berufen hatte.

Wie Adam Weishaupt sagt, keimte in ihm damals der Plan, zusammen mit geeigneten Bundesgenossen eine Geheimgesellschaft zu gründen, die sich unter dem Schutz der Verborgenheit dem Guten und Wahren in der Welt widmen sollte.

Zwischen Worten und Taten bestehen natürlich oft himmelweite Unterschiede, und wie sich noch zeigen wird, schwebten Weishaupt mit seinem geheimen Bund noch ganz andere Ziele vor. Zunächst aber brauchte er Anregungen; er suchte sie fieberhaft und fand sie auch in jeder Menge. Als ihn 1774 ein Protestant aus Hannover besuchte und von den Freimaurern erzählte, von denen Weishaupt zuvor kaum etwas gehört hatte, lauschte er den Ausführungen seines Bekannten begeistert. Was er da vernahm, machte ihn so neugierig, daß er mit dem Gedanken spielte, selbst in eine Loge aufgenommen zu werden – um dort »Asyl der verfolgten Unschuld« zu erhalten. Allerdings scheute er dann vor den Kosten einer Aufnahme in München oder Nürnberg zurück. Am bedeutsamsten aber blieb, daß er nicht von seinem Vorhaben abrücken wollte, eine eigene Gesellschaft zu gründen. Eine Gesellschaft, an deren Spitze er stand und die er nach Belieben kontrollieren konnte.

Weishaupt kehrte also zu seinem ursprünglichen Ansinnen zurück. Er begann, sich nach geeigneten Leuten umzusehen und suchte vor allem junge, noch formbare Menschen, die er für sein Unternehmen begeistern konnte. Dabei mußte er sich allerdings beeilen. In Burghausen nämlich war ein Offizier sehr eifrig damit befaßt, die Loge für einen anderen Geheimbund zu gründen – die Rosenkreuzer, die auch in Ingolstadt ziemlich aktiv waren. Weishaupt befürchtete, daß seine aussichtsreichsten Kandidaten bald durch die Rosenkreuzer von der Universität abgeworben würden, und beschleunigte daher sein eigenes »Programm«. So erstand bald darauf der *Orden der Perfectibilisten*, wie Weishaupt sein heimliches Bündnis in den ersten Tagen nannte. Von verborgenen Zirkeln und alten Kulten beinahe besessen, saugte er weiterhin alles auf, was er für die eigenen Zwecke verwenden konnte. Sogar von den ihm verhaßten Jesuiten übernahm er so manche Methodik, auch ihren Leitsatz »Der Zweck heiligt die Mittel«, und nannte sich bald »General der Illuminaten«. Anderseits hatten es ihm die heidnischen Praktiken und Feuerkulte angetan.

Licht, Erleuchtung, Feuer! Der altiranische Prophet Zarathustra und dessen spätere Anhänger, die Parsen mit ihrem Feuerkult, ließen Weishaupt zeitweilig daran denken, den neuen Orden als *Parsenorden* oder *Orden des Feuers* zu titulieren. Schließlich rang sich Weishaupt aber dazu durch, nur noch vom Orden der *Illuminaten* zu sprechen, eben den *Erleuchteten*.

Dem Verborgenen auf der Spur

Wenn Weishaupt so gerne Wahrheit predigte, dann war das wohl nicht sonderlich genau zu nehmen. Schon seine stark jesuitisch angehauchte Philosophie zeigt, daß den schroffen und herrschsüchtigen Professor keine allzugroßen Skrupel plagten, wenn es darum ging, die gesteckten Ziele zu erreichen. In einem illuminatischen Standardwerk Weishaupts finden sich dazu aufschlußreiche Aussagen: »Wenn nur die Zwecke erreicht werden, so ist es gleichgültig, unter welcher Hülle es geschieht, und eine Hülle ist immer nöthig. Denn in der Verborgenheit beruht ein großer Theil unserer Stärke. Deswegen soll man sich immer mit dem Namen einer anderen Gesellschaft decken. Die Logen der untern Freymaurerey sind indessen das schickliche Kleid für unsere höheren Zwecke, weil die Welt nun schon daran gewöhnt ist, von ihnen nichts Gutes zu erwarten, welches die Aufmerksamkeit verdient. Auch ist der Name einer gelehrten Gesellschaft eine sehr schickliche Maske für unsere untern Classen, hinter welcher man sich stecken könnte, wenn irgend etwas von unseren Zusammenkünften erfahren würde.«

Weishaupt durchforstete die Landschaft der Geheimgesellschaften, um aus jedem Bund die für seinen eigenen verschwiegenen Orden nützlichsten Eigenschaften herauszufiltern. Die englische Autorin Nesta H. Webster sprach davon, Adam Weishaupt habe all diese Einzelteile zu einem Arbeitssystem von »schrecklicher Wirksamkeit« verschmolzen – »… die zerstörerischen Doktrinen der Gnostiker und Manichäer, der modernen Philosophen und Enzyklopädisten, die Methoden der Ismailis und Assassinen, die Disziplin der Jesuiten und Templer, die Organisiertheit und Geheimhaltung der Freimaurer, die Philosophie Macchiavellis, das Mysterium der Rosenkreuzer.«

 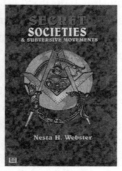

Nesta H. Webster schrieb verschiedene Werke über geheime Bünde.

Damit bastelte er sich tatsächlich ein geradezu »waffenfähiges« Gemisch geheimer Ideologien zusammen.

Weishaupt hatte Witterung aufgenommen. Er betrieb eine systematische Spurensuche der Erkenntnis und jagte dem alten Wissen hinterher. Doch galt seine Suche nicht allein dem Wissen um des Wissens willen. Bekanntlich ist Wissen gleich Macht. Diese einfache Formel bedeutete wohl niemandem mehr als Adam Weishaupt. »Nix wissen macht auch nix«, dieses Motto hätte es für ihn nie gegeben, vor allem mit Blick auf den Macht-Aspekt. So befand er sich auf der fortwährenden Suche nach Möglichkeiten geheimer Manipulation.

Jede Fähigkeit mehr ist ein Stück mehr Macht. Vor allem verlorenes und verborgenes Wissen bringt natürlich den entscheidenden Schritt nach vorne. Wer über diese großen Geheimnisse gebietet, ist der Konkurrenz um ein entscheidendes Stück voraus. Letzten Endes führt die Anreicherung an Geheimwissen so weit, daß kein Uneingeweihter mehr mithalten kann. Es gibt von nun an keine Konkurrenz mehr. Jetzt ist ein geistiges Monopol erreicht – das ultimative Wissen – und damit auch eine Vorzugsstellung, um maximale Macht zu gewinnen. Das war Weishaupts bescheidenes Ziel.

Seine Geheimbibliothek sollte so etwas wie eine verborgene Speisekammer für Geistesnahrung sein. Und jede Wissenskonserve sollte dort nur des geeigneten Moments harren, an dem sie geöffnet und genützt werden würde. Altes und kryptisches Wissen, eingepökelt für die Zukunft.

Mittlerweile ist auch diese Zukunft schon Vergangenheit, und Sie werden mit mir bald noch einige Ereignisse erkunden, die belegen, daß vor allem Weishaupts verschwiegene Nachfolger gleichsam »Pandoras Konservenbüchsen« in ihrer verwunschenen Speisekammer ansammeln.

Die Liste der Wissenschaften, mit denen sich der aufstrebende Illuminat zu beschäftigen hatte und die dem weltweiten Informationsgewinn dienten, ist lang und liest sich ein wenig wie der verstaubte Stundenplan von Lehrer Lempel. Die zuerst genannte Wissenschaft ist:

»1. Die physicalische und zwar A. Optik, Dioptrik, Kataoptrik, B. Hydraulik, Hydrostatik. C. Electricität, Centralkräfte, Magnetismus, Attraction. D. Experimental-Physik auf Luft und andere Gebiete.«

Dann folgt der ganze Kanon:

»2. Die medicinische Klasse, wohin gehört A. Anatomie, B. Bemerkungen über Krankheiten, über Arzneymittel, Semiotik. C. Wunderarzney, Hebammenkunst, chirurgische Operationen. D. Chymie.

3. Mathematische Klasse, dahin nemlich A. gemeine und höhere Rechenkunst. B. Reine Mathematik, Civil-, Militär- und Schiffsbaukunst, Algebra. C. Mechanik. D. Sphären-Lehre, Astronomie etc.

4. Für die Naturhistorie, als A. Ackerbau, Gärtnerey, Haushaltungskunst, Steine, Metalle. B. Kenntniß der Wirkungen und unbekannte Phänomene, die der Erdkörper zeigt.

5. Politische Klasse, dahin gehört A. Menschenkenntniß, wozu die großen Illuminaten Materialien liefern. B. Geschichte, Erdbeschreibung, gelehrte Geschichte, dahin auch die Lebensläufe der Männer, deren Namen man trägt, abgeliefert werden [die Mitglieder des Ordens sollten also Berichte über ihre Vorfahren abgeben, Anm. d. Verf.]. C. Alterthümer, Diplomatik. D. Politische Geschichte des Ordens, seine Schicksale, Fortschritte, Wirkungen, Unfälle in jeder Provinz, Kampf mit andern ihm entgegen arbeitenden Gesellschaften. N. B. [Nota Bene = wohlgemerkt] hiervon soll vorzüglich geredet werden.

6. Künsten und Handwerker, nemlich A. Mahler – Bildhauer – Ton – Tanz – Kunst. B. Redner- und Dichtkunst, lebende Sprachen, lateinisch und griechisch. C. Uebrige schöne Wissenschaften, Litteratur, D. Handwerker.«

Gar keine Frage, bis hierher wirkt alles ziemlich harmlos. Diese Aufzählung paßt gut zu einem netten und anständigen Professor der Aufklärungszeit, der im Grunde nicht mehr erreichen will, als Wissen sammeln und unter die Leute bringen, um den Bildungsgrad und die Unabhängigkeit der Gesellschaft zu vergrößern.

Doch der nette Professor wollte mehr erreichen, abgesehen einmal davon, daß diese Wissensanreicherung ausschließlich den Leuten seines Ordens zugute kommen sollte. Wir werden noch sehen, was jener Professor so alles anstrebte und wie er so manches in der Welt schicksalshaft zu bewegen begann. Freilich eine längere

Geschichte, die noch einiger Erörterung bedarf. Außerdem sind wir mit der Liste noch nicht ganz durch, es fehlt nämlich der letzte Punkt, die Nummer Sieben, welch eine magische Zahl! Passend hierzu geht es dabei um: »7. Geheime Wissenschaften und besondre Kenntnisse. A. Seltene Sprachen, orientalische Sprachen. B. Kenntnisse geheimer Schreibarten, solche zu entziefern, Pettschaften zu erbrechen und für das Erbrechen zu bewahren [das jetzt bitte nicht falsch verstehen, Anm. d. Verf.]. C. Hieroglyphen, alte und neue. D. Kenntniß geheimer Verbindungen, Freymaurer-System etc. wohin auch die Bemerkungen und Sammlungen der Schottischen Ritter übergeben werden.« Damit wird es nun schon deutlich interessanter auf Lempels Lehrplan!

Der geheimnisvollste Mann der Welt

Adam Weishaupt war vor allem an den geheimen Wissenschaften und Einweihungslehren des Orients brennend interessiert. Direkt oder indirekt lieferten sie sogar den zündenden Funken für die Gründung des Illuminatenordens. Noch bevor überhaupt Weishaupt seine Professur an der Uni Ingolstadt erhielt, kam es zu einer wahrlich schicksalshaften Begegnung.

Man schrieb das Jahr 1771, als ein geheimnisvoller Fremder nach Ingolstadt kam, um dort auf Adam Weishaupt zu treffen. Es war ein Mann, den die einen als einen jütländischen Kaufmann namens Franz Kolmer oder Kölmer identifizieren, die anderen als einen armenischen Eingeweihten, der sich Altotas nannte. Diese mysteriöse Person jedenfalls war es, die Weishaupt in uralte orientalische Geheimlehren einweihte und die Gründung des Illuminatenordens initiierte. Da wundert es nicht, wenn die schon erwähnte Autorin Nesta Webster vom »geheimnisvollsten aller geheimnisvollen Männer« spricht. Auch bei Weishaupt muß Kolmer größten Eindruck hinterlassen haben.

Der seltsame Mann hatte jahrelang im Vorderen Orient gelebt, vor allem in Ägypten, und war dort in einige esoterische Weisheitslehren eingeführt worden. Kolmer lernte in Nordafrika auch den

Manichäismus kennen, benannt nach dem persischen Weisen Mani, der im dritten Jahrhundert nach Christus lebte. Bis auf ihn geht letztlich der Begriff des Erleuchteten oder Illuminierten zurück, den Weishaupt schließlich als Bezeichnung für seinen Orden wählte. Die Manichäer waren vom ständigen Kampf zwischen Licht und Finsternis überzeugt. Diese beiden polarisierten Reiche müssen auf ewig gegeneinander antreten. Jedes wird von seinem eigenen Gott beherrscht, und mitten in diesem Spannungsfeld steht der Mensch Auch der spätere Kirchenvater Augustinus weihte sich neun Jahre lang dem von der römischen Kirche heftig bekämpften Manichäismus, bis er selbst schließlich zu einem seiner schärfsten Gegner wurde. Trotz allem blieb die Lehre des Mani noch über Jahrhunderte bestehen. Als Kolmer den Manichäismus kennengelernt hatte und nach Europa zurückkehrte, wollte er hier neue Jünger für dieses Weltbild finden. Auf dem Heimweg war die Insel Malta sein erstes Ziel, das alte Templer-Bollwerk; dort begegnete er dem infamen Cagliostro und entfesselte mit seinen Lehren beinahe eine Revolte.

Kirchenvater Augustinus

Die Malteserritter kümmerten sich darum, Kolmer möglichst schnell wieder loszuwerden, während Weishaupt kurz darauf überhaupt nicht genug von ihm erfahren konnte. Was mochte ihm Kolmer außer dem Manichäismus noch an geheimen Lehren vermittelt haben? Die Schriften, wie sie heute von den Illuminaten noch erhalten sind, sagen darüber recht wenig aus. Zum Ende des Zweiten Weltkriegs verschwanden leider viele entscheidende Dokumente aus den Münchner Archiven. Wer diese Papiere damals wohl einsackte?

Schon seltsam. Da wird immer wieder behauptet, das ganze Gerede um die verschwörerischen Pläne Weishaupts und seines Illuminatentums sei völlig überzogen und großteils aus der Luft gegriffen, zum anderen werden nach Jahrhunderten viele der alten Texte einfach entwendet. Enthielten sie vielleicht doch die entscheidenden Beweise, die zeigen, welchen Einfluß schon die ursprünglichen Illuminaten auf die Weltgeschichte hatten und welche historischen Ereignisse auf sie zurückgehen? Der Franzose René le Forestier war der letzte, der die Akten noch einsehen konnte. Im Jahr 1915 veröffentlichte er ein umfangreiches Werk über die Illuminaten Weishaupts, das allerdings von der etablierten Geschichtswissenschaft wegen seiner esoterischen Ausrichtung nicht wirklich anerkannt wird. Doch dürfte sich schwer abstreiten lassen, daß die Anfänge absolut esoterisch waren.

Weishaupt tauchte zudem in Geheimlehren ab und entgegen seiner aufklärerischen Aussagen offenbar sogar ins Okkulte. Bei seiner Begegnung mit Kolmer wurde er in »Mysterien« eingeweiht. Dabei spielt es zuerst gar keine Rolle, ob dieses Wissen tatsächlich auch echte übersinnliche Kräfte zu entfesseln vermag oder nicht. Die Mächtigen der Erde frönen im übrigen auch heute noch okkulten Riten, die bald jeder Beschreibung spotten. Hierbei spielt es keine Rolle, welche Wirkungen von diesen Riten ausgehen; es genügt schon, daß sie selbst in elitärsten Kreisen praktiziert werden.

Niemand sollte allerdings den Fehler begehen, die Geheimnisse der alten Zeiten und das Wissen der alten »Eingeweihten« zu unterschätzen. Was Weishaupt betraf, so schlug ihn vor allem das alte Ägypten in seinen Bann.

Als er von Mitteln sprach, mit denen »ungeheure, sonst nicht erreichbare Endzwecke zu erreichen« seien, fügte er erklärend hinzu: »Diese Mittel sind geheime Weisheitsschulen; diese waren vor allzeit die Archive der Natur und der menschlichen Rechte, durch sie wird der Mensch von seinem Fall sich erholen, Fürsten und Nationen werden ohne Gewalttätigkeit von der Erde verschwinden.« – Schließlich gebe es »auch gewisse von alten Zeiten her unter Hieroglyphen versteckte Wahrheiten, die nur der beste, der geprüfteste Theil der Menschen unter sich fortpflanzt, gewisse Einsichten in die höhere Weisheit, die nicht jeder ergründen kann, weil tausend Vorurtheile, Leidenschaften u.d.g. ihn hindern, so tief einzudringen. Diese sind von jeher in geheimen Weisheitsschulen in Bilder gehüllt, stufenweise den Zöglingen vorgetragen worden, nach welchem Plane auch die Hieroglyphen der drey symbolischen Freymaurergrade geordnet sind.«

Mysterien am Nil

In welche alten Mysterien mochte Kolmer den Ingolstädter Professor eingeweiht haben? Hatte er ihm überhaupt authentische Geheimlehren vermittelt? Läßt sich heute noch nachvollziehen, worin das vermutete Geheimwissen des Orients besteht? Für Weishaupt wurde naheliegenderweise die Cheops-Pyramide zum Zentrum der Faszination. Bis zum heutigen Tag steckt dieses letzte der sieben Weltwunder voller Rätsel. Schon Napoleon Bonaparte rief seiner Mannschaft während des Ägyptenfeldzugs zu: »Soldaten! Vierzig Jahrhunderte blicken auf euch herab!« Ehrfürchtig standen sie vor den Monumenten von Giseh.

In der Pyramide soll Napoleon selbst ein Erlebnis gehabt haben, das ihn zutiefst beeindruckte. Doch bis zu seinem Tod sprach er niemals näher darüber, da ohnehin niemand glauben würde, was damals geschah.

Die zweitgrößte der Pyramiden von Giseh: das dem Chephren zugeschriebene Monument. Im Vordergrund mächtige Blöcke aus Rosengranit, wie er auch für die Königskammer der Großen Pyramide verwendet wurde. (A. v. R.)

Heute, als Menschen des 21. Jahrhunderts, stehen wir ebenso verblüfft vor den gigantischen Bauten und können uns immer noch keinen Reim darauf machen, wie sie errichtet wurden. Fast scheint es, als ob die geisterhaften, jenseitigen Stimmen der Erbauer mit verächtlichem, triumphierendem Unterton aus ihnen sprechen:»Seht her, bei all euren Errungenschaften der Technik wißt ihr immer noch nicht, wie wir dies geschaffen haben!« Sie scheinen wirklich ewig rätselhafte Denkmäler zu sein.

Im frühen 12. Jahrhundert besuchte der arabische Arzt Abd al Latif die großen Pyramiden und erklärte:»Alles fürchtet die Zeit, aber die Zeit fürchtet die Pyramiden.« Man muß sich nur einmal vorstellen: Zu Zeiten von Nofretete, Echnaton und Tutanchamun waren die Pyramiden bereits uralte Bauwerke, dazwischen liegen nach allgemeiner Ansicht 14 Dynastien oder rund 1300 Jahre. Nochmal fast tausend Jahre später bereiste dann der griechische Geschichtsschreiber Herodot das verzauberte Land am Nil und ließ sich von den Ägyptern über den Pyramidenbau berichten. Er beschreibt daraufhin, wie die mächtigen Steinbrocken mit Schiffen antransportiert wurden, wie Arbeiter gewaltige Rampen errichteten und die Blöcke mittels hölzerner Hebelkonstruktionen in schwindelnde Höhen hievten. Alles klang plausibel, doch nichts würde den Pyramidenbau wirklich erklären. Keine der Thesen und Theorien, die bis zum heutigen Tag aufgestellt wurden, ist dazu in der Lage.

Es ist schon bezeichnend, daß sich der britische Altphilologe John Gray Landels in seinem fast 300-seitigen Buch über *Die Technik in der alten Welt* gar nicht erst näher auf Ägypten einläßt. Im ganzen Werk gibt es keinerlei Erläuterungen zum Bau der Pyramiden. Sie werden nicht einmal erwähnt. Doch nicht allein ihre Errichtung, auch ihre Bestimmung sowie ihre innere Architektur bleiben bis heute eines der größten Welträtsel.

Horte der Macht

Im 9. Jahrhundert unserer Zeitrechnung übermittelte der arabische Historiker Ibn-Abd-el-Hokem sehr ungewöhnliche Informationen über Sinn und Zweck der Großen Pyramide; im 14. Jahrhundert griff diese Hinweise dann wohl sein in Kairo geborener Kollege auf, ein Mann namens Taqi al-Din Ahmad ibn Abd al-Qadir ibn Muhammad al-Makrizi – aus verständlichen Gründen besser schlicht als al-Makrizi bekannt.

Hier vernehmen wir dann: »Die meisten Chronisten sind sich einig, die Errichtung der Pyramiden dem ägyptischen König Saurid Ibn Salhuk zuzuschreiben, der drei Jahrhunderte vor der Großen Flut lebte. Ein Traum, in dem er sah, wie die Erde sich mitsamt ihrer Bewohner umdrehte, bewog ihn dazu. Vor lauter Schrecken darüber erzählte Saurid nichts davon, nachdem er aber voller Angst erwacht war, versammelte er sehr bald die höchsten Priester um sich. Sie kamen aus allen ägyptischen Provinzen, insgesamt hundertdreißig an der Zahl, und ihr höchster war Aklimon. Nachdem er ihnen alles berichtet hatte, vermaßen sie die Sterne und prophezeiten eine große Flut. Der König wollte wissen, ob sie das Land erreichen würde, und als man dies bestätigte und erklärte, die Flut würde es sogar zerstören, befahl er, bis zu ihrem Kommen Pyramiden mit gewölbten Kellern zu errichten, da noch einige Jahre verstreichen würden, bis die Weissagung eintrete. In diese Gewölbe brachte er Talismane und seltsame Dinge, alle möglichen Schätze und Reichtümer. Und er ließ darauf in der westlichen Pyramide dreißig Schatzkammern anlegen, gefüllt mit eisernen Instrumenten, mit tönernen Schiffsmodellen, mit Waffen, die nicht rosteten, und Glasgefäßen, die man biegen konnte, ohne daß sie brachen.«

Das klingt in der Tat sehr vielversprechend. Wer würde da nicht mehr erfahren und nachsehen wollen, ob das alles auch wirklich den Tatsachen entspricht? Leichter gesagt als getan. Dreißig Geheimkammern in der Pyramide, mit sagenhaften Schätzen und uralten geheimen Schriften. Jener von arabischen Geschichtsschreibern immer wieder erwähnte Saurid wird auch gleichgesetzt mit Surid, Tahuti oder Thoth, dem ägyptischen Weisheitsgott, der später als der »dreimal große Hermes« Trismegistos in der hermetischen Geheimlehre erscheint. Thoth soll es gewesen sein, der das Licht auf die Erde brachte, und ganz offenbar genau dieses Licht muß für Adam Weishaupt das wohl reizvollste Geheimnis dargestellt haben. Dazu die Berichte über mysteriöse Gegenstände, über Material, das wir heute als Plexiglas bezeichnen würden, sowie Erzählungen über Geheimschriften in verborgenen Kammern – eine elektrisierende, lockende Mischung. Der Professor mag unendliche Machtfaktoren gewittert haben, die nur darauf warteten, von ihm erschlossen und genutzt zu werden.

Rechts: Eine 13 Meter hohe Kammer in der Roten Pyramide. Wo befinden sich die geheimen Kammern des Thoth, nach denen nicht nur Archäologen, sondern auch »illuminierte« Geister fahnden?
Links: In alten Schriften ist die Rede von der »westlichen Pyramide« als Ort der verborgenen Kammern – das ist allerdings nicht die Cheopspyramide, sondern diejenige des Mykerinos. (A. v. R.)

Auf kostbaren Smaragdtafeln soll der legendäre Thoth sein unvergleichliches Wissen festgehalten haben.

Liegen diese unschätzbar wertvollen Aufzeichnungen, sofern es sie wirklich je gab, noch heute in bislang unentdeckten Kammern der Großen Pyramide? Selbst führende Facharchäologen sind zumindest von der Existenz weiterer Kammern in der Großen Pyramide überzeugt. Als meine Kollegen Axel Klitzke, Manuel Strapatin und ich im Frühjahr 2004 mit Dr. Zahi Hawass sprachen, dem Chef aller ägyptischen Altertümer, bestätigte er dies kurz, aber in sehr bestimmtem Ton und meinte, daß man in der Großen Pyramide wohl bald noch das Grab des Cheops entdecken würde. Doch vielleicht verbirgt sich das eigentliche Geheimnis in der unscheinbarsten der drei großen Pyramiden von Giseh. Denn sie ist die westlichste, und genau von ihr ist in den Überlieferungen die Rede.

Der Platz des Osiris

Aller Faszination zum Trotz kann sich die Fachwelt natürlich in keiner Weise mit sämtlichen Schilderungen antiker und mittelalterlicher Autoren anfreunden. Daß vor allem arabische Historiker dazu tendierten, immer wieder auch echte orientalische Märchen aufzutischen, ist ein weithin bekanntes Faktum. Nur trifft das eben nicht immer zu, und die richtige Grenzlinie zwischen Wahrheit und Dichtung zu ziehen, ist gar nicht so leicht. Viel zu oft hatten die alten Geschichtsschreiber gerade dort nichts als die blanke Wahrheit aufgezeichnet, wo man meinte, sie beim Flunkern erwischt zu haben.

Niemand kaufte Herodot die Story vom »Grab des Cheops« ab, das angeblich von vier Säulen umgeben im Wasser liegt. Bis das unterirdische Kammersystem dann tatsächlich gefunden wurde. Vor einigen Jahren publizierte Dr. Zahi Hawass diese Entdeckung.

Unweit der Großen Pyramide von Giseh geht es durch einen kleinen Gang unter den Sand der Wüste. An der Südseite dieser Passage führt ein Schacht senkrecht in die Tiefe, hinein in eine erste Untergrundkammer. Von dort geht es wieder nach unten. Die nächste Kammer besitzt sechs Nischen; aus einer von ihnen dringt ein weiterer senkrechter Schacht noch tiefer in den Fels von Giseh vor. Hier schließlich, rund 30 Meter unter dem Wüstenboden, liegt jener Sarkophag, genau so wie ihn Herodot einstmals beschrieb. Umgeben von vier Pfeilerresten ruht der schwere dunkle Steinsarg im Wasser.

So wurde aus einer alten, scheinbar komplett erdichteten Story plötzlich echte, greifbare History. Dr. Hawass allerdings ist sich sicher: Das hier ist nicht das Grab des Cheops, auch wenn es nur rund 260 Meter von der Großen Pyramide entfernt ist. Zur Chephren-Pyramide ist es schon ungefähr die doppelte Strecke. Im unterirdischen System gefundene Gegenstände sowie die Größe und Anlage des Sarkophages sprechen nach Ansicht von Dr. Hawass für eine viel spätere Entstehungszeit im Neuen Reich um 1550 vor Christus. Hieroglyphenreste deuten auf den Namen hin, unter dem das Giseh-Plateau zu jener Zeit oft geführt wurde: »pr osr nb rstw« – »Platz des Osiris«; die im Dunkel in den tiefen Fels gehauene Stätte ähnelt in ihrer Architektur dem Osireion von Abydos.

Dies alles dürfte also für ein Scheingrab sprechen, das dem

beinahe allgegenwärtigen Osiris gewidmet wurde. Besonders interessant in jener tiefen Gruft ist ein waagerechter Schacht, der von dort möglicherweise zu Abu Hol führt, dem »Vater des Schreckens«. So nennen die Araber den Sphinx.

»Abu Hol« – der Vater des Schreckens wacht über das Plateau von Giseh und seine Geheimnisse. (A. v. R.)

Der enge Schacht wurde bisher allerdings nur auf eine Länge von neun Metern ergründet und birgt vielleicht noch einige Überraschungen, so wie die gesamten unterirdischen Regionen des Plateaus in Tiefen von 30 Meter und darunter. Jedenfalls hat sich schon öfter herausgestellt, daß die alten Überlieferungen oft eben nicht auf reiner Fantasie beruhen. Manche Geschichten sind keineswegs *auf* Sand gebaut, viel eher schon finden sich die Belege häufig *unterhalb* des hellen, feinen Wüstensands.

Seit undenklichen Zeiten rätseln Menschen über das Wissen der alten Kulturen. Hier liegen die Wurzeln der mächtigsten Geheimbünde, deren innere Zirkel einige der uralten Lehren bis in die heutige Zeit bewahrt haben, während sie anderen, längst verloren gegangenen Kenntnissen nachspüren. Viele der verschwiegensten

Gesellschaften führen ihre Anfänge bis ins alte Ägypten zurück oder erheben zumindest einen gewissen Anspruch auf diese Tradition. Die Illuminaten versuchten, sich jenen alten Bünden »aufzupflanzen«, ihre Methoden und Geheimnisse auszuforschen und auf dem Weg zur Macht für sich selbst nutzbar anzuwenden. Adam Weishaupt folgte den jahrtausendealten Pfaden begierig, in seinem unstillbaren Wissensdurst saugte er jede ihm zugängliche Information über die antiken Geheimnisse auf. Noch entdecken wir ständig neue Rätsel im Land des einzigen verbliebenen Weltwunders, das auch zum Symbol des Illuminatentums geworden ist.

2. Die Geheimnisse Ägyptens

Altes Wissen für unsere Zukunft

Die Liste der alten ägyptischen Rätsel liest sich wie ein Zauberbuch. Was hatte es wirklich mit dem biegsamen Glas auf sich, von dem die alten Geschichtsschreiber berichten? Niemand kann diese Frage beantworten. Immerhin existierte nicht nur biegsames, sondern bereits optisches Glas zu alten Zeiten. Unglaublich, aber wahr!

Bei Ausgrabungen im Nildelta untersuchte der britische Archäologe Flinders Petrie während seiner Expedition von 1883 bis 1884 die Tempelanlagen von Tanis und stieß dabei im östlichen Teil, im »Haus 44«, auf eine 6,6 Zentimeter messende Glaslinse. John H. Taylor, Kurator im Britischen Museum London, schickte mir bereits vor etlichen Jahren freundlicherweise die einzigen Informationen zu diesem interessanten Fund, über den erstaunlicherweise nur sehr wenig berichtet wird. So schrieb mir Dr. Taylor: »Die Literatur über diesen Gegenstand ist sehr mager; mir sind nur zwei Referenzen dazu bekannt, und ich füge Fotokopien von ihnen bei …« Der eine Text stammt von Flinders Petrie selbst, der andere aus einem Ausstellungskatalog *Gold of the Pharaos*, Edinburgh, 1988, und nimmt sehr kurz Bezug auf das Objekt. Hier heißt es: »Dies ist eines der ältesten Stücke optischen Glases, das aus der alten Welt überlebt hat. Es besitzt eine konvexe Form mit flacher Basis und weist eine sehr blasse grüne Färbung auf. Die Oberfläche, die nun schwer patiniert ist, war ursprünglich hochpoliert und die Linse nahezu durchscheinend.« Heute befindet sich dieser faszinierende Fund in der Abteilung »Egypt Antiquities« des Britischen Museum, London, unter der Sammlungsnummer EA 22522.

Die Linse stammt offenbar aus vorchristlicher Zeit und ist eines der ganz seltenen Überbleibsel antiken optischen Glases. Wahrscheinlich gab es solche Linsen im Orient noch in weit älteren Epochen. Sie Flinders Petrie fand im Jahr 1852 bei Ausgrabungen in den alten assyrischen Städten Nimrud und Ninive ebenfalls präzise geschliffene Linsen aus Bergkristall. Ihr Alter wird auf einige Jahrtausende geschätzt.

Diese Funde könnten erklären, warum bereits auf uralten babylonischen Rollsiegeln so manche Dinge zu sehen sind, wie sie dem bloßen Auge bis zur Erfindung des Fernrohrs verborgen blieben. Da erscheint der Planet Venus als Sichel und Saturn von einem Ring umgeben! Schon seltsam. Selbst der berühmte Galilei – laut landläufiger Darstellung der erste Gelehrte, der ein Fernrohr auf den Himmel richtete – konnte noch nicht erklären, was da Merkwürdiges am Saturn »hing«. Das war Anfang des 17. Jahrhunderts. Erst 50 Jahre später erkannten Astronomen mit verbesserten Optiken, daß die Saturnkugel von einem Ring umgeben ist, der den Planeten nirgends berührt.

Kannten die alten Ägypter schon Teleskope? Der Linsenfund aus Tanis könnte darauf hindeuten.

Auch schriftliche Überlieferungen über die Ringe des Saturn und die Phasen der Venus legen die Vermutung nahe, daß die alten Kulturen weit höher standen als vermutet und daß sie ein ein intimes Geheimwissen wahrten.

Wer kann sich bei alledem noch des Eindrucks erwehren, daß dieses Wissen bereits viel früher existierte?

Die ägyptische Medizin war ebenfalls erstaunlich weit entwickelt und über die Landesgrenzen hinweg bekannt. Imhotep, Baumeister der ältesten Pyramide und Verkörperung des Weisheitsgottes Thoth, gilt auch als der größte Heilkundige Ägyptens. Auf Wandreliefs sind komplexe Schädeloperationen dargestellt; die gezeigten Instrumente ähneln den modernen Gerätschaften teils in auffallender Weise. War man damals etwa schon in der Lage, Menschen zu anästhesieren? Immerhin verfügten die alten Ärzte über sehr weitreichende Kenntnisse über die verschiedensten pflanzlichen Wirkstoffe.

Noch heute suchen spezialisierte Ägyptologen wie Renate Germer nach medizinischen Geheimnissen und verlorenem Wissen der Pharaonenzeit. In der ZDF-Dokumentation *Im Bann der grünen Götter* vom März 2004 erklärte sie:»Ich finde es faszinierend, sich mit der altägyptischen Medizin, speziell mit den Heilpflanzen, zu beschäftigen, weil man durch diese Arbeit das Gefühl hat, man kommt den Menschen des Alten Ägypten näher mit ihren Krankheiten, die sie gehabt haben, den Behandlungen, die sie durchgemacht haben, den Ärzten, die sie gehabt haben, und das faszinierende daran ist, daß wir wirklich heute noch etwas davon lernen können ... In der altägyptischen Medizin spielten die Heilpflanzen eine sehr wichtige Rolle. Sie waren der entscheidende Faktor, daß die altägyptische Medizin so angesehen war. Die Ärzte hatten ein großes Wissen um die alten Heilpflanzen, und wir versuchen, diesen Heilschatz zu heben und ihn für uns nutzbar zu machen.« Dieser Schatz scheint geradezu unermeßlich zu sein.

Der achtzehn Meter lange und 3500 Jahre alte Medizinpapyrus Ebers enthält fast 1000 Rezepte und Darstellungen zu Heilpflanzen, mit deren Entschlüsselung sich Renate Germer in mühsamer Detailarbeit befaßt. Noch heute ist die Wirkung der »Rose von Jericho« von Geheimnissen umwittert, ebenso beginnen Wissenschaftler nun erst, die Kraft der roten Schlafbeeren zu enträtseln, die im Halsschmuck des Tutanchamun gefunden wurde. Anscheinend wirkte sie anregend auf das Immunsystem. Dem verstorbenen Pharao waren auch die Blätter des Mimusops-Baumes mit auf die Reise ins Jenseits gegeben worden. Bis heute ist nicht geklärt, welche medizinische Wirkung sie besitzen. Der ägyptische Wissenschaftler Atef Hanna entdeckte auf einem Kairoer Bazar die wundersame Pflanze Fagonia Indica und gab die Informationen an seinen deutschen Kollegen, den Chemiker Karlheinz Seifert von der Universität Bayreuth weiter. An einigen Orten werden heute noch jene Pflanzen als Heilmittel angeboten, wie sie bereits die Ärzte der Pharaonen anwandten. Fagonia Indica verhindert die körpereigene Abstoßreaktion nach Organtransplantationen und gilt außerdem als großer Hoffnungsträger in der Bekämpfung des HIV-Virus. Und schließlich taucht unter den Heilkräutern auch noch die Rizinuspflanze auf, heute im allgemeinen nicht mehr als ein berüchtigtes Abführmittel. Die Samen des Rizinus sind extrem giftig, doch die ägyptischen Ärzte wußten mit ihnen richtig umzugehen und sie in geradezu homöopathischen Dosen als wirksame Medizin zu verwenden. Fasziniert erklärte Dr. Germer in der oben erwähnten Sendung, daß die alten Ärzte des Niltals jene an sich gefährliche Pflanze zur Behandlung von Haut- und Brandwunden heranzogen. Wir werden später noch in einem ganz anderen Kontext auf diese Wunderpflanze zurückkommen.

Strahlende Gräber

Die so weit entwickelte Medizin der Ägypter war eine echte Geheimlehre und zählt nicht zuletzt die Mumifizierung zu ihren Künsten. Bis heute sind offenbar nicht alle ihrer Rätsel gelöst. Zwar führte der Pathologe Robert Brier 1994 zusammen mit seinem Kollegen Ronald S. Wade eine »moderne Mumifizierung in alter Manier« durch, wofür die Forscher ungefähr die Hälfte der ursprünglichen Zeit von 70 Tagen benötigten. Doch immer noch bleiben einige Fragen offen.

Für Brier ist eher unverständlich, wie die alten Ägypter mit den Unmengen an Natron umgehen konnten, die für eine Mumifizierung erforderlich waren – er und sein Kollege mußten 273 Kilogramm davon verwenden, um die Behandlung durchzuführen. Zwangsläufig ranken sich immer wieder auch mysteriöse Geschichten um die Grabstätten der ägyptischen Pharaonen, einmal ganz abgesehen vom berühmten Fluch.

Angeblich wußten die alten Ägypter um die gefährliche Wirkung radioaktiver Strahlung und errichteten ihre Bestattungszentren aus solchem Material, das auch die Konservierung verbessern sollte. Gehen diese Spekulationen zu weit?

Interessant ist immerhin, daß der Kanadier Jaime Bigu, Wissenschaftler an der *Laurentian University* in Sudbury, Ontario, zusammen mit Forschern der ägyptischen Atomenergiebehörde, Kairo, bei seinen Untersuchungen von sieben alten Monumenten zu einem unerwarteten Ergebnis gekommen ist: Drei der altägyptischen Bauten wiesen eine deutlich erhöhte Radon-Konzentration auf. Am auffallendsten war sie in der Sakhm-Khat-Pyramide in der alten Nekropole Sakkara, rund 26 Kilometer südlich von Kairo. Hier, in der Totenstadt von Memphis, in der sich auch Imhoteps berühmte Stufenpyramide befindet und sein bis heute nicht entdecktes Grab, lag der Meßwert bei maximal 5809 Bequerel pro Kubikmeter. In einem nahegelegenen Tunnelsystem erreichte sie immerhin noch 1202 Bequerel, und auch im zeitweilig geschlossenen Serapeum mit seinen gigantischen »Stier-Sarkophagen« stand der Wert mit 816 Bequerel pro Kubikmeter merklich über normal. Britische Behörden empfehlen den Einbau von Ventilatoren, sobald die Radon-Konzentration eines Gebäudes über 200 Bequerel pro Kubikmeter liegt.

Man kann sich einigermaßen ausmalen, was sich in jahrtausendelang ungeöffneten Gräbern an Radon ansammeln konnte. Die Ägyptologen, welche diese alten Kammern öffneten, waren extrem hohen Dosen ausgesetzt. Murdoch Baxter vom *Journal of Environmental Radioactivity* kommentiert die Sachlage dennoch recht trocken: »Die hohen Radon-Niveaus dürften nicht den Fluch des Tutanchamun verursacht haben, aber sie werden den damaligen Archäologen wahrscheinlich nicht viel Gutes getan haben.«

Das Rätsel der Kokain-Mumien

Unter der Hand berichten auch Ägyptologen über recht merkwürdige Vorfälle bei diversen Ausgrabungen – inoffiziell versteht sich und unter der Voraussetzung, daß keine Namen genannt werden. Man mag diese Dinge nehmen, wie man will, gerne anekdotisch. Interessant sind sie allemal. Viele dieser Geschichten deuten nur einmal mehr auf die mögliche Existenz enormen Geheimwissens hin, einen Schatz, der vielleicht noch gehoben werden muß. Nicht umsonst berufen sich viele geheime und heimliche Bündnisse auf ihre ägyptischen Wurzeln.

In einem Fall erzählte uns ein bodenständiger Archäologe während eines privaten abendlichen Gesprächs in Kairo, daß bei aktuelleren Ausgrabungen in Unterägypten technische Geräte stets dann nicht arbeiteten, wenn man mit ihnen in ein unterirdisches Grab einstieg. Und jedesmal, wenn man sie nach oben brachte, funktionierten sie einwandfrei. Das war kein Einzelfall und muß überhaupt nicht mystifiziert werden, könnte jedoch – wie ähnliche Ereignisse – darauf hinweisen, daß an einigen Orten sehr spezielle physikalische

Gegebenheiten am Wirken sind. Wie weit auch die alten Ägypter selbst darüber Bescheid wußten und diese Effekte absichtlich nützten, das ist sicher eine ganz andere Frage.

Manchmal schwinden einmalige Gelegenheiten, rätselhaften Funden in Ägypten weiter nachzugehen. Schon vor langer Zeit fanden Ägyptologen in einem sehr tiefen Schacht innerhalb der Sakkara-Nekropole eine sehr ungewöhnliche Einbalsamierungsflüssigkeit. Niemand war in der Lage, ihre komplette chemische Zusammensetzung zu analysieren. In den 1930er Jahren verschwand diese Flüssigkeit, so daß moderne Analysen nicht mehr möglich sind.

Nicht weniger rätselhaft ist auch die Geschichte der »Kokain-Mumien«. 1992 untersuchte die Toxikologin Svetla Balabanova vom Gerichtsmedizinischen Institut Ulm die mumifizierten Überreste der Priesterin Henut Taui, »Dame der Beiden Länder«, die in der 18. Dynastie lebte. Rund 3000 Jahre später gelangte der einbalsamierte Körper in die Sammlungen des Bayernkönigs Ludwig I.

Dr. Balabanova begann, Proben aus dem Gewebe jener und noch einer Reihe weiterer Mumien zu entnehmen. Bei ihren Untersuchungen fand sie deutliche Spuren von Nikotin, Haschisch und Kokain. Die Forscherin war selbst über diese Entdeckung schockiert und meinte damals überzeugt:»Das muß einfach ein Irrtum sein.« Um den Fehler zu finden, wiederholte sie ihre Tests. Doch das Ergebnis blieb dasselbe. Sie sandte unbehandelte Proben an drei andere Labors. Vielleicht würde man das Problem dort lösen. Doch die neuen, unabhängigen Ergebnisse deckten sich mit den eigenen. Also riskierte Dr. Balabanova eine kurze Veröffentlichung in einem Fachmagazin. Die Reaktionen darauf hätte sie in der Art nicht erwartet. »Ich bekam Stöße von beinahe bedrohenden Schreiben«, erinnert sie sich,»es waren beleidigende Briefe, die besagten, daß das alles Unsinn sei, daß ich fantasieren würde, daß es einfach unmöglich sei, weil man längst bewiesen habe, daß diese Pflanzen vor Kolumbus nirgendwo in der Welt außerhalb Amerikas gefunden worden seien.«

Dr. Balabanova setzte ihre Untersuchungen fort. Entweder hatte sie wirklich einen entscheidenden Fehler gemacht oder aber sie konnte weitere Bestätigungen für die Richtigkeit ihrer bisherigen

Arbeit finden. Sie überprüfte ihr Labor auf Quellen der Verunreinigung. Doch nichts. Waren die strittigen Bestandteile an einem ganz anderen Ort auf die Mumien gelangt? Haaranalysen gaben aber Aufschluß darüber, daß die Stoffe einst über den Blutweg aufgenommen worden sein müssen, da sie direkt in die Haarproteine gelangt waren. Die Haschisch-Werte lagen beim Vierfachen dessen, was heute in der Regel bei einem Konsumenten gefunden wird. Was paßte dann nicht an der Geschichte? Stammten die verkifften Mumien vielleicht aus viel späterer Zeit, nicht aber aus Altägypten? Ein Verdacht, wie er der Ägyptologin Rosalie David aus Manchester in den Sinn kam. Allerdings: Die Haschisch-Komponente war nicht das eigentliche Problem, denn Hanf war auch im alten Ägypten bekannt und hat dort bis heute eine kontinuierliche Tradition. Richtig knifflig aber wird es beim Tabak und noch mehr beim Kokain. Beide Pflanzen sind echte »Amerikaner«, in Afrika nirgends zu finden. Die britische Forscherin stieß jedoch in ihrer eigenen kleinen Mumiensammlung ebenfalls auf deutliche Spuren von Kokain.

Scharfe Kritiker sprachen weiterhin davon, daß Dr. Balabanova durch verunreinigte Proben zu falschen Ergebnissen gekommen war, daß die Hasch-Mumien aus viel späteren Zeiten stammten oder aber mit den vermuteten Drogen verwandte Alkaloide aus altägyptischen Pflanzen einfach fehlgedeutet wurden. Außerdem kommt Nikotin in Kirschblättern vor, und die gibt es auch in Ägypten. So zumindest könnte das Nikotin in die Mumien gelangt sein – zu Lebzeiten noch, versteht sich. Bleibt immer noch der Koks. Nach über 130 untersuchten Mumien zeigt sich, daß jede dritte davon Spuren enthält. Gab es im alten Ägypten vielleicht Drogenplantagen mit Kokainsträuchern und Tabakpflanzen? Befand sich ganz Pharaonien damals im Kokshimmel?

Davon ist nichts überliefert. Die Verwendung von blauem Lotus als Rauschmittel und Narkotikum ist hingegen auf alten Tempelreliefs immer wieder zu sehen, beispielsweise in den Säulenhallen von Karnak.

Ein morsches Geschichtsbild

Als am 26. September 1976 die Mumie des großen Ramses II. für eine Ausstellung nach Paris geflogen wurde, war sie ziemlich ramponiert, was natürlich weniger am stressigen Flug als an ihrem Alter und längerer Vernachlässigung der konservatorisch erforderlichen »Körperpflege« lag. Um den morschen Herrscher wieder einigermaßen salon- oder museumsfähig zu machen, mußten unter anderem seine Bandagen neu plaziert und fixiert werden. Dabei gab es eine Überraschung. Bei mikroskopischen Untersuchungen entdeckte die französische Präparatorin Dr. Michelle Lescot winzige Kristalle und Fasern. Tabak! Schon vor Jahrzehnten also tauchten rätselhafte Spuren davon in einer Mumie auf!

Bekanntlich sind die heutigen Ägypter notorische Raucher. Doch auf deren berühmte Altvorderen konnte das, wie gesagt, nicht zutreffen. Wenn man eins und eins zusammenzählt, kommt manchmal zwei heraus.

Die Idee: Ein rauchender moderner Ägyptologe verliert während seiner Arbeit versehentlich ein wenig Tabak aus seiner Pfeife, der dummerweise auf den schon modernen Ägypter fällt. Diese Erklärung stammt von einem bekannten Mumienforscher. Dr. Lescot kann sich damit allerdings nicht zufrieden geben. Wer auch immer Ramses II. den Tabak nämlich hinter die Binde kippte, tat dies sehr gründlich. Und wahrscheinlich schon vor sehr, sehr langer Zeit. Denn sogar in tiefen Schichten der Tuchwicklungen entdeckte die Forscherin noch Tabak.

Der vermeintliche Pfusch schien also Methode gehabt zu haben, jener Tabak sollte offenbar genau dorthin, wo er dann auch gefunden wurde. Dafür spricht auch die Dosis. Svetla Balabanova fiel auf, daß die Nikotindosis in ihren Mumien beim 35fachen des Normwerts für heutige Raucher und damit im lethalen Bereich liegt.

Auch Bakterien sind von Nikotin in Hochdosis-Therapie nicht begeistert, sie können dadurch abgetötet werden. Von daher könnte die Tabakkomponente zu den Geheimnissen der Mumifizierung gezählt haben. Natürlich beantwortet dies nicht, wie der Tabak zu alter Zeit nach Ägypten kam.

Nach geltender Lehre stammt Tabak aus Südamerika, einige

Sorten wachsen auch in Australasien und auf Pazifikinseln, sonst nirgends. Dr. Lescot hält es trotzdem für denkbar, daß Abwandlungen der bekannten Sorten auch in Asien oder Afrika gediehen, mittlerweile aber von diesen Kontinenten verschwunden sind. Die offizielle Theorie will dem nicht folgen. Noch problematischer gestaltet sich die Situation beim Kokain. Wenn die von Dr. Balabanova begonnenen und von anderen ergänzten Forschungen wirklich unumstößlich sein sollten, lassen sich wirklich spannende Schlußfolgerungen daraus ziehen. Dann könnte es nämlich durchaus sein, daß der internationale Drogenhandel bereits seit uralten Zeiten florierte – zwischen dem nord- bzw. südamerikanischen Kontinent und Ägypten wie auch sogar nach Asien. Um nämlich allem noch eins draufzusetzen, stießen Archäologen auf Seidenfasern im Haar einer Mumie aus Luxor. Wahrlich »luxoriös«! Die Seide jedenfalls konnte nur aus China kommen. Ein echter Beweis sind diese Fasern natürlich nicht, denn auch sie könnten erst später auf den toten Körper geraten sein. Aber langsam wird es ein bißchen viel an seltsamen Verunreinigungen und Versuchen, ein etabliertes, aber wohl doch morsches Geschichtsbild zu retten.

Die amerikanische Professorin Alice Beck Kehoe von der interessanterweise jesuitisch geprägten Marquette-Universität in Wisconsin kann sich frühe Kontakte über Kontinente hinweg ohne weiteres vorstellen: »Ich glaube, es gibt gute Hinweise darauf, daß vor Kolumbus sowohl transatlantische als auch transpazifische Reisen durchgeführt wurden. Wenn wir versuchen, über transozeanischen Kontakt zu sprechen, werden Standardarchäologen sehr, ja – nervös, und sie möchten das Thema wechseln oder lieber gehen. Sie bemerken plötzlich einen Freund in einem anderen Raum – sie wollen die Angelegenheit einfach nicht weiter verfolgen. Sie scheinen zu fühlen, daß dies eine Art ansteckende Krankheit ist, die sie nicht gerne berühren möchten, da sie ihnen Unglück bringt.«

Das Kolumbus-Dogma sollte eigentlich schon längst tot sein. Immerhin zweifelt heute kaum mehr jemand ernstlich an einer schon Jahrhunderte früher erfolgten Atlantiküberquerung mutiger Nordmänner. Warum also nicht sogar noch früher?

Einmal so gesagt: Eine alte Kultur, die in der Lage ist, Steinmonumente zu errichten, wie sie selbst mit heutiger Technik kaum reproduzierbar sind, könnte auch in der Lage sein, die großen Ozeane zu überqueren. Sicher, das sind immer noch zwei Paar Stiefel. Daß die Altägypter den Nil auf- und abschipperten, traut ihnen heute jeder zu, aber die Weltmeere? Nun, eigentlich ist ja selbst die ägyptische Lebensader mit ihren Katarakten keine ganz leicht zu bewältigende Aufgabe. Zugang zum Meer besteht in Ägypten ohnehin. So hatten die Pharaonen allerhand Möglichkeiten, um zu »üben«. Die Überlieferungen und Grabmalereien geben auch tatsächlich Auskunft über ausgedehntere Reisen. Pharaonische Schiffe fuhren im »Großen Grünen« nach Syrien und ins Land der Somalier. Es gab spezialisierte Schiffe für die verschiedensten Einsätze – Königsschiffe, Transport- oder Kriegsschiffe. Eine gigantische Flotte verfügte über imposante Schiffe, die Längen von 60 Metern und mehr erreichten! Ein schönes und sehr altes Beispiel für die hohe Kunst der Bootsbauer ist die Sonnenbarke des Cheops, die rein kultischen Zwecken diente und heute aus originalen Teilen rekonstruiert im Museum der Sonnenschiffe auf der Südseite der Großen Pyramide besichtigt werden kann.

Auch zahlreiche Grabmalereien zeigen beeindruckende Schiffs-Konstruktionen, beispielsweise die Wandreliefs im Grab von Niankhkhnum and Khnumhotep, besser bekannt als das »Grab der beiden Brüder«.

Von daher kann es durchaus sein, daß Tabak und Kokain nicht durch andere Kulturen ins Land der Pharaonen gebracht wurden, sondern daß die Ägypter selbst es waren, die fremde Kontinente betraten und jene Pflanzen in ihr Rätselreich einführten.

Hieroglyphen in Australien?

Damit erscheinen einige merkwürdige Geschichten plötzlich in ganz anderem Licht. So unwahrscheinlich sie klingen, könnten einige davon reale Hintergründe haben. Im Jahr 1909 erschien ein Bericht über eine geheimnisvolle Kultur, die sich angeblich aus Tibetern und Ägyptern konstituierte und ein Untergrundsystem im Grand Canyon hinterließ, so heißt es. Weitere Recherchen dazu haben bislang in eine steinige Sackgasse geführt. Nun, der Canyon ist bekanntlich recht groß, von daher ließe sich dort so manches verstecken. Allerdings liegen zur Zeit keine echten Beweise vor, daß diese schöne Story wahr ist. Die verkoksten Mumien aber zeigen: Es könnte theoretisch stimmen. Die alten Ägypter kamen entgegen der etablierten Lehrmeinung möglicherweise wirklich mit der »Neuen Welt« in Berührung.

Um 1910 herum begannen sich einige Forscher ernstere Gedanken über das Phänomen des weltweiten Pyramidenbaus zu machen. Warum errichteten unter anderem auch die alten mittelamerikanischen Kulturen solche seltsamen und aufwendigen Bauten? Standen diese Aktivitäten unter ägyptischem Einfluß? Allerdings sollte man dabei nicht ganz vergessen, wie groß der Zeitunterschied war. Die mexikanischen Pyramiden sind absolute Youngsters gegen ihre berühmten nordafrikanischen Kollegen. Die glanzvolle Stadt Teotihuacán wurde gegen 150 vor Christus gebaut und ganz ähnlich dem Giseh-Komplex in vielen Einzelheiten nach astronomischen Gegebenheiten angelegt. Obwohl die dortigen Pyramiden und Tempel also wesentlich jünger sind als die ägyptischen Monumente, stammen sie dennoch aus vorchristlicher Zeit, lange bevor die geltende Lehre irgendwelchen Völkern interkontinentale Reisen zugestehen würde. Doch ungewöhnliche Hinweise an ungewöhnlichen Orten sollten nicht übersehen werden.

Im »Tal der Jäger«, rund 100 Kilometer nördlich von Sydney, New South Wales, streifte ein einsamer Spaziergänger auf der Suche nach seinem Hund durch eher unwegsames Gelände. Dabei stieß er in einem Felsenspalt auf teils stark verwitterte Schriftzeichen. Unzweifelhaft ägyptische Hieroglyphen. Die Zufallsentdeckung war gleichzeitig eine Wiederentdeckung – in der Gegend waren diese Ritzungen bereits seit rund hundert Jahren bekannt.

Hieroglyphen in Australien?

Die meisten Archäologen und Anthropologen sahen die rund 250 Zeichen als Fälschungen an, vielleicht ein alter Studentenulk. Nichts schien einen echten Sinn zu machen, weder die Lokalität noch der sprachliche Inhalt der Hieroglyphen. Wie es heißt, müssen diese Reliefs uralt sein. Abgesehen vom Grad ihrer Verwitterung, der auf ein Alter von mindestens 1000 Jahren hindeute, seien sie offenbar nur deshalb für die meisten Ägyptologen nicht lesbar, da sie vermutlich aus der Dritten Dynastie stammten. Diese Erklärung scheint überzogen zu sein, denn so stark hat sich die Hieroglyphenschrift nicht verändert. An ihr ist ja gerade so verblüffend, daß sie zu ihrem ersten Auftreten schon gut entwickelt war. Der australische Ägyptologe Ray Johnson, der für die Altertümerverwaltung in Kairo uralte Schriften übersetzt hat und nicht zu verwechseln ist mit einem gleichnamigen amerikanischen Berufskollegen, war in der Lage, die Texte zu entziffern. Die Hieroglyphensteine berichteten von einer gestrandeten Expedition des Djes-eb, Sohn des Ra Djedef. Ra Djedef oder Djedefre regierte als Sohn des großen Cheops und Bruder von Chephren. Ihm war jedoch kein langes Leben vergönnt. Woran er starb, ist nicht bekannt. Überhaupt weiß man über den »Sohn des Re« wenig. Auch existiert keine beeindruckende Pyramide, die ihm zugeordnet wird. Sein Grab befindet sich auf der Anhöhe von Abu Roasch rund acht Kilometer nördlich von Giseh.

Pharao Djedefre

Obwohl Djedefre in der Vierten Dynastie lebte, wurde er seltsamerweise nach dem Stil der Dritten Dynastie begraben. Um ihn gibt es ohnehin einige Ungereimtheiten. Djedefre hatte mindestens drei Söhne und zwei Töchter. Was aus ihnen geworden ist, weiß heute niemand. Interessant ist eine dem Grabkomplex des Djedefre sehr ähnliche Anlage in Zawiyet el-Aryan, nur etwa zehn Kilometer von seiner Pyramide entfernt. Am Boden eines 21 Meter tiefen Schachtes in der unvollendeten Pyramide von Zawiyet el-Aryan fanden Archäologen schon vor langer Zeit einen ovalen Granitsarkophag. Er war unbeschriftet und leer. Hatte man ihn ebenfalls noch nicht fertiggestellt oder war er eventuell dem in Australien verschollenen Sohn von Djedefre gewidmet? Eine verlockende Spekulation, doch mehr auch nicht.

Leider sind Nachforschungen bei den Pyramiden von Zawiyet el-Aryan heute nicht mehr möglich, da das Gelände nun als militärisches Sperrgebiet dient. Und nur wenige haben sich vorher um die abgelegenen und unscheinbaren Relikte gekümmert. So bleiben dort möglicherweise spannende Rätsel auf unbestimmte Zeiten verborgen, Rätsel aus dem Land des Geheimwissens.

Auch die faszinierende Geschichte vom »Tal der Jäger« und seinen umstrittenen Hieroglyphen beweist nicht, daß die alten Ägypter wirklich bereits in Australien waren. Ein Fachmann, der die Inschriften sah, machte allerdings eine buchstäblich richtungweisende Bemerkung: »Die Ausrichtung der hieroglyphischen Buchstaben ist häufig nicht korrekt. Solche Fehler kannte man im alten Ägypten nicht, aber interessanterweise benützten in griechisch-römischer Zeit einige Leute solche Pseudohieroglyphen, die zwar weder in Hieroglyphen lesen noch schreiben konnten, aber sie einfach als schön ansahen.« Das könnte insofern wichtig sein, als ein gewisser Andrew Henderson im Jahr 1910 in der Umgebung der australischen Hieroglyphenstätte eine ägyptische Bronze-Münze aus der Zeit Ptolemäus IV. fand. Sie datiert also um 200 vor Christus. Selbst wenn die immerhin stark verwitterten Felsgravuren aus jener Zeit stammten, würden sie das Rätsel im Grunde nicht allzusehr schmälern. Vielleicht sollte man die ungewöhnlichen Zeichen also nicht außer acht lassen.

Ägypten – Wiege des Geheimwissens

Reisen über die Weltmeere setzen hervorragende Navigationskenntnisse voraus, doch auch in Mathematik und Astronomie waren die Ägypter überdurchschnittlich bewandert. An der Baukunst des Pharaonenreichs ist das mehr als deutlich zu erkennen. Die Genauigkeit in der Orientierung von Tempeln und Pyramiden nach stellaren Konstellationen und himmelsmechanischen Gegebenheiten ist an vielen Orten verblüffend. Nicht zuletzt die Große Pyramide von Giseh ist ein Paradebeispiel dafür. Ihre Basis ist laut Angaben des amerikanischen Pyramiden-Experten Mark Lehner über die gesamte Fläche um eine Toleranz von maximal 2,1 Zentimetern exakt eben. Das liegt im Bereich der Meßgenauigkeit. Auch die Seitenlängen weichen bei 230,33 Metern für jede Kante nur maximal 4,4 Zentimeter voneinander ab, und die Orientierung nach den Himmelsrichtungen beträgt rund den zwangstigen Teil eines Winkelgrades! Der

Der Absteigende Gang der Großen Pyramide scheint sich ins Unendliche zu erstrecken. Seine obere Öffnung weist auf den Himmelspol. (A. v. R.)

106,68 Meter lange *Absteigende Gang* weist mit geringfügiger Abweichung auf den Himmelspol. Heute steht der Polarstern in dieser Position. Zu der Zeit, als die Pyramiden gebaut wurden, war das allerdings zwangsläufig nicht der Fall, denn seitdem hat die Erdachse rund 62 Grad eines Vollkreises um den ekliptikalen Pol zurückgelegt. Diese Zahl ergibt sich zumindest dann, wenn man die etablierten Angaben zur Entstehungszeit der Großen Pyramide nicht anzweifelt. Im anderen Falle wäre der Wert nämlich noch größer.

Wer gerne querdenkt, ist in Anbetracht der Situation so manches zu vermuten geneigt. Denn vor etwa 13 000 Jahren, bei einer Drehung von 180 Grad, hätte der über seine gesamte Länge nicht stärker als 63 Millimeter von der exakten Geraden abweichende Gang sehr genau auf den hellen Stern Wega gezeigt, der damals Polstern war. Gerade die kleine Unvollkommenheit in der Ausrichtung auf den Ruhepol des Himmels entspricht der leicht versetzten Position des Sternes Wega zu jener fernen Zeit. Wer Ägyptologen verärgern will, sagt so etwas. Der Haken an der Sache ist nur: Es läßt sich kaum beweisen, daß die Pyramiden damals schon standen. Ohnehin erweist sich die Angelegenheit als ein kurioses Zusammenspiel, denn zwischen den Jahren 3340 und 2160 vor Christus stand wiederum der Hauptstern des Drachen dem Himmelspol sehr nahe, ebenfalls mit einer geringfügigen Abweichung. Um ihn vom 30. Breitengrad, auf dem die Giseh-Pyramiden stehen, vom unteren Ende des Absteigenden Ganges sehen zu können, muß dieser Schacht unter einem Winkel von 26,3 Grad nach oben führen ...

Wir können jedenfalls nur staunend vor dem Rätsel stehen, wie die alten Ägypter solche gigantischen Bauwerke mit derartiger Präzision ausrichten konnten. Wie war es ihnen möglich, die 50 bis 80 Tonnen schweren Deckenplatten der »Königskammer« auf eine Höhe von 50 Metern zu transportieren? Unbeantwortbare Fragen, eine nach der anderen.

Wer die Liste herausragender Fähigkeiten und Lehren der Ägypter betrachtet, erkennt auch eine interessante Übereinstimmung mit den Aspekten, die Adam Weishaupt in seinen »Wissensplan« einfließen ließ. Natürlich, es sind die wesentlichen »großen Gebiete des Wissens«, aber ihre Wiege liegt weitgehend in Ägypten, einem jener Länder, von denen auch der rastlose Professor nicht umsonst so fasziniert war. Und wie sich herausstellte, war wohl selbst der Drogenkonsum, dem auch Weishaupt frönte, bereits früh und weit verbreitet, getreu nach dem Motto: Jeder Mumie ihren Joint! Hatte davon auch der Geschichtsschreiber Al-Makrizi etwas abbekommen, als er sein faszinierendes Buch *Hitat* verfaßte? Bei einigen Geschichten scheint es so.

Die Erzählungen über biegsames Glas und nichtrostende Waffen klingen bereits fantastisch genug; wenn aber Al Makrizi beschreibt, wie die großen Steinblöcke zum Pyramidenbau bewegt wurden, dann wird es erst richtig verrückt – ganz im Sinne des Wortes. So berichtet er über die Erbauer: »Sie hatten beschriebene Blätter, und wenn der Stein herausgehauen und seine sachgemäße Bearbeitung erledigt war, so legten sie jene Blätter darauf, gaben ihm einen Stoß und bewegten ihn durch den Stoß um 100 Sahm fort. Dann wiederholten sie dies, bis der Stein zu den Pyramiden gelangte«. Das wäre dann in der Tat reinste Hexerei! 100 Sahm entsprechen einer Entfernung rund 300 Metern. Was stand auf den Blättern? Niemand weiß darauf eine Antwort.

Macht über die Schwere?

Handelt es sich bei diesen unglaublichen Schilderungen um die großen, wirklich magischen Geheimnisse, die auch den Gründer der Illuminaten dermaßen neugierig auf alles machten, was mit Ägypten, seiner Kultur sowie seinen Kräften und Einweihungslehren in Verbindung stand?

Es bedarf wohl keiner Diskussion, daß die altägyptischen Geheimnisse jeden in ihren Bann schlagen mußten, der auch von Macht besessen war. Ob die alten Ägypter ihre Pyramiden in der von Al-Makrizi beschriebenen Weise mit Hilfe jener »Zauberblätter« errichteten, sei natürlich dahingestellt. Mich erinnerte dieser märchenhafte Bericht an eine Geschichte, die ich von einem mir schon lange gut bekannten Mediziner erfuhr. Und ich war ziemlich verwundert, einen solchen Bericht ausgerechnet von ihm zu vernehmen. Mein Bekannter nämlich steht in jeder Beziehung mit beiden Beinen fest auf dem Boden. Von dem, was er vor Jahren erlebte, kann man hingegen nur sagen: eine wirklich abgehobene Geschichte ...

Im Hörsaal einer rumänischen Universität waren zahlreiche Studenten, Ärzte und Professoren versammelt, darunter auch Dr. Clavius, wie mein Bekannter hier heißen soll. Man hatte sich eingefunden, um einer offenbar einzigartigen Demonstration für die Wissenschaftler beizuwohnen.

Eine geheimnisvolle Dame, die als russisches Medium vorgestellt worden war, sollte dem skeptischen Auditorium eine rein mental bewirkte, echte Levitation vorführen! Alle Vorbereitungen waren so getroffen worden, daß dieses Medium keine Möglichkeit besaß, im Vorfeld mechanische Hilfen im betreffenden Hörsaal der Universität zu installieren. Unter großem Aufwand hatte man sich lediglich darum gekümmert, eine meterlange und tonnenschwere Marmorplatte in den Saal schaffen zu lassen. Nun ruhte sie unbeweglich auf kräftigen Stützen. Der Saal füllte sich mit Akademikern, die amüsiert und skeptisch, aber doch gespannt der Dinge harrten, die nun kommen sollten. Als die Russin schließlich den Raum betrat, ebbte das laute Stimmengewirr schnell ab, und nur aus einigen Rängen war noch etwas Tuscheln zu vernehmen.

Die Dame begrüßte die Anwesenden und ließ aus deren Reihen zwei Studenten zu sich kommen, um sie an den Enden der massiven Marmorplatte zu positionieren. Jeder sollte den polierten Stein nur mit der ausgestreckten Hand und den Spitzen zweier Finger von unten berühren. Nun bat die mysteriöse Frau lediglich um Ruhe, damit sie sich einige Augenblicke lang konzentrieren könne.

Dr. Clavius richtete seine Blicke unablässig auf das Geschehen. Schließlich deutete das Medium den beiden Studenten an, sie sollten mit ihren Fingern nun einfach etwas stärker von unten gegen die Marmorplatte drücken. Das verblüffte Publikum wurde jetzt Zeuge, wie sich die normalerweise nur mit einem stabilen Flaschenzug zu bewegende Platte von ihren Stützen hob. Den beiden Studenten stand die Fassungslosigkeit geradezu ins Gesicht geschrieben, doch auf ruhiges Geheiß des Mediums hoben sie die gewaltige Last wie ein Federgewicht weiter nach oben. Bis auf vielleicht eine einzige Person begriff niemand im Saal, was sich hier gerade abspielte. Die beiden Studenten blieben an ihren Plätzen, zwischen ihnen in der Luft die Marmorplatte. Wenn man einmal von den Fingerspitzen als tragenden Elementen absieht, durfte durchaus die Rede davon sein, daß der Steinkoloß wie schwerelos immer höher schwebte. Die Versuchspersonen mußten leicht zusammenrücken, um den Gegenstand weiterhin berühren und »halten« zu können. Die Kleidung raschelte dabei ein wenig, was beinahe jeder im Saal vernehmen konnte. Es war so leise, daß man die berühmte Stecknadel hätte fallen hören können. Die Dame aus Rußland bat die beiden Studenten nun in ruhigem Ton, sie sollten die Hände und mit ihnen auch die Platte wieder langsam nach unten führen. Als das marmorne Ungetüm endlich fest auf dem Gerüst lag, schien es, als ob soeben ein unerklärliches Naturschauspiel sein Ende genommen hatte.

Die Anwesenden benötigten einige Momente, bis sie wieder Worte fanden. Doch Erklärungen, die fanden sie nicht. War das Ganze ein geschickter Schwindel, eben die perfekte Illusion, wie wir sie nunmehr vor allem von David Copperfield kennen? Nicht anzunehmen, denn das bescheidene russische Medium verfügte bei weitem nicht über die technischen Finessen und finanziellen Möglichkeiten des amerikanischen Mega-Magiers. Und im Gegensatz zu ihm hatte jene rätselhafte Dame nicht die geringste Chance, den Saal oder die Trägervorrichtung vorher zu präparieren.

Das Unzerstörbare

Ohne mich nun zu ausführlich auf »magische Kräfte« und das umstrittene Phänomen der Levitation einlassen zu wollen, möchte ich noch kurz erwähnen, was ein Ägyptologe einmal in der Königskammer der Großen Pyramide erlebt hat. Auch diese Geschichte ist ein sehr persönlicher Bericht, den kein Fachmann ohne weiteres mit Kollegen besprechen würde und der mir im direkten, privaten Gespräch zu Ohren gekommen ist. Der Vorfall ist schnell erzählt und schließt sich gewissermaßen fast nahtlos an die vorigen Zeilen an. Jener Ägyptologe führte eine Gruppe von Interessenten in die legendäre Königskammer der Großen Pyramide. Unter den Besuchern war auch eine Dame, die sich als medial veranlagt bezeichnete und sich auf den tonnenschweren Steinsarkophag aus Rosengranit konzentrierte. Der ägyptische Altertumsforscher traute seinen Augen nicht, als er sah – um nicht zu sagen: mitansehen mußte –, wie die gewichtige Steinwanne mit einem Ruck um rund zehn Zentimeter zur Seite rutschte. Beinahe schwindelte dem Zeugen. Hatte er gerade halluziniert? War das eine der oft geschilderten Wirkungen der Königskammer? Hier hatten ja auch genügend andere Leute immer wieder von Dingen berichtet, die gar nicht existieren. Kein Wunder, bei der stickigen Luft. Zwar hatte er sich schon oft völlig alleine in der Kammer sowie an anderen Orten innerhalb der Pyramide aufgehalten und dort mancherlei Merkwürdigkeiten erlebt, aber das, was da soeben geschehen war, ging über alles hinaus. Als er näher an den Sarkophag herantrat, wurde ihm klar: Die Veränderung hatte tatsäch-

Um den Sarkophag in der Großen Pyramide ranken sich manche Rätsel. War es wirklich die letzte Ruhestäte des Cheops oder diente er der Einweihung in die alten Mysterien? Hier sollen die Weisen »erleuchtet« worden sein ... (A. v. R.)

lich stattgefunden. Der mächtige Steinbehälter hatte Schleifspuren am Boden hinterlassen und den Staub auf der gegenüberliegenden Seite aufgestaut. Vorher war davon nichts zu sehen gewesen.

Ich weiß, starker Tobak, und das, obwohl dieses Genußmittel im alten Ägypten offiziell überhaupt nicht existierte – außerhalb von Mumien, versteht sich! Natürlich wäre ich sehr gerne dabei gewesen, als die eine Dame die Marmorplatte so mühelos hochhieven ließ und die andere Dame den Granitsarg in der Königskammer durch die Gegend rutschte. War es am Ende sogar ein und dieselbe Dame? Unwahrscheinlich und möglich zugleich. Nur wird sich das nicht mehr herausfinden lassen. Egal. Offenbar aber war es dieselbe Kraft, die beide Damen gleichermaßen zu nützen verstanden. Eine verborgene Kraft, die jeder von uns durch entsprechendes Wissen und Übung nutzbar machen könnte? Wieder einmal eine rein spekulative Frage. Was soll der Nichteingeweihte dazu schon sagen!

Die geschilderten Vorfälle, die nur zwei Beispiele für eine große Zahl weiterer, sehr ähnlicher »Stories« sind, können vom neutralen Standpunkt aus als nette Anekdoten ohne weitere Beweiskraft durchgehen, um nun einmal von einer weniger geheimnisvollen, aber zwingenden »Kraft« zu sprechen.

Auch das, was ich selbst erlebt habe, was teils andere fantastische Berichte ergänzt und bestätigt, kann für Zuhörer oder Leser nur anekdotisch von Interesse sein, ohne als echter Beweis zu gelten. Jeder muß zunächst erst seine eigenen Erfahrungen machen.

Ich habe mir schon lange abgewöhnt, andere Menschen in irgendeiner Weise missionieren zu wollen. Jeder ist bis zu einem gewissen Grade von einem sehr persönlichen Weltbild geprägt, um nicht zu sagen: von ihm gefangen. Immer ist auch Abstand zu den Dingen nötig. Vieles erkennen wir nur aus der Distanz, können es nur von dort aus richtig einschätzen. Andererseits erfordert es eben auch die gewisse Nähe, vielleicht durch persönliche Erfahrungen, um für Ungewöhnliches und noch Unerklärliches offen zu sein, für Dinge, die irgendwann möglicherweise auch im Rahmen bereits bestehender oder erweiterter naturwissenschaftlicher Konzepte begreifbar sind. Im alltäglichen Leben spielen für mich »Phänomene« keinerlei Rolle. Wenn man allerdings bestimmte, konventionell nicht erklärbare Vorfälle erlebt hat, sogar noch Zeugen dafür hat oder mental sicher genug ist, um zu wissen, eben nicht halluziniert zu haben, wird man sich auch von erklärten Skeptikern nichts Gegenteiliges einreden lassen. Ich könnte mir vorstellen, daß mancher sich schwer tut, nach solchen Erlebnissen ins Alltagsleben zurückzufinden. Ich könnte mir vorstellen, daß sie das nicht einzuordnende Erlebte, dieses Neue, deshalb krampfhaft und beharrlich auch vor sich selbst verleugnen, weil es für sie einem irrational wirkenden, mit der Erfahrung nicht vereinbaren Weltbild entspräche. Vor allem sehr rational eingestellte Menschen sind davon betroffen. Es existieren sogar Studien der US-Geheimdienste über derartige Verhaltensmuster, die dazu dienen, das »Unzerstörbare« im eigenen Ich zu schützen. Doch wer und was sind wir Menschen schon, daß wir uns anmaßen, darüber zu entscheiden, was letztlich alles in der Welt und im Kosmos möglich ist? Sicher, wir haben Erfahrungswerte, und bestimmte Vorgänge wurden noch nie beobachtet. Daß eine Tasse voll kaltem Tee plötzlich Wärme aus der sie umgebenden Luft aufnimmt und dadurch den Raum leicht abkühlt, wurde eben noch nie beobachtet. Das berühmte dritte Gesetz der Thermodynamik läßt so etwas nicht zu. Nur das Umgekehrte kann laut diesem Entropie-Gesetz geschehen, sogar ziemlich oft.

Ein Glas, das in unzählige Teile zersprungen am Boden liegt, wird nicht plötzlich wieder auf den Tisch hüpfen und sich dort zum unversehrten Gefäß zusammenfügen. Wenn überhaupt, dann sieht man das nur im Film, und jeder weiß: Hier wurde der Zeitpfeil umgedreht. Da die Kausalität so unumstößlich ist, läßt sich die Umkehrung sogar als Stilelement der Komik einsetzen.

Prinzipiell verbleibt zwar physikalisch gesehen eine gewisse Chance, daß sich beispielsweise eine kalte Flüssigkeit durch Aufnahme von Umgebungswärme wieder aufheizt. Allerdings ist die Wahrscheinlichkeit extrem gering. Der Fall ist schlichtweg zu selten. Selbst das Alter des Universums genügt nicht, um dieses Ereignis je eintreten zu lassen.

Nicht immer aber ist die Situation so leicht überschaubar. Einige Fälle sind extrem selten, kommen aber dennoch vor. Kein heute lebender Mensch hat je den Absturz eines riesigen Kometen erlebt und wird ihn wohl – oder hoffentlich! – auch nie erleben. Doch selbst wenn Forscher vergangener Zeiten nicht an Steine glaubten, die vom Himmel fallen, weiß man heute, daß sie existieren – und daß es eben auch ganz große Exemplare gibt. Mit Blick auf die eher parapsychologischen Phänomene, wie sie sich angeblich in der Pyramide abspielten, hinkt dieser Vergleich natürlich. Er erinnert an den krampfhaften Versuch, die Raumkrümmung mit Hilfe einer in die dritte Dimension gekrümmten Kugeloberfläche zu erklären und dann darum zu bitten, sich die Übertragung dieses Bildes auf vier Dimensionen lieber gar nicht vorstellen zu wollen. Aber was soll's? Wenn wir nicht gerade mathematische Genies sind, starren uns die Formelketten der Physiker ziemlich ausdruckslos an; folglich müssen Forscher eben gelegentlich zu geistigen Krücken für die entsprechend »Minderbemittelten« greifen. Aber das ist nicht das Thema. Mir geht es nur um eine einigermaßen ausgewogene Haltung, darum, bestimmte Vorgänge nicht allzu leichtfertig zu »dematerialisieren« und Aussagen von Augenzeugen manchmal doch etwas ernster zu nehmen.

Die Sprache der Steine

Wer das Unbequeme negiert, ist vom Bellarmin-Komplex nicht fern – dem Verhalten jenes Kardinals, der sich weigerte, durch Galileis Teleskop zu blicken, weil die darin sichtbare Erscheinungen nicht in sein Weltbild paßten. Was nicht ins etablierte Schema gepreßt werden kann, wird schlichtweg unterdrückt. In diese Rubrik fällt auch die Zerstörung alter Wissensschätze, wie sie im Laufe der Geschichte von geradezu tobsüchtigen Regenten wiederholt betrieben worden ist. So fiel auch die Bibliothek von Ptah im ägyptischen Memphis in Schutt und Asche, so wurde die Bibliothek Karthagos von den Römern vernichtet, und als Cäsar in Alexandria einfiel, war es schließlich auch um die dortige Prachtbibliothek geschehen. Insgesamt gingen Millionen von einzigartigen Werken unwiederbringlich verloren. Massenmord an Wissen.

Die alten Aufzeichnungen, wären sie erhalten geblieben, hätten mit Sicherheit unser gesamtes Geschichtsbild über den Haufen geworfen. Die Informationen, wie all jene Schriften sie festhielten, waren vor allem für eine elitäre Leserschaft gedacht. Das Wissen als Machtfaktor blieb in engeren, gebildeten Kreisen, war aber immerhin sichtbar fixiert, für die Nachwelt bestimmt und daher archiviert. Echtes Geheimwissen aber hatte in solchen Bibliotheken nichts verloren. Vielmehr mußten zahlreiche Geheimnisse ohne »Papertrail«, wie man heute sagen würde, also ohne eine schriftliche Spur zu hinterlassen, mündlich tradiert werden. Jeder, der diese vertrauliche Kunde persönlich aus dem Geist der vorausgegangenen Generation übernahm, trat ein großes Erbe an und trug eine hohe Verantwortung. Die Geheimhaltung mußte in einigen Fällen über sehr lange Zeiträume gewahrt bleiben. Doch selbst die innersten Zirkel sahen sich in Anbetracht dieser Zeiträume und der angereicherten Mengen an Wissen gezwungen, einige Aufzeichnungen zu führen, wenn auch ganz sicher in kryptischer Form.

Die Hieroglyphen als heilige Schriftzeichen der Ägypter waren allzu verbreitet und bekannt, als daß sie eine sinnvolle Geheimschrift abgegeben hätten. Nur aus der heutigen Sicht und aufgrund der Tatsache, daß sie 1500 Jahre lang niemand mehr lesen konnte, bis der Franzose Champollion sie im Jahr 1822 endlich entzifferte, dienen sie noch immer geradezu als Synonym für einen verschlüsselten Code. Irgendwo unter dem Wüstensand oder hinter mächtigen Steinblöcken verborgen, dürften noch die wirklichen Geheimschriften der Eingeweihten liegen, in denen das Wissen der »Erleuchteten« Ägyptens festgehalten ist. Oder wurde es schon entdeckt?

Als der berühmte »Schlafende Prophet« Edgar Cayce zu Anfang des 20. Jahrhunderts seine Mitteilungen in Trance machte und voraussagte, daß um 1998 herum die lange gesuchten »heiligen Hallen der Aufzeichnungen« gefunden würden, erregte er die Gemüter in mancherlei Hinsicht. Und als jenes Jahr näher rückte, warteten viele Anhänger des Propheten gespannt auf die Erfüllung der Prophezeiung.

Bei Arbeiten in der Cheops-Pyramide war bereits fünf Jahre früher das kleine Robotergefährt des deutschen Ingenieurs Rudolf Gantenbrink im südlichen Luftschacht der »Königinkammer« auf eine winzige Türe gestoßen und hatte für weltweites Aufsehen gesorgt. Sollte hier, am Ende des 60 Meter langen und für Menschen nicht zugänglichen, weil viel zu schmalen Schachtes, ein geheimer

Raum verborgen sein? Wie sich einige Jahre später zeigte, befindet sich dahinter nichts als eine weitere Tür – und mittlerweile zockelte durch den gegenüberliegenden Nordschacht der Kammer gleichfalls ein kleiner Roboter nach oben. Auch er »entdeckte« eine kleine Türe. Jetzt sind es also schon drei. Doch weiter gekommen ist man trotzdem nicht. Zumindest drang nichts an die Öffentlichkeit. Wenn es nach Cayce geht und seine Prophezeiung sich erfüllt haben sollte, dann müßte irgendwer bereits mehr wissen. Nur wer?

Die Große Pyramide ist jedenfalls sicherlich nicht umsonst so groß, und gewiß gibt es eine ganze Menge noch in ihr verborgener Geheimnisse. Einige von ihnen dürften rein materieller Natur sein, absolut *greifbar*, wenn auch vielleicht nicht immer so ganz *begreifbar*. Heilige Hallen mit unschätzbar wertvollen Schriften, vielleicht auch biegsames Glas und andere Spezialitäten aus der reichhaltigen Trickkiste der Pharaonen.

Edgar Cayce wie auch der Seher H. C. Randall-Stevens dürften ihr Wissen über die Existenz solcher Kammern wohl aus einer gemeinsamen geheimen Quelle bezogen haben. Denn die Informationen über die Hallen ähneln sich sehr. Entweder zapften sie beide das berühmte kollektive Unbewußte an, jenes Weltgedächtnis, in dem Vergangenheit, Gegenwart und Zukunft gespeichert sein sollen, oder sie bedienten sich der nicht ganz so transzendentalen Materialien der Rosenkreuzer.

Auch dieser Orden, dessen Wurzeln über die Templer in alte Geheimgesellschaften hineinreichen, ist eng mit den ägyptischen Mysterien verbunden. In einem Dokument der Rosenkreuzer heißt es dazu: »Die Bewegung der Rosenkreuzer erstand im westlichen Europa während der unruhigen frühen Dekaden des 17. Jahrhunderts wieder neu und setzte sich als amerikanische Institution durch die Gründung von AMORC [*Ancient and Mystic Order Rosae Crucis*] im Jahr 1915 fort. Seine Verbindungen zu Ägypten sind sowohl organisatorisch als auch traditionell begründet ... Alle Rosenkreuzer, beginnend mit dem 17. Jahrhundert bis in die Gegenwart, haben verstanden, daß die Weisheit, die sie erhielten, von den frühesten Zeiten der menschlichen Zivilisation über zahlreiche Wege übermittelt worden ist und in Übereinstimmung mit den Lehren der alten Mysterienschulen steht. Die erste Erwähnung der Organisation solcher Schulen ist mit den Mystikern im Reich von König Tuthmoses III. während des 15. Jahrhunderts vor Christus verbunden. Außerdem lehrte der König des 14. Jahrhunderts vor Christus, Echnaton, das Ideal der einen Göttlichen Kraft, die hinter allen Dingen steht, selbst hinter den Göttern Ägyptens.«

Aus Quellen der Rosenkreuzer stammen Pläne über die Hallen des Wissens sowie unterirdische Gewölbe unter dem Sphinx. Dort sollen sich große Säulen befinden, Einweihungswege und runde Tempel. Doch muß man auch die Zeichen zu deuten wissen. Die immateriellen Geheimnisse mögen mit den materiellen verbunden sein; wer die Steine zu lesen versteht, könnte die Hallen des Wissens in blankem, massivem Kalk und Granit vorfinden. Unzweifelhaft aber ist im Sand noch viel verborgen.

Wer nur einmal durch die labyrinthischen Gräberlandschaften des Giseh-Plateaus gelaufen ist, kann sich annähernd ausmalen, was hier noch ruhen mag.

Von offizieller Seite stammt eine interessante Aussage. Der schon erwähnte Dr. Zahi Hawass, Direktor des *Supreme Council of Antiquities* in Kairo, schätzt, daß uns noch rund 70 Prozent des alten Ägypten verborgen sind. Die lange Suche nach den Mysterien geht also weiter. Selbst heute forschen teils recht ungewöhnliche Organisationen nach den großen Geheimnissen der Pharao-

Unter dem Giseh-Plateau erstreckt sich ein noch immer rätselhaftes Labyrinth. Tiefe Schächte führen ins Ungewisse. Sphinx und Pyramiden scheinen durch ein unterirdisches Tunnelsystem verbunden zu sein. Im Hintergrund: die Große Pyramide. (A. v. R.)

nen. Sogar Geheimdienste und Repräsentanten amerikanischer »Think Tanks« wie des in vielfacher Hinsicht obskuren *Stanford Research Institute* (SRI) sind immer wieder auf dem Plateau gesichtet worden. Sie, als Ableger der modernen Illuminaten, scheinen dort immer noch nach den Quellen der Erleuchtung zu suchen, die auch Adam Weishaupt so »brennend« interessierten.

3. Einweihung zwischen Licht und Schatten

Begegnung mit dem Hohepriester

»Ich kehrte auf dem bequemeren Weg zu dem langen, schrägen Tunnel zurück, der das Innere mit der äußeren Welt verbindet, um meine Wanderung nach unten in das Felsenplateau von Giseh wieder aufzunehmen. Plötzlich, an einer Ecke, fiel ein vergrößerter Schatten über meinen Weg, so daß ich erschrak und zurückprallte, bis ich feststellte, daß es mein eigener war. In dieser unheimlichen Umgebung konnte man auf alles gefaßt sein; nichts war seltsam genug, daß es nicht geschehen konnte. Nachdem ich rutschend und kriechend den verhältnismäßig kurzen Wegrest hinter mich gebracht hatte, war ich erleichtert, am Ende des Abstiegs auf ebenem Boden zu stehen, freilich innerhalb eines noch schmäleren Tunnels. Ich kroch ungefähr zehn Meter weiter und kam dann zum offenen Eingang des seltsamsten Raumes, den ich je gesehen hatte – der sogenannten Höhle. Er maß etwas weniger als 50 Fuß, von Wand zu Wand an der längsten Seite gemessen.«

So schildert der Engländer Paul Brunton seinen Abstieg in die Unterwelt der Großen Pyramide von Giseh. Der 1898 als Raphael Hurst in London geborene Schriftsteller studierte auf jahrelangen Reisen mystische Lehren der Welt. Als er das Ende des bereits im vorigen Kapitel erwähnten, über 100 Meter langen Absteigenden Ganges der Pyramide erreicht hatte, befand er sich 30 Meter unter dem Grundniveau von Giseh, in der »unvollendeten Kammer« der Cheops-Pyramide. »Dieses düstere Gewölbe, das genau unter dem Zentrum der Pyramide liegt, erschien dem Blick wie eine in aller Eile verlassene Arbeit«, so notiert er in seinem Buch *Geheimnisvolles Ägypten*, das erstmals im Jahr 1936 erschien.

Paul Brunton war den alten Mysterien auf der Spur.

Brunton erinnert sich: »Ich durchdrang mit meiner Laterne die schwere

Düsternis des Gewölbes und beleuchtete den Mittelpunkt des Bodens. Als ich näherkam, fand ich ein tiefes gähnendes Loch, stummer Zeuge einst hier gewesener Schatzräuber, die fleißig und erfolglos versucht hatten, eine Grube in die Höhle zu graben. Nun fühlte ich die unangenehme Berührung der Flügel einer Fledermaus, die an meinem Kopf vorbei durch den luftlosen Raum flatterte ... Ich kletterte über den hügeligen Boden und erreichte das andere Ende der Kammer, wo sich ein winziger waagerechter Tunnel in der Wand vorfand.

Er war gerade groß genug, daß man sich hineinwinden konnte, aber so niedrig, daß man nur glatt auf der Erde liegend hätte kriechen können. Der Boden war dick bedeckt vom Staub von Jahrtausenden, und das Kriechen war keineswegs angenehm. Ich hielt aus, um festzustellen, wo der Tunnel endete. Nachdem ich annähernd 20 Meter in den Felsen eingedrungen war, hörte der Gang plötzlich auf; anscheinend war auch dieser niemals vollendet worden. Halb erstickt, kroch ich meinen Weg zurück und kam wieder in die luftlose Höhle, sah mich ein letztes Mal in dem Raum um und begann meinen Rückzug in die höheren Regionen der Pyramide.«

Paul Brunton hielt sich eine Nacht lang in den Gängen und Kammern der Großen Pyramide auf, um – wie mancher andere vor und nach ihm – sehr ungewöhnliche Erfahrungen dort zu machen. Als er wieder in die »höheren Regionen der Pyramide« hinaufstieg, suchte er noch die mittlere Kammer auf, die als »Königinkammer« bekannt ist, obwohl dort sicher nie eine Königin bestattet worden war. Man erreicht den leeren, von einem Giebeldach bedeckten Raum vom unteren Ende der majestätischen Großen Galerie über einen langen waagerechten Schacht.

Seltsam, daß Brunton bei seinen Beschreibungen die überkragte Nische an der Ostseite der Kammer nicht erwähnt. Eine quadratische Öffnung führt hier über einen grob behauenen Gang tief in den Kern der Pyramide und endet in einer grotesk wirkenden Grotte, deren Steingewirr als mehrfarbiges abstraktes Kunstwerk erscheint. Sie stammte aus der Zeit, als Kalif Al-Ma'mun in die Pyramide eindrang, um nach den geheimen Schatzkammern der Überlieferung zu suchen. Um das Jahr 820 nach Christus trieben seine Männer in die Nordflanke der Pyramide einen Stollen, der heute den Haupteingang

Links: Die majestätische Große Galerie ist rund 46 Meter lang und neun Meter hoch. Sie führt zur »Königskammer«. Rechts: Die mittlere oder »Königinkammer«. (A. v. R.)

bildet. Als sie dort auf die Absteigene Passage und das Gangsystem des Bauwerks stießen, gelangten sie weiter in die mittlere Kammer. Hinter der Nische vermuteten sie einen weiteren geheimen Raum und begannen auch dort, einen Gang in den Fels zu schlagen, gaben aber die Suche nach jener vermuteten Geheimkammer schließlich erschöpft auf.

Paul Brunton, der sich gerne auch schlicht »PB« nannte, hatte seinerseits vor, eine Nacht in der »Königskammer« zu verbringen, die wohl niemals eine Grabstätte war, sondern viel eher ein Ort der Einweihung in alte Mysterien.

Während seines mehrstündigen Aufenthaltes erlebte der englische Abenteurer ungewöhnliche Dinge, die er in seinem Buch ausführlich beschreibt. Er berichtet, wie er neben dem Sarkophag im Dunkeln verharrte und bedrohliche Gestalten aus dem Nichts auftauchten, bis sie zu abscheulichen, satanisch wirkenden Kreaturen wurden. Sie traten näher, umringten ihn, der wie ein Tier völlig hilflos in der Falle saß.

Nach unbestimmter Zeit änderte sich die Szenerie schlagartig. Die teuflischen Gestalten lösten sich auf, die Wirkung der Kammer änderte sich und am Eingang nahm Brunton eine wohlwollende Gestalt wahr. Eine weitere folgte, wie die erste weiß gekleidet, im Gewand eines altägyptischen Hohepriesters. Um beide herum war ein Lichtschimmer – standen hier Erleuchtete aus einer sehr alten Zeit vor ihm?

Die Fremden sprachen zu Brunton, und schließlich sagte der eine von ihnen:»Mein Sohn, die mächtigen Herren der geheimen Kräfte haben dich in ihre Hände genommen. Du wirst heute Nacht in die Lehrhalle geführt werden.« – Wie ihm geheißen wurde, legte er sich auf den kalten Boden des Sarkophages und fühlte zu seinem Entsetzen, wie allmählich eine Lähmung von den Füßen her durch seinen Körper stieg.

Die Kälte kroch in ihn, und Brunton glaubte, nun sterben zu müssen. Seine Angst wuchs, ins Nichts hinausgeworfen zu werden. Sie war die Vorstufe einer befreienden außerkörperlichen Erfahrung, die jetzt folgte. Er blickte auf sich hinab und wußte, daß unter ihm, dort im Sakrophag sein toter Körper ruhte! Und er wußte nun, daß das Leben außerhalb des physischen Körpers weiterbesteht. Das war seine ganz persönliche und lebensbestimmende Erfahrung, die er in jener Nacht in der Großen Pyramide machte.

Vor sich hatte er die Gesichter verstorbener Freunde gesehen, und der Hohepriester sprach nach deren Verschwinden wieder zu ihm:»Wisse, mein Sohn, daß in diesem alten Tempel die verlorene Erinnerung an die frühen Menschengeschlechter ruht, und an den Bund, den sie mit ihrem Schöpfer durch den ersten Seiner großen Propheten geschlossen. Wisse außerdem, daß man auserwählte Männer von altersher hierherbrachte, um ihnen den Bund zu zeigen, damit sie zu ihren Mitmenschen zurückkehren und das große Geheimnis lebendig erhalten sollten.« – Was für ein Bund war das? Brunton wollte ihn kennenlernen!

Die Gestalt wies ihn zunächst ab, nahm ihn dann aber einen unbekannten Gang der Pyramide mit, der von einer nicht erkennbaren Lichtquelle hell erleuchtet war. Auf dem Weg durch diesen Gang wurde Brunton geheißen, sich nicht umzudrehen. Da er nicht wußte, durch welchen Eingang sie überhaupt in diesen nach unten führenden Schacht gekommen waren, trieb ihn allerdings die Neugierde, um nachzusehen, wo die geheime Türe war. Und schließlich wandte er sich doch um. »Noch nicht« vernahm er aus dem leeren Schattenreich, zweifach wiederholt, und fand sich selbst nun unvermittelt in dem kalten Sarkophag wieder. Doch immer noch stand der Hohepriester in seiner Nähe und sprach zu ihm. Er sagte, er solle den geheimen Eingang in sich selbst entdecken: »Das Mysterium der Großen Pyramide ist das Geheimnis deines eigenen Ichs.«

Bald verschwand das Wesen und ließ Brunton alleine zurück, der ohnmächtig wurde. Als er erwachte, suchte er entsetzt nach seiner Lampe, knipste das Licht an und fand sich in der Königskammer vor. Als ob sich jetzt alle Anspannung lösen mußte, schrie Brunton laut auf und klammerte sich an den Sarkophag. Nun hatte er noch bis zum Morgen abzuwarten, bevor er die Pyramide wieder verlassen konnte. Er schwor sich, niemals wieder nachts in der Pyramide zu bleiben.

Der Geist der Jahrtausende

Bruntons Geschichte klingt wie ein fantastisches Märchen. Doch auch weniger stark mystisch geprägte Menschen kehren mit einzigartigen Erfahrungen aus der Großen Pyramide zurück, wenn sie sich länger darin aufgehalten haben. Was immer es ist, es wirkt in diesem uralten Monument auch heute noch.

Wie schon Brunton von seinem Erlebnis sagt: Viele der Mysterien und Geheimnisse finden in uns selbst statt. Doch müssen wir wohl an die Orte gelangen, die uns zeigen, was in uns ist. Natürlich kursieren viele unbestätigte Gerüchte und unheimliche Geschichten rund um das Giseh-Plateau, vor allem um die Große Pyramide. Menschen, die sie alleine betraten und über Nacht blieben, hätten den Verstand verloren oder seien nie wieder aufgetaucht.

Manche haben mir von ihren ungewöhnlichen Erlebnissen berichtet, die jenen des Mr. »PB« in vielen Einzelheiten sehr ähneln, doch auch starke eigene Komponenten aufweisen. Ich glaube nicht, daß alle, mit denen ich gesprochen habe, Bruntons Bücher gelesen und daraus alle ihre Anregungen bezogen haben. Der englische

Autor gelangte seinerseits zur Überzeugung, daß jeder seine sehr persönliche, lebensbestimmende Erfahrung aus der Pyramide mitbringt.

An einem läßt sich wohl kaum rütteln: Fast jeder, der in die Pyramide geht und dort einige Zeit *in Ruhe* verbringt, gerät in einen veränderten geistigen und seelischen Zustand. Jeder mag sich dafür die ihm genehmste Erklärung suchen, vielleicht aber sollte zunächst die Wirkung mehr als die Ursache interessieren. Ob es ein geheimer, transzendentaler Bund von erleuchteten Wesen ist – vielleicht der *Bund der Illuminaten*, von dem auch Weishaupt erfuhr und der ihn anregte, diesen Namen zu wählen – oder aber ob es schlicht unsere Einbildungskraft im Verbund mit dem geheimnisvollen Bauwerk ist, darüber müssen wir uns hier nicht den Kopf zerbrechen.

Während eines Aufenthaltes in der Königskammer machte sich in mir das Gefühl breit, als ob die gesamte Pyramide wie ein riesiges Lebewesen atme. Und es war nicht das Rauschen der Ventilationsanlage, das ich damit meine. Viel später fand ich auch bei Brunton eine Textpassage wieder, in der er feststellt, daß in seiner Umgebung etwas war,»das lebte und pulsierte«.

Merkwürdig auch die Erfahrung eines Ägyptologen, der in einem persönlichen und inoffiziellen Gespräch erwähnte, mehrfach deutlich das Singen einer Frau in der Pyramide vernommen zu haben. Er war sich aber absolut sicher, sich zu jenem Zeitpunkt völlig alleine in dem Monument aufzuhalten.

Eine Besucherin, die durch die Pyramide geführt wurde, zeigte sich recht enttäuscht, keinerlei Visionen in der Königskammer erlebt zu haben. Nachdem sie und ihr Führer den Haupteingang wieder verlassen hatten und die Stufen zum Plateau hinabgegangen waren, unterhielten sich beide noch über die erstaunliche Innenkonstruktion. Die Dame fragte ihren Führer, einen studierten Ägyptologen, was denn das für ein seltsames großes Rad gewesen sei, das in der Königskammer über dem Zugangsschacht hinge.»Dort gibt es kein Rad«, erklärte ihr der Ägyptologe. Was es auch immer mit diesem merkwürdigen Rad auf sich gehabt haben mochte, offenbar hatte die Frau doch eine Vision in der Pyramide gehabt!

Ein für mich bemerkenswerter Eindruck war, daß ich mich in der Königskammer leichter, beweglicher und freier fühlte. Seltsam eigentlich, ein solches Gefühl zu haben, während man sich gleichsam eingesperrt in einem Raum befindet, umgeben von tonnenschweren Steinblöcken.

Nein, sicherlich bahnte sich da keine außerkörperliche Erfahrung an. Der Unterschied ist mir bewußt, zumal ich in einer ganz anderen lebensbedrohlichen Situation einmal eine echte außerkörperliche Erfahrung hatte. Hier war es nun etwas anderes, vielleicht auch einfach die Ruhe in dieser Kammer, in der den Besucher kaum noch etwas ablenkt. Man könnte fast vom idealen Ort sprechen, um sich auf das »Selbst« zu konzentrieren.

Rundum nur die riesigen glitzernden Blöcke aus Rosengranit und in der westlichen Ecke der wuchtige Sarkophag, der zu groß war, als daß er durch den schmalen Zugangsschacht hineintransportiert worden sein konnte. Er stand dort bereits, als die Mauern um ihn weiter in die Höhe gezogen wurden. Als ich um ihn herum ging und schließlich hineinleuchtete, stutzte ich kurz. Auf seinem glatten Boden zeigte sich der Umriß eines Wesens. Halluzinierte nun auch ich? In meinem Leben habe ich dem Tod mehrfach ins Gesicht geblickt, sehr direkt, sehr nah. Doch ich kann mich nicht entsinnen, jemals Halluzinationen gehabt zu haben, selbst unter extremsten Bedingungen nicht. Und jetzt sollte ich hier plötzlich damit »anfangen«? Da war wirklich ein Umriß.

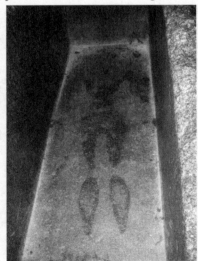

Der ungewöhnliche Umriß einer Gestalt im schweren »Cheops-Sarkophag«. (A. v. R.)

Deutlich waren die beiden Beine, die Hüftpartie, der Oberkörper und auch Arme zu sehen. Zum Kopf hin verschwamm das Bild etwas. Trotzdem, die Symmetrie und die Schärfe des restlichen Bildes waren erstaunlich und erinnerten mich ein wenig an den rätselhaften Abdruck auf dem Turiner Grabtuch. Wie konnte dieser Umriß entstanden sein? Vielleicht gibt es ja eine einfache Erklärung.

Mein erster Gedanke waren

die zahlreichen Besucher. Viele legen sich in den Sarkophag hinein. In der Pyramide ist die Transpiration hoch; wohl jeder, der in die Königskammer kommt, betritt sie in durchgeschwitzter Kleidung. Von daher war meine Vermutung zunächst, daß der Steinboden häufig fast an denselben Stellen beansprucht wurde und sich dadurch verfärbt hat. Trotzdem merkwürdig. Denn nicht jeder legt sich in der gleichen Orientierung in den Sarkophag, außerdem sind die Körpermaße doch zu unterschiedlich, um *so* scharfe Umrisse zu erzeugen. Einige verwaschene Spuren hätte ich mir noch mit dieser Idee erklären können, nicht aber dieses scharf begrenzte Abbild. Wie auch immer, da die merkwürdige Gestalt im Sarkophag auch auf meinem Foto zu sehen ist, habe ich nicht halluziniert!

Zeitreisen in der Unterwelt

Bei eigenen »Inkursionen« in die untere, unvollendete Kammer mußte ich wiederholt auch an die Eindrücke Paul Bruntons denken. Nachdem man den niedrigen, nicht enden wollenden Absteigenden Gang annähernd in Hockstellung hinter sich gebracht hat und dann auf allen Vieren durch den waagerechten Tunnel gekrochen ist, öffnet sich die faszinierende unterirdische Welt.

Beim ersten Abstieg waren wir zu Dritt: Axel Klitzke, Bauingenieur und als Autor dem Pyramidencode auf der Spur, sowie Manuel Strapatin, der mit viel Einsatz das unkonventionelle Magazin *Aufklärungsarbeit* gegründet hat, und dann eben noch meine Wenigkeit – die mir allerdings, ganz nebenbei bemerkt, beim anschließenden Aufstieg gar nicht so wenig vorkam …

Nun aber befanden wir uns tief unter der Pyramide in jener rätselhaften Kammer, die Brunton als den seltsamsten Raum bezeichnete, den er je zu Gesichte bekam. Wie recht er hatte!

Schon beim ersten Blick war mir, als ob ich in eine andere Welt eintreten würde. Die Stufe, die vom Ende des engen Schachtes in diese Kammer führt, besaß geradezu eine magische Wirkung, anders kann ich es nicht beschreiben – fast, als ob man in einen Bannkreis tritt, zumindest in einen heiligen Raum.

Dort unten befand ich mich generell in jener paradoxen Situati-

Der Westteil der sogenannten unvollendeten Kammer. Viel wahrscheinlicher ist, daß dieser 30 Meter unter dem Pyramiden-Grundniveau liegende Raum absichtlich als »Unterwelt« gestaltet wurde und ebenfalls der Einweihung in die Mysterien diente. (A. v. R.)

on, in der sogar einem Schriftsteller die Worte fehlen. Vor uns, an der einigermaßen ebenen Ostseite, öffnet sich ein tiefer Schlund. Seine unregelmäßige Umrandung formt sich weiter unten zu einem rechteckigen Schacht, dessen Seiten in einem ungewöhnlichen Winkel zur üblichen Orientierung der Pyramide stehen.

Wir leuchteten mit der Taschenlampe nach unten und konnten dort ein finsteres Loch in der Flanke sehen. Führt von dieser Öffnung ein Gang hinein in unterirdische Labyrinthe, zum Sphinx, zu den Einweihungstempeln der Rosenkreuzer und den Hallen der Aufzeichnungen?

In solchen Momenten kann einem die Fantasie schon durchgehen. Hinter dem rätselhaften Abgrund, in der relativ ebenmäßig behauenen Wand der Kammer, bemerkten wir eine kleine rechteckige Öffnung von rund einem halben Meter Seitenlänge. Sie führt in den nicht minder rätselhaften Blindgang. Der enge Stollen reicht etwa 20 Meter in den Fels hinein, verjüngt sich dabei und endet schließlich abrupt. Niemand kann oder will heute sagen, welchem Zweck dieser waagerechte Schacht gedient hat.

Der Autor in der »unvollendeten« Kammer. Jeder Winkel birgt Rätsel.

Die Wände in diesem Teil der unterirdischen Kammer sind ziemlich glatt, aber längst nicht so wie die Blöcke der Königskammer. Während die Decke durchgängig eben ist, verwandelt sich der untere Bereich des etwa 14 Meter langen Raumes zur westlichen Seite hin in eine zerklüftete Hügellandschaft. Tatsächlich sieht es hier so aus, als ob man die Arbeit urplötzlich beendet hätte.

Wieso aber?

Weil der Pharao starb, weil das Geld ausging oder weil man einfach irgendwann keine Lust mehr hatte, sich für jemanden abzurackern, der sowieso ganz woanders begraben würde? Die Erklärung ist wahrscheinlich eher, daß diese Kammer unvollendet blieb, weil sie es bleiben sollte. Gerade ihr westlicher Teil präsentiert sich dem Eintretenden als ein Gebilde ungewöhnlicher Felsskulpturen. Und er vermittelt dennoch den Eindruck eines geplanten Kunstwerks. Der Westen, das ist den alten Ägyptern immer das Reich der Toten gewesen, und offenbar diente diese Felslandschaft tief im »Keller« der Pyramide als Abbild der Unterwelt.

Jede Felsskulptur hier scheint eine tiefere Bedeutung zu haben. Der Abstieg in die Unterwelt war nichts als Teil eines unvorstellbaren Einweihungsrituals, das in verschiedenen Etappen und verschiedenen »Stockwerken« der Pyramide vollzogen wurde. In der Mitte der westlichen Kammerhälfte flachen sich die Felsen ab, sind niedriger. Über eine Kerbe im Boden und angedeutete, bucklige Stufen steigt man in westliche Richtung nach oben, um dann am hintersten Ende des Raumes kurz unter der Decke gegen Norden über eine Felsmauer zu steigen. Auf der anderen Seite befindet sich eine Art Sitznische, in der man unwillkürlich verharrt, allein schon, weil die Perspektive in den Raum hinein faszinierend ist. Dann geht es wieder hinunter zum ebenen Bereich.

Rein gefühlsmäßig erschien mir jenes bizarre Felsrelief als Einweihungsweg. Ich dachte nicht lange über rationales Handeln nach, sondern ging ihn einfach ab, gewissermaßen dem Instinkt folgend, ohne daran besondere Erwartungen zu knüpfen, selbst wenn die Wirkung des Raumes mich von Anfang an tief beeindruckt hatte und auf »pyramidalste« Weise gefangen nahm.

Irgendwann stellte sich dann allerdings doch eine leichte Änderung in meinem Bewußtsein ein, die ich paradoxerweise am ehesten als »rationale Meditation« bezeichnen würde oder auch als eine bewußte Betäubung, die mich langsam von der Gegenwart zu trennen schien. Mir war nun danach, mich irgendwo zwischen den Steinen des »Westreichs« zu setzen und mich eng an sie zu lehnen, um diese stummen Zeugnisse so direkt wie möglich wirken zu lassen. Tatsächlich eher irrational das Ganze. Aber wenn überhaupt, dann schien mir dies der richtige Ort, einmal richtig irrational zu sein. Und um zu verstehen, was Menschen aller Zeitalter wirklich bewegt hat und bewegt, sollten wir die Gefühle ohnehin nicht außer acht lassen.

Mir waren schon zuvor die unzähligen parallelen Streifen in den Felsen aufgefallen, die von den Meißeln und Hämmern der Arbeiter herrührten. Auch diese bereits relativ feinen Spuren belegen, daß die Steine nicht wahllos abgeschlagen, sondern gezielt ausgeformt wurden. Einzig möglich wäre eine weitere, glatte Bearbeitung der Wölbungen und Wände, der Stufen und Einkerbungen gewesen. Das aber hätte wiederum das Bild einer naturgetreuen Unterwelt mehr gestört denn verbessert.

Nun strich ich mit meinen Fingern durch die parallelen Kerben und tauchte gedanklich tief in die Zeit ab. Mit geschlossenen Augen sah ich plötzlich die Arbeiter wie besessen an ihrem Werk. Tief unter dem Plateau schufteten sie bis zur Erschöpfung, schwitzend, blutend. Sie schlugen sich mühsam durch das Gestein, wuchteten tonnenweise staubigen Abraum durch den quälend engen, quälend langen Schacht nach oben. Allein diese eine Kammer zu schaffen, war ein immenser Kraftakt des Pyramidenbaus. In den Rillen schien noch die immense Energie spürbar, die hinter jener Tätigkeit stand, eine Energie der absoluten Überzeugung.

Die schweigende, tote Kammer beginnt zu leben, sie ist wieder beseelt vom damaligen Geist, und die dazwischenliegenden Jahrtausende schrumpfen fast in die Bedeutungslosigkeit. Wer nicht ganz und gar abgestumpft ist, wird sich wohl spätestens hier unten des Gefühls nicht erwehren können, einem Sternentor nahe zu sein. Wie eine mentale Zeitmaschine wirkt die in mystisches Halbdunkel getauchte Kammer, in deren düsteren Ecken und Winkeln, hinter deren Felswänden und Gesteinswölbungen tausend Geheimnisse schlummern. Hier unten scheint der stille Besucher noch mit Raum und Zeit eins werden zu können. Und dies paradoxerweise unweit des Lärms, der auf dem Giseh-Plateau überall herrscht. Nur ab und zu dringen Laute aus den oberen Bereichen der Pyramide nach unten. Der so ultrapräzise ausgerichtete Absteigende Gang wirkt allerdings wie ein akustischer Verstärker. Läuft an seinem oberen Ende eine Person vorbei, sind die Schritte in der unteren Kammer zu hören, als ob jemand schon direkt nahe der Schwelle wäre. Überhaupt gibt es in der Pyramide akustische Effekte, die so deutlich und verblüffend sind, daß sie genau geplant gewesen sein müssen.

Schlägt man an den Sarkophag in der Königskammer, schwingt er und erzeugt den Kammerton »a«. An anderen Stellen wird die eigene Stimme massiv verstärkt. Dahinter verbergen sich keine Phänomene, sondern schlichtweg weitere Belege für das immer wieder bewundernswert hochstehende Wissen der alten Ägypter und den ausgeklügelten Plan, der hinter der Großen Pyramide steht. Nicht umsonst war sie auch Symbol für Weishaupts Plan. Wir werden allerdings später noch sehen, daß es gar nicht so einfach ist, die Philosophie Weishaupts auf einen Nenner zu bringen, und daß auch die Einordnung der *Bayerischen Illuminaten* in den »modernen Illuminatismus« keine unerhebliche Gratwanderung ist. Wir haben es hier immer wieder mit dem Problem absichtlich verwischter Spuren zu tun, teils allerdings auch mit Verwechslungen und Fehlurteilen.

Mit einem Mal riß mich ein Geräusch aus meiner kleinen Zeitreise, die ich mit verschlossenen Augen in der »unvollendeten Kammer« angetreten hatte. Eben noch sah ich eine Szene vor mir, wie ein Neophyt von der unteren Kammer still in einen erleuchteten Säulengang hinein wandelte, als plötzlich sehr reale Schritte unangenehm nahe wirkten. Nein, es war keine grausame Mumie, die aus dem

Schatten auftauchte, um ihren neuen Opfern die Lebenssäfte aus dem Körper zu ziehen, es war wieder jener täuschende akustische Effekt der Pyramide. Doch auch wer sich in der unterirdischen Kammer zu lange aufhält, soll beängstigende Visionen und Halluzinationen erleben, hier sollen einem diejenigen Dinge begegnen, vor denen man im Leben die größte Furcht zeigt. Nun, Pharaonengarn. Manchmal vielleicht eine gute Taktik, um allzu neugierige Menschen von Orten fernzuhalten, an denen tatsächliche Geheimnisse verborgen sind.

Allerdings müßte ich schon die Unwahrheit sagen, wenn ich behaupten wollte, daß mein Aufenthalt in der wohl durchaus eher vollendeten als unvollendeten unterirdischen Kammer keine nachhaltige oder anhaltende Wirkung auf mich gehabt hätte, vor allem nach der ersten »Begegnung«. Solange ich mich innerhalb der Pyramide befand, war alles in Ordnung. Doch sobald ich sie verließ, geriet ich in einen mentalen Zustand, den ich, ohne einen allzu starken esoterischen Beigeschmack verbreiten zu wollen, am ehesten als eine »Trance« bezeichnen würde. Ich war nur noch halb bei mir, lehnte mich im Schatten der Steinmonumente an einen der mächtigen Quader, während das Leben auf dem Plateau nun lediglich wie im Traum vor mir ablief. Unwirklich, unwichtig. Von den Gefühlen her empfand ich mich deplaziert und desorientiert, frei und erschöpft, glücklich und verbraucht, erwartungsvoll und gleichgültig. Hinter mir lag ein Geben und Nehmen, jetzt wollte ich ruhen und Bäume ausreißen, glaubte an alles und an nichts. Wenn dieser Zustand nur wenige Minuten angehalten hätte und dann komplett verschwunden wäre – dem aber war nicht so. Er hielt, wenn auch in abgeschwächter Form, über Tage hinweg an, wirkte sogar über die Zeit des Ägyptenaufenthalts weiter, so daß ich nach meiner Rückkehr auf mein Umfeld noch lange wie nicht wirklich wieder da wirkte. Familienangehörige begannen sich sogar Sorgen zu machen. Doch ich war sehr zufrieden. In jenen Tagen war ich von einer inneren Ruhe und Gelassenheit wie selten sonst in meinem Leben. Wenn auch bestimmt nicht »illuminiert«, so fühlte ich mich doch in gewisser Weise über bestimmte Zusammenhänge etwas erhellt, aber ich fragte mich gelegentlich schon, was »dort unten« noch geschehen konnte, wenn es nur sollte.

Quantensprünge der Mystik

Selbst wer sich voll und ganz von allem Mystizismus distanziert, wird eingestehen müssen, daß esoterische und okkulte Praktiken nicht aus der Menschheitsgeschichte wegzudenken sind und auch heute keineswegs allein von »primitiven Naturvölkern« der Erde angewandt werden. Die uralte Tradition wird, teils in abgewandelter Form, bis in unsere Tage hinein von verschiedenen geheimen Kreisen aufrechterhalten. Und allein die unbestrittene Tatsache jener langen Tradition sowie ihre sicherlich oft unterschätzte Verbreitung bis hinein in höchste Kreise bedeutet ein sämtliches Denken wesentlich mitbestimmendes Moment. Auf dieser Welt hat es zu jeder Zeit solche Instanzen gegeben, die völlig ungeachtet ihrer Rechtmäßigkeit allein durch ihre traditionelle oder gegenwärtige Macht stets unantastbar waren und es immer noch sind. Die Legitimation zur Macht entsteht meist aus der Macht selbst, ungeachtet ihrer Geschichte.

Daß die Beschäftigung mit altem und neuem Geheimwissen andererseits immer eine Gratwanderung für Außenstehende sein muß, ist wohl eine selbsterklärende Feststellung. Aus der Sicht des Natur- oder Geschichtswissenschaftlers heraus kann diese Beschäftigung vor allem von kulturhistorischem Interesse sein. Für transzendentale Wirkungen gibt es keine Beweise. Selbst solche Naturwissenschaftler, die in ihrem Leben sehr persönliche Erfahrungen mit dem »Unerklärlichen« machten, tendieren eher zur Sprödheit. Ihnen bereitet es verständlicherweise oft deutliche Schwierigkeiten, anzuerkennen oder auch nur zu erkennen, wenn keine rationale Erklärung mehr für das betreffende Ereignis greift.

So bemerken sie nicht, wie sie zur Rationalisierung eines nicht mehr mit gegenwärtigen wissenschaftlichen Methoden faßbaren Vorfalls zu immer unwahrscheinlicheren Deutungen flüchten. Hier ist es dann wohl besser einzugestehen, daß die Gültigkeit der naturwissenschaftlichen Methode gleichfalls ihre Grenzen besitzt und daß Geschehnisse außerhalb dieses akademischen Erfahrungshorizontes dennoch nicht minder real sein können. Trotz alledem muß dies keine »respektlose« Welt außerhalb der Naturgesetze sein. Denn an sich gibt es keine »Phänomene«. Nur manches, was sich in der Welt ereignet, liegt einfach außerhalb des Erklärbaren, was schlicht darauf hindeutet, daß wir bei weitem noch nicht alles wissen.

Wir sollten vielleicht einmal damit beginnen, unseren Anspruch auf Allwissenheit zurückzuschrauben. Im Grunde sind wir noch heute in der mechanistischen Auffassung befangen, die das Zeitalter der Aufklärung mit sich brachte, jener Epoche, deren Kind auch Weishaupt war.

Diese mechanistische Lehre besagt, daß wir im Grunde alles vorausberechnen können. Die Welt erscheint als gewaltiges Rechenexempel, als technischer Mechanismus eben. Immerhin, erstaunlich vieles läßt sich wirklich berechnen. Aber – ebenfalls immerhin! – Quantenphysik und Chaos-Theorie haben ein neues Bild der Welt geschaffen. Von wegen Berechenbarkeit!

Wir haben gelernt, daß der Flügelschlag eines Schmetterlings in Neuguinea einen Tornado in Nordamerika auslösen kann und daß nicht kalkulierbare Quantensprünge die physikalischen Prozesse auf unvorhersehbare Weise beeinflussen können. Wir haben sogar gelernt, daß allein die Anwesenheit eines Beobachters ein physikalisches Experiment auf Quantenebene beeinflußt und damit unbrauchbar macht.

Schon Albert Einstein meinte, daß die Philosophen nun an einer anderen Fakultät zu finden seien – nämlich derjenigen der Physiker. Und spätestens seit naturwissenschaftlichen Querdenkern wie Capra, Charon oder Sheldrake scheint sich, wenn auch etwas zähflüssig, eine interne Revolution abzuspielen, die dem »mystischen« Element auch wieder mehr Platz im rationalen Feld einräumt. Ob und wie sinnvoll der eingeschlagene neue Weg ist, den ohnehin nur wenige beschreiten, kann nur die Zeit zeigen – selbst ein unverstandenes Phänomen.

Konzentrierte Energie

Fast jeder von uns wird Plätze kennen, an denen er sich besonders gerne aufhält und an denen er Kraft auftankt, was auch immer die eigentliche Quelle sein mag, vor allem dort, wo diese Kraft offenbar komprimiert vorhanden ist. Im Grunde kaum wirklich erklärbar ist, daß bestimmte Klangfolgen die unterschiedlichsten Gefühle in uns auslösen können. Die Musik, die von außen kommt, zeigt uns aber in erster Linie, was in uns ist.

Der Mensch ist das eigentliche Phänomen. Seine Fähigkeiten und seine Gefühle werden ständig durch äußere Faktoren beeinflußt. Wie jener geisterhafte Hohepriester zu Brunton gesagt haben soll, auch das Geheimnis der Pyramide liegt in uns verborgen. Diese Bauwerke regen die »Mysterien« in uns an und führen uns durch die Einweihung zur Selbsterkenntnis.

Für geheime Bündnisse sind rituelle Handlungen bis heute oft streng an spezielle Örtlichkeiten gebunden. Die Abläufe sind genauestens vorausbestimmt, zahlreiche Objekte erhalten für die Eingeweihten stets eine besondere Bedeutung. Eine wiederholte Einbindung in die Riten kann durchaus die Dimension einer Beschwörung erhalten. Wir werden noch sehen, daß sich die Traditionen alter Geheimbünde, von der ägyptischen Priesterschaft über die Templer, die Rosenkreuzer und die verschiedenen Formen des Illuminatismus bis in die heutige Zeit manchmal auf teils erschreckende Weise erhalten haben. Die Einweihungszeremonie als Todeserfahrung und Wiedergeburt wird uns auch dort begegnen, wo wir sie am wenigsten erwarten.

Ohne danach zu suchen, habe ich die Wirkung bestimmter Orte mit der Zeit teils auf überraschende, weil völlig unerwartete Weise kennengelernt. Vor vielen Jahren löste das Ulmer Münster in mir einen unvergleichlichen »Energierausch« aus, der allerdings erst Stunden nach dem Besuch dieses architektonischen Meisterwerks einsetzte, zu Hause, kurz vor dem Einschlafen. Vor mir zeigte sich plötzlich eine ganze Bildergalerie mit fantastischen Szenarien, in die das Münster eingebunden war. Die Bilder folgten extrem schnell, wie in einer schlecht programmierten Diashow. Ich bekam regelrechte Schweißausbrüche durch den plötzlichen, mir unerklärlichen Energieschub und hätte am liebsten einen Dauerlauf gemacht. Ich mußte aufstehen, um zur Ruhe zu kommen. Nach etwa einer Stunde legte sich der Ansturm langsam.

Zumindest eines jener Bilder, wie ich sie damals sah, habe ich so bildlich umgesetzt. Religionsbesessen war und bin ich nun gerade nicht, und ich betrat das Münster als absoluter Durchschnittsbesucher,

Das Münster – ein Bild aus einer mentalen Galerie; Gemälde des Verfassers. (A. v. R.)

der sich für das gothische Kunstwerk interessierte. 17 Jahre später war ich wieder dort. An die Wirkungen, die der erste Besuch bei mir ausgelöst hatte, dachte ich seltsamerweise überhaupt nicht mehr. Doch am Abend erlebte ich wieder dasselbe. Dann erinnerte ich mich natürlich sofort, diese Erfahrung bereits seinerzeit gemacht zu haben.

Aus heutiger Sicht ist für mich vor allem interessant, wie unterschiedlich die Pyramide und das Münster im Vergleich auf mich wirkten. Bei der Pyramide war es ein »Austausch«, bei bei dem Münster vielmehr bald schon eine »Überladung«. Wenn man mich vorher gefragt hätte, ich würde das glatte Gegenteil erwartet haben.

Die Große Pyramide von Giseh – ein »Kraftort«

Im Grunde spielt es keine Rolle, ob das, was sich da zuträgt, ein meß- und nachweisbares physikalisches Phänomen ist oder aber lediglich eine mentale Wirkung, etwas Ungreifbares in uns selbst. Welches Wissen aber müssen die Erbauer der Pyramiden gehabt haben, um solche psychischen Effekte zu triggern? Und über welche Kenntnisse müssen die Erbauer der Kathedrale verfügt haben, wenn sie wiederum vergleichbar starke Wirkungen zu erzeugen imstande waren? Sie scheinen damit einen Teil ihrer eigenen Lebensenergie geradezu unsterblich gemacht zu haben.

So gibt es jedenfalls wohl wirklich »starke Plätze«. An einigen knistert die Luft förmlich, an anderen trifft sich tausendfaches Flüstern, an wieder anderen ruht ein domhaftes, unsichtbares Gewölbe über dem Besucher und scheint jedes Geräusch zu dämpfen, um so zu einem echten Ruhepol zu werden. Wer das nicht spürt, mag normal sein, ist aber wohl emotional abgestorben. Wer die Wirkung empfindet, mag ein wenig verrückt sein, aber empfindet und lebt bewußter.

»In jeder Religion gibt es Legenden, die vom Abstieg der Götter und Göttinnen, der Heiligen in die Unterwelt berichten. So etwa weist das christliche Glaubensbekenntnis ›... niedergefahren zur Hölle, am dritten Tage wieder auferstanden von den Toten ...‹ deutlich darauf hin. Doch auch die Höllenfahrt der Ishtar im *Gilgamesch-Epos*, der Besuch des Orpheus im Hades und die Einweihungszeremonien der ägyptischen Neophyten führt in die Unterwelt.« – so schreibt die Autorin Mária Szepes in ihrem Werk über die geheimen Lehren des Abendlandes und ihre Wurzeln. Sie erinnert daran: »Infolge dieser Höllenfahrt wird der auferstandene Gott, die Göttin, der Messias, der Heilige oder der Prophet zum neuen Leben erweckt und erleuchtet vor dem Angesicht der Welt glänzen – weil er sich dort unten seiner Vergangenheit, seines innersten Wesens bewußt geworden ist. Die Zukunft aber läßt sich nur aus der Kenntnis der Vergangenheit ändern.«

Tempel der Einweihung

Mária Szepes fährt fort: »Der Mythos des Hinabsteigens in die Unterwelt birgt ein tiefes esoterisches Geheimnis. Dies zu erfahren gehört zu den größten Erlebnissen des okkulten Weges. Auch dieser Mythos hat die dreifache physisch-astral-mentale Bedeutung.«

Die Meinung, daß die Große Pyramide von Giseh in untrennbarer Verbindung zu den ägyptischen Mysterienschulen steht, wurde schon oft geäußert und liegt nahe. Von Generation zu Generation wählte man würdige Nachfolger, welche die alten Traditionen und das alte Wissen im Geheimen zu bewahren hatten. Stufenweise wurde der Neophyt harten Prüfungen unterzogen, bevor man ihm das Wissen anvertraute. Auch der »Ketzerkönig« Echnaton soll laut esoterischer Zirkel zahlreiche Verbündete herangezogen haben, die eine zweimal zwölfjährige Ausbildung in die Mysterien erhielten.

Der heute etablierten Meinung ägyptologischer Kreise zufolge wurde die Große Pyramide unter der Herrschaft des Pharao Cheops als dessen überdimensionales Grabmal erbaut. Seine komplexe innere Struktur soll dazu gedient haben, Grabräuber daran zu hindern, in die Sargkammer einzudringen, die Schätze zu rauben und die Ruhe des toten Herrschers zu stören. Selbst in den Spitzen der heutigen Ägyptologie gibt es allerdings auch Stimmen, die zumindest die wegen des Sarkophages oft als »Grabstätte des Cheops« ausgewiesene Königskammer nicht als die echte Grabkammer ansehen. Sie sprechen vielmehr davon, daß Cheops in einem anderen Raum der Großen Pyramide ruht, der bis jetzt noch nicht entdeckt wurde. Trotzdem, wer heute ein Sachbuch zu den Pyramiden aufschlägt und eine Abbildung des Sarkophages findet, wird in den meisten Fällen dazu erfahren, in ihm habe einst der Leichnam des Cheops gelegen …

Noch wesentlich unwahrscheinlicher als diese Feststellung ist die Annahme, jene drei gegenwärtig und offiziell bekannten Kammern seien das Ergebnis von Planänderungen während des Baus der Pyramide. Zunächst hob man demnach die unterirdische Kammer aus, mit der Absicht, den Pharao später dort zu bestatten. Dann aber überlegte man es sich anders und schuf die mittlere Kammer, um ihn hier zur Ruhe zu betten. Und dann war noch die Königskammer als ultimative Gruftvariante fällig. Warum diese Wankelmütigkeit? Hatte die Erbauer jeweils versäumt, den Sakophag in eine der beiden tiefer liegenden Kammern zu stellen? Wenn es derjenige aus der Königskammer war, dann hätte er sowieso nicht durch die Gänge gepaßt. Der Koloß paßt aber wie erwähnt auch nicht durch den Schacht, der in die Königskammer führt. Dort hatte man dann aber wohl doch noch rechtzeitig daran gedacht, ihn auf den Boden zu stellen, bevor alles wieder dicht war. Wuchs die Pyramide nur deshalb zu solcher Höhe an, weil man andauernd vergaß, den Sarkophag hereinzustellen?

Nun, Spaß beiseite, sicherlich hatten die alten Ägypter jedenfalls einen exakten und bis in die kleinsten Details ausgeklügelten Plan, als sie dieses immense Bauwerk begannen. Immerhin sind einige Pyramiden bekannt, in denen mehrere Kammern existieren. Die Unschlüssigkeit der alten Baumeister hätte schon an pyramidale Verkalkung grenzen müssen, um noch erklärbar zu sein. Dann erscheint auf den ersten Blick sogar die Idee plausibler, daß mit der Anlegung eines Absteigenden Schachtes und der unterirdischen Kammer alle potentiellen Grabräuber irregeführt und vom eigentlichen Grab abgelenkt, vielleicht sogar in die Falle gelockt werden sollten. Ließen die Pharaonen nur deshalb so gigantische künstliche Berge errichten, damit ihre Gräber möglichst unzugänglich würden? Das wäre wohl auch einfacher gegangen! Außerdem vermittelt der innere Aufbau der Pyramide nur zum Teil den Eindruck einer auf Sicherung eingerichteten Anlage. Zahlreiche Details und vor allem ins Letzte ausgeklügelte Proportionen sprechen gegen die pure Grabesthese. Vielmehr führt vieles wiederum zur eher transzendentalen Deutungsweise einer Einweihungsstätte »höchsten Grades«.

Vielleicht werden auch künftige Entdeckungen weiterer Kammern eine Entscheidung erleichtern, was der tatsächliche Sinn und Zweck dieses einzigen noch verbliebenen der sieben antiken Weltwunder ist. Schon an einigen Stellen sind mit moderneren Methoden interessante Hinweise auf mögliche Hohlräume gefunden worden. Der Pyramidenforscher Mark Lehner schreibt dazu:»Die Mikrostrukturanalyse ergab eine Anomalie westlich und unter der Horizontalpassage zur Königinnenkammer. Die beiden damit befaßten Architekten Gilles Dormion und Jean-Patrice Goidin bohrten daraufhin drei kleine Löcher in die Passage. Sie gingen durch kompakten Kalkstein, Kalksteingeröll und Mörtel, Sand, dann wieder Kalksteingeröll durch. Daß am einen Bohrloch kein Ende des Sandes erreicht werden konnte, weckte Spekulationen über eine versteckte Kammer. Wahrscheinlicher ist, daß die Schichten lediglich eine Füllung zwischen den Kalksteinwänden der Passage und dem Kernmauerwerk sind. 1987 untersuchte ein japanisches Team der Waseda-Universität (Tokio) unter Leitung von Sakuji Yoshimura die Cheops-Pyramide mit Hilfe zerstörungsfreier Verfahren. Auch hierbei wurde die oben erwähnte Anomalie bestätigt. Die aufgezeichneten Details lassen einen Tunnel vermuten, der unter der Südseite in die Pyramide kommt.«

Vielleicht deutet auch das bis auf eine strittige Ausnahme komplette Fehlen von Hieroglyphen in der Pyramide darauf hin, daß sie immer schon als Einweihungstempel in die großen Mysterien diente. Wenn Cheops ein derart ausgeprägtes Ego besaß, ungezählte Menschen für eine 150 Meter hohe Grabstätte aus vielen hunderttausend Steinquadern zu opfern, dann sollte man doch auch davon auszugehen können, daß Schriften im Inneren überall von ihm künden. Aber nichts dergleichen ist der Fall.

Der dänische Ingenieur Tons Brunés spürte der »heiligen Geometrie« nach, jenen hermetischen Proportionen der Großen Pyramide. 1969 glaub-

Die Wände in der Teti-Pyramide von Sakkara sind voller Hieroglyphen. In der Großen Pyramide hingegen fehlen die »heiligen Zeichen« völlig. (A. v. R.)

te er das Rätsel gelöst zu haben und widmete sein Werk den Freimaurern. Er wies deutlich darauf hin, daß auch die alten griechischen Gelehrten ihr mathematisches Wissen ursprünglich aus Ägypten bezogen hatten. Pythagoras hatte 22 Jahre als ägyptischer Priester verbracht. Später trat Plato in die pythagoreischen Geheimbünde ein und reiste ebenfalls nach Ägypten, um dort in die niedrigeren Grade des Tempelwissens eingeweiht zu werden. Wie Brunés meint, verschlüsselte Plato das ihm vermittelte Wissen in seiner Schrift Timaios. Noch so mancher Weise bezog seine geheimen Kenntnisse aus den alten Lehren Ägyptens. Und schließlich erweist sich auch Moses als ägyptischer Priester. In engen Zirkeln wurde das Wissen weitergetragen.

Alte Generationen gingen, neue kamen, die geheimen Lehren blieben. Nicht alles wurde überliefert, und manches wurde auch verfälscht. Hierarchische Geheimbünde hielten das entscheidende Wissensgut nur in den innersten Kreisen oder vermischten die ursprünglichen Lehren mit den eigenen. Peter Tompkins bemerkt in seinem bekannten Pyramidenbuch:»Der ägyptische Tempelorden wird von modernen Freimaurern als eine sich stufenweise vollziehende Einweihung und Aufnahme beschrieben. Am Ende dieses Prozesses stand die Initiation in den höchsten Grad beziehungsweise in die drei höchsten Grade des Ordens, die wahrscheinlich in der Großen Pyramide vollzogen wurde. Während des ganzen Verlaufs der in Stufen erfolgenden Einweihung, die sich angeblich über 22 Jahre erstreckte, wurde das künftige Mitglied des Ordens in die verschiedensten Wissenschaften eingeführt, zu deren wesentlichsten die Geometrie und die Zahlenlehre gehörten.« Tompkins erinnert auch an die Theosophin Helena Blavatsky, die davon sprach, daß die Pyramide in ihrer äußeren Form das schöpferische Prinzip und das der Naturlehren veranschauliche, während sie in ihrem Inneren die Mysterien der Einweihung berge, als »Tempel der Initiation«.

Das alte Ägypten läßt denjenigen, der es ergründen will, am Ende doch fassungslos und staunend, resignierend und doch begeistert zurück. Zu Zeiten Adam Weishaupts muß die Kunde, die ihm aus jener geradezu verzauberten Welt gebracht wurde, beinahe noch faszinierender gewesen sein, selbst, wenn auch jener nur schemenhaft in Erscheinung tretende Fremde namens Kolmer sicherlich vieles, was uns aus heutiger Sicht an Ägypten mitreißt, gar nicht gekannt haben kann. Doch vielleicht war er auf seinen ausgedehnten Reisen in manch andere Geheimnisse eingeweiht worden. Mit Sicherheit bestimmte er wesentlich die künftigen Gedanken des Ingolstädter Professors und damit auch das Konzept, daß der nun für seinen eigenen geheimen Bund entwickelte, den er die »Erleuchteten« nannte. Weishaupt spürte unablässig den alten Geheimlehren nach. Er suchte sich aus den unterschiedlichsten Informationen und Gruppierungen die für sein System wichtigsten Aspekte heraus.

Die *Bayerischen Illuminaten* waren zunächst ein Konglomerat aus verschiedenen Lehren wie derjenigen der Templer, Malteser, Rosenkreuzer, Freimaurer. Lehren, die ihren Ursprung vorwiegend im alten Ägypten nahmen.

4. Der Orden

Prometheus

»Ihr mögt, Captain Walton, leichtlich wahrgenommen haben, daß mir großes Unglück widerfahren ist, welches nicht seinesgleichen hat. Und ich bin eigentlich entschlossen gewesen, die Erinnerung an all das Übel mit mir begraben zu lassen. Ihr aber habt mich dazu gebracht, meinen Entschluß umzustoßen. Ihr sucht ja ebenso wie einstmals ich nach Erkenntnis und nach Weisheit und ich hoffe mit brennendem Herzen, daß die Erfüllung Eurer Wünsche sich nicht zur Schlange wandeln möge, welche nach Eurer Ferse sticht, wie's mir geschehen ist … So macht Euch denn gefaßt, von Begebenheiten zu hören, welche man in den Bereich des Wunderbaren verweist.«

Mit diesen Worten beginnt Viktor von Frankenstein die Schilderung seines alptraumhaften Lebens, das doch mit einer so wohlbehüteten, über alles glücklichen Kindheit begonnen hatte. Besessen von der Idee, Macht über das Leben zu besitzen, schafft er eine abstoßende Kreatur aus Leichenteilen und erweckt sie zum Leben. Sie wird zum Dämon seines Daseins. Dr. Frankenstein verfolgt sein Monster bis in arktische Gefilde, wo er völlig erschöpft endlich von dem englischen Forscher Captain Walters aufgegriffen wird, dessen Schiff im Eis stecken geblieben ist. Frankenstein bricht sein Schweigen und erzählt dem Captain von jenem ehrgeizigen, verbrecherischen Experiment, das sein Leben zerstörte. *Frankenstein – Der moderne Prometheus*, gothischer Kultroman der englischen Schriftstellerin Mary Wollstonecraft Shelley, hat trotz aller Fiktion manch reale Wurzeln und Vorbilder.

Die unheimliche Geschichte spielt im 18. Jahrhundert. Ein ehrgeiziger, nach Weisheit und Macht strebender Gelehrter der Universität Ingolstadt erschafft ein gefährliches Monstrum, das in die Welt hinausgeht. Sind das nur zufällige Übereinstimmungen, oder wollte Mary Shelley damals mehr andeuten? Dachte sie an Adam Weishaupt und seinen Illuminatismus, als sie von Frankenstein und seinem Monster schrieb?

Der Roman weist noch eine ganze Reihe an offenbaren Anspielungen auf, und wahrscheinlich wäre es wert, daß sich ein Literaturwissenschaftler einmal genauer mit der Fragestellung auseinandersetzt. Vielleicht wäre das sogar eine hübsche Doktorarbeit, denn auch der »Mainstream« kann zumindest weder die Existenz des Romans noch die Existenz der *Bayerischen Illuminaten* leugnen und ebensowenig, daß dieser geheime Bund zu Shelleys Zeiten gerade mächtig unter Beschuß geriet. Shelley schrieb ihre eindringliche und auch heute noch mehr als lesenswerte »Gruselgeschichte« nach einigen Anregungen, die sie in illustrer literarischer Runde während eines längeren Aufenthalts am Genfer See erhalten hatte – ohne nun übrigens dem Wörtchen »illuster« eine besondere Betonung verleihen zu wollen. Die junge Schriftstellerin hatte eine ausgedehnte Deutschlandreise hinter sich, auf der sie auch den Rhein entlangschipperte und dabei schließlich die romantische Burg Frankenstein besuchte. Diese Burg hatte seit alter Zeit der uradeligen Familie derer von und zu Franckenstein gehört, übrigens entferntere Verwandtschaft des Verfassers.

Die authentischen Barone von Franckenstein allerdings haben herzlich wenig mit dem Monstermacher aus Mary Shelleys Roman zu tun. Sie hatten die Burg bereits im Jahr 1662 verkauft und statt ihrer eine fränkische Herrschaft übernommen. Als die englische Autorin die Burg aufsuchte, lebten die echten Franckensteins schon über 150 Jahre nicht mehr dort. Doch nur wenige Jahre, nachdem sie ihre schöne Wohnburg verlassen hatten, begann hier das Leben eines mysteriösen Mannes.

Die geheimnisumwitterte Burg Frankenstein in einer alten Darstellung

Düstere Experimente

Johann Konrad Dippel wurde im Jahr 1673 auf der Burg Frankenstein geboren. Er war Sohn eines lutherischen Pastors und studierte

Konrad Dippel führte düstere Experimente durch und wollte Tote wieder zum Leben erwecken.

später selbst Theologie. 1711 machte er dann an der Universität Leiden seinen Doktor in Medizin. So widmete er sich neben Astrologie, Alchemie und Chiromantie auch intensiv den Arzneiwissenschaften und der Anatomie. Nur wenig Fakten sind über Konrad Dippel bekannt, dafür umgeben ihn umso mehr Gerüchte. Er soll für seine medizinischen Experimente als Grabräuber unterwegs gewesen sein und ein angebliches Lebenselixier, »elixir vitae«, ersonnen haben, ein erbärmlich stinkendes Gebräu, das aus zermahlenen Knochen, Blut und anderen Körpersäften bestanden habe – was nun allerdings weniger prikkelnd klingt, geschweige denn belebend; außer daß wohl jeder, der in die Nähe kam, schleunigst die Beine in die Hand nahm und dadurch mal wieder so richtig auf Touren kam. Da mischten sich also üble Gerüchte mit üblen Gerüchen. Wenn Sie einmal auf ihrem Dachboden eine alte staubige Flasche mit der Aufschrift »Dippels Öl« finden sollten – besser wegwerfen als öffnen!

Nun sah Dippel in diesem sonderbaren Saft auch nur einen ersten bescheidenen Versuch, der zweite aber sei schon viel erfolgreicher gewesen. So offerierte er seine nächste obskure Formel schließlich auch dem Landgrafen von Hessen, um als Gegenleistung dafür die Burg Frankenstein zu erhalten, so steht geschrieben.

Dippel forschte auch nach dem »Stein der Weisen« und soll mit einschlägigen Experimenten befaßt gewesen sein, um künstliches Leben zu erschaffen. Jener Gelehrte, der auch unter dem Namen Christianus Democritus in Erscheinung trat, jagte sein ganzes Leben lang dem Mystischen nach. Auf der Suche nach Wissen zog er als Alchemist und Gelegenheitsprediger durch die Lande, wobei sein ungewöhnlicher, verfahrener Lebensstil und seine dubiosen Aktivitäten ihn manchmal zwangen, dem Argwohn der Mitbürger vorzeitig zu entrinnen, um nicht mit dem Gesetz in Konflikt zu geraten. So finden wir den unheimlichen Doktor nicht nur in Deutschland, sondern zeitweilig auch in Holland, Dänemark und Schweden. Doch es war der Aufenthalt an seiner Geburtstätte, auf Burg Frankenstein, der ihn letztlich unsterblich machen sollte: Doktor Konrad Dippel war Mary Shelleys authentisches Vorbild für ihren »Dr. Frankenstein«. Als sie die Burg besuchte, muß sie vom Mythos fasziniert gewesen sein, der das Gemäuer umgab. Sie vernahm die gespenstischen Geschichten über jenen Arzt, der dort seine düsteren Leichen-Experimente betrieben haben soll, und war vielleicht auch vom Wappen der ehemaligen Herrschaft beeindruckt, einem roten Beil-Eisen auf goldenem Feld. Was Shelley auf dieser Burg erfahren hatte, ließ sie nicht mehr los, und nach einer von Alpträumen heimgesuchten Nacht begann sie, ihren Roman zu verfassen. Wie sich also zeigt, setzte die englische Autorin nachgewiesene historische Fakten und Vorbilder in die fiktive Handlung um. So manche Eigenschaft des Johann Konrad Dippel alias »Dr. Frankenstein« erinnert auch an Adam Weishaupt – vor allem jene ewige Suche nach Wissen und Weisheit, sogar bis hin zur Macht über Leben und Tod.

Das Monster aus Ingolstadt

Mir erscheint nicht abwegig, daß Mary Shelley ihren Roman über den fiktiven Ingolstädter Dr. Frankenstein nicht lediglich deshalb schrieb, um eine aberwitzige Geschichte über Konrad Dippel zu verfassen, sondern um zudem eine tiefere Aussage über ihre Zeit zu treffen. Wer den Roman liest sowie auch den Hintergrund des Adam Weishaupt und seines »Monstrums« kennt, wird einige Passagen finden, die durchaus als Anspielungen auf den Bayerischen Iluminatismus angesehen werden können.

Spielte Mary Shelley mit ihrem Roman Prometheus *auf ein ganz anderes Monster aus Ingolstadt an?*

Im Nachwort zu einer aktuelleren deutschsprachigen Ausgabe des Romans gibt Übersetzer Friedrich Polakovics jedoch zu bedenken:»Allerdings muß man sich hüten, den Frankenstein als einen Roman zu deuten, der bestimmte gesellschaftliche Institutionen im Auge hat. Nur ein einziges Mal werden die ›republikanischen Einrichtungen‹ der Schweiz erwähnt – das ist alles, was an konkreter gesellschaftlicher Gegenwart in den Roman eingegangen ist.« Dennoch gelangt Polakovics bereits auf der nächsten Seite zu einer interessanten Feststellung:»Die Sentenz des Monsters ›Du bist mein Schöpfer, doch ich bin dein Herr‹ ist eine groteske Illustration der Hegelschen Dialektik von Herr und Knecht.« Genau diese Philosophie Hegels spielt im Kontext mit den moderneren Formen des »Illuminatismus« eine ganz wesentliche Rolle! Wir kommen noch darauf zurück.

Vieles an den *Bayerischen Illuminaten* liegt bis auf den heutigen Tag im Dunkel oder zumindest in einer ziemlich nebulösen Atmosphäre. Wie schon erwähnt, verschwanden im Jahr 1945 zahlreiche, offenbar sehr bedeutsame Originaldokumente des Ordens. Schon einige wenige zusätzliche Puzzlesteinchen aber können den Bildeindruck wesentlich verändern. So wird auch eine gerechte Beurteilung von Adam Weishaupt kaum möglich sein. War er wirklich der große Weltverschwörer? Oder trifft zu, was er den unteren Rängen seines Ordens in vielen seiner Schriften als ehrenvolle Ziele vermittelt hat?

Schon die Anfänge sind verwirrend, wobei das wohl bei einem echten Geheimnis immer so sein muß. Zuerst stellt sich natürlich die Frage, warum eine Gruppe von Menschen, die nur Gutes vorhaben, einen derart verschwiegenen Geheimbund gründet. Aus der historischen Perspektive heraus ist klar: Die ursprünglichen Illuminaten vertraten dem Schrifttum zufolge den Zeitgeist der Aufklärung. Jeder Mensch ist gleich, und wenn es gelingt, ein moralisches Sittenregiment zu errichten, wenn Vernunft und das Gute im Menschen gelehrt und verbreitet werden, dann können alle Obrigkeiten und deren Zwangssysteme abgeschafft werden. Eine geradezu fantastische Vision von Freiheit und Gerechtigkeit. Keine Frage, daß solche Gedanken den wenigsten Herrschern gefallen konnten – eine Aufhebung des absolutistischen Ständesystems hätte für sie das Todesurteil bedeutet.

Von dieser Warte betrachtet, mußte Weishaupt zwangsläufig in den Untergrund abtauchen. Aus seinen Schriften geht immer das Streben nach Gleichheit und Gerechtigkeit hervor, nach Perfektion und Wohltätigkeit. Sehr erstrebenswerte Ziele also. Die »Perfectibilisten« oder Illuminaten sollten die Welt aus der Finsternis hinaus und ins Licht hineinführen. Im »Hauptbegriff«, der das Anliegen des Ordens für Mitglieder formuliert, heißt es: »Da die Absicht der Gesellschaft ist, dem Menschen die Bemühung um die Verbesserung und Vervollkommnung seines moralischen Charakters interessant zu machen, menschliche und gesellschaftliche Gesinnungen zu verbreiten, boshafte Absichten in der Welt zu hindern, der bedrängten Tugend gegen das Unrecht beizustehen, auf die Beförderung würdiger Personen zu gedenken, und endlich vorzüglich verdienstvolle Männer, die entweder durch ihre Talente oder durch ihren Reichtum oder durch ihr Ansehen dem ☉ einigen Nutzen verschaffen, mit besonderer Achtung, Ruhm und Ehre sowohl in als auch außer der Gesellschaft zu belohnen.

So versichert die Gesellschaft alle und jede, denen gegenwärtige Statuten mitgeteilt werden, daß dieses der einzige und nicht kolorierte Endzweck des ☉s sei« – Weishaupts System enthält eine ganze Reihe an Abkürzungen und Chiffren. Mit dem ☉ ist natürlich nichts anderes als der Orden gemeint. Wie schon der kurze Abschnitt zeigt, geht es vor allem um das Ansehen des Ordens, der auch »eine totale Unterwürfigkeit in Rücksicht auf ☉s-Angelegenheiten fordert.«

Das Weishauptsche System besaß eine pyramidenförmige Struktur, an deren Spitze der Professor ganz allein regierte. Mit den Worten des Ingolstädter Gelehrten: »Ich habe zwey unmittelbar unter mir,

Titelblatt zu Adam Weishaupts verbessertem Systemen der Illuminaten

welchen ich meinen ganzen Geist einhauche, und von diesen zweyen hat wieder jeder zwey andere, und so fort. Auf diese Art kann ich auf die einfachste Art tausend Menschen in Bewegung und Flammen setzen. Auf eben diese Art muß man die Ordres ertheilen und im Politischen operieren.« – Das klingt beinahe schon nach einem göttlichen Akt! Neben sich duldete Weishaupt niemanden. Sein Schema sollte ihm die absolut Kontrolle geben, und nur er kannte wirklich sämtliche Pläne.

Der Zweck heiligt die Mittel!

Jedes Mitglied erhielt einen eigenen Ordensnamen und war verpflichtet, einen monatlichen Bericht abzugeben, den Quibuslicet. Bei Weishaupt fällt immer wieder die Spitzfindigkeit auf, die hinter seinem scheinbar einfachen und gut durchschaubaren System steckt. Über die Oberen des Ordens findet sich in den Statuten folgende Aussage:»Obere sind unsere Führer, leiten uns in der Finsternis und Irrthum, führen uns ab von ungangbaren Wegen. Da wird Biegsamkeit und Folgeleistung zur Schuldigkeit, und selbst zur Dankbarkeit; keiner wird sich also weigern, dem zu folgen, der für sein Bestes arbeitet.

Aber Obere können auch ihre Gewalt mißbrauchen, und sind nicht allzeit Väter; daher will die Gesellschaft ihre Mitglieder gegen alle Unterdrücker, Herrschsüchtige etc. durch folgende … Maßregeln schützen: mit Ende jeden Monats giebt der Untergebene an seinen Obern ein verschlossenes Blatt, oder auch mehrere mit der Aufschrift: Quibuslicet, oder Soli, in solchen zeigt er an:

1. Wie ihm sein Oberer begegne, ob er fleissig oder nachlässig, hart, oder gelind mit ihm verfahre?

2. Was er gegen die Gesellschaft für Beschwerden habe?

3. Was ihm der Obere dieses Monat hindurch für Befehle kund gemacht? Was er an den Orden bezahlt hat?«

Mittels dieses Berichts konnte Weishaupt (Ordensname: *Spartacus*) nicht nur die»Einsteiger« besser beurteilen, sondern wußte auch, wie sich seine höheren Untergebenen verhielten. Das Ganze lief letztlich auf ein Denunziationssystem hinaus.

In einem Brief, den Weishaupt 1782 an seinen engen Vertrauten, den Illuminaten Franz Xaver von Zwack (Ordensname: *Cato*) schrieb, geht der Fanatismus hervor, mit dem der Professor seine Idee verfolgte:»Ich studiere Tag und Nacht, auch aus dem Kleinsten Vortheil zu diesen, um diesem Körper [dem Orden, Anm. d. Verf.] seine Stärke zu geben.« Im selben Jahr äußerte er sich einem anderen Ordensmitglied gegenüber:»*Pythagoras* [= Ordensname, eigtl.: Anton Drexel, Weltpriester in Ingolstadt; Anm. d. Verf.] kömmt zu mir zwanzigmal ins Haus, und nur einmal lasse ich ihn zu mir herein. Das macht, daß er meiner Gesellschaft nicht so leicht müde wird, und sich glücklich schätzt, wenn er vorgelassen wird. Thäte ich das nicht, so hätte er gewis schon an mir Eckel, und meine Schwäche gefunden. Dieses sind so kleine Hausvortheile und Kunstgriffe, um sich respectabel zu machen: kurz! Man muß sich suchen lassen. Ich habe alles wohl überdacht, und ich weiß es aus Erfahrung; denn ich finde meine Rechnung dabey ganz gut: man verredet sich auch nicht so sehr. O! es ist gar gut und herrlich ... Ich glaube, die Operation und Manipulation verstehe ich besser, als irgend einer im ☉. Ihr Herrn seht nur auf das Große, und verachtet zu sehr die kleinen Nüancen. O! davon hangt alles ab. Ich studire jeden Blick, und Tritt, ob ich dabey gewinne oder verliere, und richte auch meine Leute darauf ab, daß sie auf meinen Wink gehen, und mir, ohne daß ich rede, die Ordre im Gesicht lesen. Niemand hat dies besser gewußt als der Jesuiten-☉. Ich glaube auch, daß aus der Vernachläßigung einer klugen Manipulation auch im kleinsten, die M[aurer] und alle bisherige Geheimgesellschaften verfallen seyn.«

Weishaupt macht hier kein Hehl aus seinem Anliegen einer völligen Hörigkeit seiner Ordensmitglieder, die er gleichsam abrichten wollte. Daß ihm später der Vorwurf des Despotismus gemacht wurde, läßt sich nachvollziehen. Er selbst verteidigte sich damit, alles sei zum Besten der Sache gewesen. Nur, wie weit verträgt sich das stark manipulatorische Element seines Geheimregimes mit Sittlichkeit und Moral? Auch hier wendete Weishaupt die fragwürdige Jesuitenregel an:»Der Zweck heiligt die Mittel.« Eine wahrhaft vertrauenserweckende Methodik! Ebenso verhält es sich mit der Doppelzüngigkeit. Die hochrangigen Ordensleute sollten durchaus mit gespaltener Zunge reden,»manchmal auf die eine Weise, manchmal auf die andere, so daß der wahre Zweck für alle, die einem untergeordnet sind, unergründlich bleibt.« – Aus Weishaupts Perspektive waren das alle anderen Mitglieder. Wie doppelzüngig also waren ihnen gegenüber seine Erläuterungen über die Ordensziele? Predigte er Moral und Sittlichkeit, Anstand und Gutes, um in Wirklichkeit gänzlich andere Interessen zu verfolgen? Es wäre ja nicht gerade das erste Mal in der Geschichte, daß Worte und Taten weit divergierten!

Recht über Leben und Tod

Wer die originalen Illuminatenschriften liest, wird viel Gutes darin finden, sich aber, was die vorgegebenen Ziele angeht, dennoch nicht einer gewissen Skepsis erwehren können. Schon im Aufnahmeprotokoll aus dem Jahr 1776 deuten sich Merkwürdigkeiten an. Einige interessante Auszüge aus den Fragen an den Novizen sowie den erwarteten Antworten:

»6. Wenn unanständige ungerechte Sachen vorkämen, wie er sich verhalten würde? – Ad 6.: Ich würde solches tun, wenn es mir der Orden befiehlt, indem ich ja vielleicht nicht einsehen würde, ob es wirklich ungerecht etc. wäre. Dazu: wenn es auch unter einer anderen Rücksicht vielleicht so sein könnte, so hörten sie solche zu sein auf, wenn sie als ein Mittel dienen, die Glückseligkeit oder den Endzweck des Ganzen dadurch zu erhalten.

7. Ob er das Wohl des Ordens als sein eigenes betrachten wolle und könne? Ad 7.: Ja, allzeit, indem durch das Wohle des ganzen Orden auch das meinige erhalten wird; und wenn dieses nicht wäre, auch ich, vor mich allein betrachtet, nichts sein würde. Was meine Macht angeht, ist selbe, auf meine Umstände betrachtet, dermal zwar noch klein, aber ungehindert und frei. Hoffe auch, daß sich selbe bald vermehren werde ...

11. Ob er dieser Gesellschaft oder Orden auch das Jus vitae et necis, aus was Gründen oder nicht, zugestehe? Ad 11.: Ja, warum nicht? Wenn es einmal nicht anderst sein kann, und die Gesellschaft sehe sich in die Notwendigkeit gesetzt, wenn sie diese Mittel nicht ergriffe, ihren größten Ruin beförchten. Die politische Verfassung

würde wenig dabei verlieren, indem tausend andere darin sind, die dessen Stelle ersetzen ...

14. Wie er sich verhalten würde, wenn es ihn dereinst gereuen sollte, in den Orden getreten zu sein? Ad 14.: Ich glaube gar nicht, daß dieser Fall, sollte sich ereignen. Und sollte es ja je geschehen, so sollte sich ein jeder die Ursach selbst beimessen. Er soll sein Herz allen sehr geheim anklagen und übrigens immer fortfahren, wie er angefangen, das Beste des Ordens zu besorgen; auch mit seinem eigenen Untergang dieweil, wenn er zugrunde geht, nicht viel Schade ist, da im Gegenteil er bedenken solle, dadurch so vielen anderen gedient zu haben und das Ganze ihm allzeit mehr am Herzen sein soll als sein Privat-Vorteil ...

20. Ob er unbedingten Gehorsam angelobe und wisse, was das sei? Ad 20.: Ja! Freilich ist dies wichtig; jedoch ich bin überzeugt, daß der Orden nur dadurch das Beste abzwecke ...

22. Ob er seiner Zeit bedacht sein wolle, in Bedarfensfall den Orden zu verbreiten, ihm mit Rat und Tat, Geld und Gut an Händen zu gehen? Ad 22.: Ja! ...

24. Unter welcher Strafe, Ahndung, Versicherung er sich zu diesen allen verbinde? Ad 24.: Zu jeder, die der Orden vor gut befinden werde, nach Maßgabe meines Nro. 20. angelobten unbedingten Gehorsams.«

Warum die Frage, wie sich der Ordensmann in spe verhalten würde, wenn »unanständige, ungerechte Sachen« vorkämen? Wollte die Führung sehen, wie weit die Loyalität geht? Oder hatte man etwas Unanständiges zu verbergen? Und abgesehen davon, daß Frage 7 den Initianden geradewegs mit dem Orden identifiziert, verwundert auch Nummer 11. Hier geht es nun sogar um das Recht über Leben und Tod! Die vorgefertigte Antwort läßt ahnen: Dabei dreht es sich nicht um eine rein hypothetische Situation, sondern um die reale Möglichkeit. Und bekräftigt wird das Ganze durch den Verweis auf die Frage 6.

Kaum weniger tolldreist erscheint das Frage- und Antwortspiel Nummer 14: Sollte ein Illuminat je bedauern, dem Orden beigetreten zu sein, was ohnehin kaum zu erwarten sei, dann habe er die Gründe dafür immer bei sich suchen. Nicht zu vergessen die alte Regel, immer das Beste für den Orden zu tun – nicht anders hier, selbst wenn das Beste in jenem Fall der Tod ist. Und bei Zuwiderhandeln gegen die Regeln darf der Orden ohnehin jede Strafe vollstrecken, die ihm angemessen erscheint.

Die Kandidaten für den Illuminaten-Orden wurden nicht willkürlich ausgewählt.»Am liebsten hat man Junge von 18 bis 30 Jahren, reiche, wissensbegierige, gutherzige, folgsame, standhafte und beharrliche Leute.« – In einem seiner Briefe an den später abtrünnigen Anton von Massenhausen (Ordensname: *Ajax*) empfiehlt Weishaupt:»Suchet junge, schon geschickte Leute und keine solche rohe Kerls. Unsere Leute müssen einnehmend, unternehmend, intrigant und geschickt sein. Besonders die ersten. Wenn die Receptis [die Aufgenommenen, Anm. d. Verf.] einmal die Augen aufgetan werden, so müssen sie Leute sehen, von denen man Ehre hat, und wo man sich in ihrem Ursprung glücklich schätzt.«

Wen wollte man überhaupt nicht im Orden sehen?

In einer Instruktionssammlung von 1778 findet sich darauf eine klare Antwort:»Schwätzer, Schwelger, Wollüstige, Eigensinnige, Stolze, Rohe und Ungesellschaftliche, Großsprecher, Unbeständige, Lügner, Eigennützige sind durchgehends verworfen, es wäre denn die nächste Hoffnung zur Besserung.« Kaum jemand, der solche Menschen gerne um sich versammeln würde! Aber wie steht es mit Weishaupts eigener Moral? Sein Hang zur Manipulation, Doppelzüngigkeit, Intriganz, Despotismus – allesamt höchst fragwürdige Charakterzüge!

Welchem Licht auch immer er folgte, welche Motivation er letztlich auch immer in sich trug, Weishaupt tat sich offenkundig schwer mit der Unterscheidung von Gut und Böse. Sein gesamtes Wertesystem war allein auf den Orden ausgerichtet. Was für die Idee gut war, mochte jenseits von ihr noch so großes Unrecht bewirken, es besaß dennoch seine Rechtfertigung und Billigung durch Weishaupt.

Die Aufzählung der Unerwünschten setzt sich auf interessante Weise fort. In diese Schwarze Liste»sind auch eingeschlossen Juden, Heiden, Weibspersonen, Mönche und Mitglieder anderer geheimer Orden«.

Wie verträgt sich eine solche Ausgrenzung mit dem vermeintlichen Grundsatz, den Naturzustand von Freiheit und Gleichheit in der menschlichen Gesellschaft wieder herzustellen? Nichts im System der Illuminaten favorisierte diese aufklärerischen Prinzipien. Worum es ging, war schlichtweg ein Austausch, ein Machtwechsel. Zunächst ging es darum, eine vermeintliche Führungselite aus gebildeten, möglichst aber formbaren Menschen zu rekrutieren. Sie sollten nicht revolutionär, sondern rein evolutionär den Boden für ein verändertes System schaffen – ohne Blutvergießen. Wenigstens etwas! Dennoch aber gefährlich.

Die Geheimhaltung brachte zwangsläufig mit sich, daß keiner der Unterdrückten seine Meinung dazu kundtun konnte, ob er sich die neue Führungselite überhaupt wünscht oder nicht. Weishaupt setzte dies einfach als gegeben voraus. Er sah sich und sein System im Licht, den Rest der Welt in der Finsternis. Reiche Menschen waren ihm zuwider. Das änderte sich in Einzelfällen nur dann, wenn sie dem Orden nützlich und willfährig wurden. Ebenso die Fürsten, die primär auf seiner Abschußliste standen. Trotzdem finden sie sich auch bei den ursprünglichen Illuminaten. Allerdings sollten sie nicht in höhere Grade eingeweiht werden.

O-Ton Weishaupt: »Überhaupt sollen Fürsten selten zum Orden zugelassen werden, und wenn sie etwas darinnen wären, nicht leicht über den Schottischen Rittergrad hinaus befördert werden: denn wenn man diesen Leuten ungebundene Hände giebt, so folgen sie nicht nur nicht, sondern benutzen auch die besten Absichten zu ihrem Vorteil.«

Der Illuminatenorden war in eine ganze Reihe von Stufen und Klassen eingeteilt, von Gleichheit keine Spur. Weishaupt schien auch hier die Begriffe verwechselt zu haben. Worum es ihm in erster Linie ging, war nicht Gleichheit, sondern vielmehr Gleichschaltung!

Spürhunde der Illuminaten

Adolf Freiherr von Knigge, bekannt für seine Regeln des guten Benehmens, war den Illuminaten und für Weishaupt zum unverzichtbaren Mitgestalter des Ordensplans geworden. Nicht, daß ihn Weishaupt als gleichrangig angesehen hätte oder daß die beiden in allen Angelegenheiten gleicher Meinung waren, immerhin aber stammen

Freiherr von Knigge, bekannt für seine Regeln guten Benehmens, war auch einer der führenden Weishauptschen Illuminaten.

viele Entwürfe für die Struktur des Illuminatenordens von Knigge (Ordensname: *Philo*). 1781/82 legte er ein erweitertes Gradsystem vor, das die internen Rangstufen festschrieb. Auf der untersten Ebene erscheint der Novize. Ohne daß er nur die leiseste Ahnung davon hatte, wurde er ausgeforscht, ob er denn überhaupt für eine Aufnahme in den Orden geeignet sei. Nur tugendhafte Menschen kamen dafür in Frage, denn Weishaupt suchte zuverlässige und gewissenhafte Zöglinge. Wenn der Novize den Vorstellungen entsprach, wurde er als Minerval aufgenommen.

Die Terminologie, die Adam Weishaupt auf Sinn und Zweck dieser Klasse anwendet, läßt tief blicken. Er wollte die Mitglieder »wie die wahren Spürhunde abrichten«. Jeder erhielt genaue Instruktionen, um »Gesinnung und Meinung eines jeden zu erforschen, selbe zu benützen, Geheimnisse abzulocken«. Andere Aufgaben bestanden darin, vorgeschriebene moralische und historische Werke zu lesen.

Im Monatsbericht mußte jedesmal darüber Rechenschaft abgelegt werden. Wer hier erfolgreich war, durfte zum ersten Grad der Freimaurerei und von dort zum »Illuminatus minor« aufsteigen. Jetzte durfte er selbst Minervale heranziehen und über sie berichten. Einer kontrollierte also den anderen. Die darüberstehenden »Illuminati maiores« kümmerten sich um die unter ihnen stehenden Ränge, übernahmen Verwaltungsaufgaben und kannten einige konkrete Ziele des Ordens. Sehr weit ging aber auch ihre Einweihung nicht, hatten sie doch ebenfalls nicht die geringste Ahnung, wer ihre Oberen wirklich waren. Zu ihren Pflichten rechnete, Illuminaten in nützliche Ämter zu manövrieren, sie staatlichen Behörden vorzuschlagen und sie zu protegieren. Ein Übergangsglied von dieser

»Maurerklasse« zu den höheren »Mysterien«-Graden war der »Schottische Ritter«, eine Idee von *Philo*, die dem höchsten Illuminaten allerdings nicht zusagte. Weishaupt kommentierte: »Diese schottische Reiterey gefällt mir nicht« – und so wurde sie auch nicht eingeführt. Das lag nicht zuletzt an einigen mit ihr verbundenen Ritualen, die Knigge für »Religionsfreunde« eingeführt hatte. Weishaupt betrachtete die Zeremonien als zu theosophisch und schwärmerisch. Die geheimen Pläne zur Errichtung eines Sittenregiments enthüllte das System erst dem Angehörigen des Priestergrads. Sie durften die »kleineren Mysterien« kennenlernen, ebenso wie die »Regenten«. Über die größeren Mysterien verbreitete man sich hingegen nicht. Einzig, daß sie den höchsten Graden in Form der Magi und des Rex bekannt waren. Die Priester dienten als Gelehrte vor allem der wissenschaftlichen Leitung des Illuminatenordens, die Regenten operierten als die politischen Führer. Gewiß nicht allein aus großzügigen Motiven heraus erhielten neue Regenten ihre alten Berichte wieder und wurden mit einem neuen Ordensnamen bedacht. Auf diese Weise ließen sich Identitäten besser verwischen und die unteren Grade verwirren. An der Spitze thronte gleichsam als glänzendes Pyramidion ganz alleine Weishaupt, der Rex. Letztlich wußte wirklich nur er, welche Absichten mit dem Illuminatenorden verbunden waren. Zumindest eins verlautbarte er: Er sei »zur Regierung der Welt bestimmt«.

Infiltration

Aus den Originalschriften geht als wesentliches Ziel deutlich hervor, die unterschiedlichsten Einrichtungen buchstäblich unterzuordnen, selbstverständlich mit dem hehren Anliegen, die Welt besser zu machen und jenes vielzitierte Sittenregiment zu errichten. Daß fanatische Weltverbesserer meistens das glatte Gegenteil erreichten und ganze Völkerschaften ins Unglück stürzten, ist ein Gemeinplatz der Geschichte.

Beim Blättern in den Ordensinstruktionen kommen immer wieder recht aufschlußreiche Passagen über die Methodik des Geheimordens zum Vorschein: »Hat der Orden einmal an einem Orte die gehörige Stärke erlangt, sind die obersten Stellen durch ihn besetzt, kann er in einem Orte, wenn er will, denen, die nicht folgen, fürchterlich werden, sie empfinden lassen, wie gefährlich es ist, den Orden zu beleidigen und zu entheiligen, kann er seine Leute versorgen, hat er in einem Lande von der Regierung nichts mehr zu befürchten, sondern wirkt vielmehr unsichtbarer Weise auf dieselbe.« Starke Worte und eine klare Aussage zur angestrebten Infiltration. Die Unterwanderung der Schulen erscheint als besonders wichtig: »Niemals kann der Orden diese Art der Verbreitung genug empfehlen.« Natürlich nicht weniger bedeutsam »sind dem Orden die Seminarien der Geistlichkeit, deren Vorsteher man zu gewinnen suchen sollte; denn dadurch wird der Hauptstand des Landes gewonnen, die mächtigsten Widersprecher jeder guten Entwürfe sind in unser Interesse gezogen, und was über alles geht, das Volk und der gemeine Mann ist in den Händen des Ordens«.

Was will man mehr?

Mit Sicherheit glaubten viele der ursprünglichen Illuminaten, ihre Kräfte und Mittel für einen sehr guten Zweck einzusetzen. Die Struktur des Ordens ließ keine tieferen Einblicke zu; selbst aus heutiger, distanzierterer Sicht bleiben hier viele Fragen und Zweifel.

Zeremonien und Ziele

Die *Bayerischen Illuminaten* werden oft als eine Gruppe gesehen, die das Gedankengut des Aufklärungszeitalters mit erheblichem Gewicht in die Waagschale werfen wollte, um schließlich die absolutistische Ordnung zu vernichten. Die vernunftsbestimmte Aufklärung allerdings lehnte das Mystische entschieden ab. Tatsächlich äußerte sich auch Weishaupt trotz seiner Studien orientalischer Geheimlehren und alter Bünde oft abfällig über antike Mysterien. Um so erstaunlicher scheint deshalb, daß die Einweihung zum Illuminaten in geradezu okkulter Weise verlief:

»Die Handlung der Einweihung geht allzeit vor bei Tag in einem einsamen, abgelegenen, etwas dunklen Orte, z. B. einem Wald, oder bei Nachtzeit in einem stillen, abgelegenen Zimmer, um eine Zeit, wo der Mond am Himmel steht. Das Zimmer muß, soviel es

tunlich, finster sein, wo in zwei Ecken ein Tisch mit einer Öllampe zu stehen kommt, an einem sitzt der Einweihende, am anderen der Einzuweihende. Die Lampe muß dunkel brennen und nur denjenigen, der ihrer zum Lesen bedarf, allein bescheinen. *Niemand ist dabei gegenwärtig als der einzuweihende und derjenige, so ihn aufnimmt.* Wo möglich, muß der Aufnehmer eine dem Candidato unbekannte Person sein, auch mit der Zeit ein eigenes Officium für ein Mitglied werden, welches durch Leibs-Stature, gesetzten ernsthaften Ton und majestätisches Ansehen der Handlung die gehörige Feierlichkeit zu geben imstande ist. *Geschieht die Initiation im Hause, so müssen die Türen verschlossen und, wo möglich, durch ein Vorzimmer, so ebenfalls geschlossen und vor dem Türhorchen sicher sein. Darauf fängt der Rezipient an* [Hervorhebungen im Original, Anm. d. Verf.].«

Der pathetische, eindruckheischende Ritus setzt sich nun mit einem Fragenkanon fort. Beide Seiten hatten ihren Text laut vorzulesen. Die Beschreibung fährt fort:

»Was ist Ihr Begehren N. N. (hier wird der Ordensnamen des Einzuweihenden genannt).

Initiandus: Erhabenes Mitglied des erlauchten Ordens, in welchen ich verlange aufgenommen zu werden, die Zeit meiner Probe ist vorbei. Auf Ihren Befehl erscheine ich allhier, ich verlange noch einmal nach gehöriger, reifer, zweijähriger Überlegung aufgenommen zu werden, wenn ich anderst in den Augen der erlauchten Gesellschaft tauglich gefunden werde.

Initians: Ich habe ihr Conduite eingeschickt, Proben ihres Fleißes eingesandt, sie sind dadurch fähig gefunden worden, einer von uns zu sein. Ich wünsche ihnen in diesem Rückfall Glück und ermahne sie zu genauer Befolgung alles dessen, was man von ihnen fodern wird. – Aus einer zweijährigen Überlegung, Erfahrung, Umgang, Durchlesung der eingeteilten Schriften und Nachrichten werden sie sich notwendig den Begriff gemacht haben, daß der Endzweck unserer Gesellschaft nichts weniger sei, als Macht und Reichtum zu erwerben, die weltliche oder geistliche Regierung zu untergraben, sich der Herrschaft der Welt zu bemächtigen und so weiter. Haben sie sich unsere Gesellschaft unter diesem Gesichtspunkt vorgestellt, oder sind sie in dieser Erwartung hineingetreten, so haben sie sich gewaltig betrogen, und da sie auf etwas ganz Verschiedenes konsentiert, so entlasset sie die Gesellschaft durch mich, wenn sie wollen, unter der Obliegenheit des Stillschweigens gänzlich. Sie sind so frei wie vorhero, die Gesellschaft macht außer dem Fall der Beleidigung keinen Anspruch auf sie. Dagegen haben sie auch von ihr, außer der ordinaren Zwangs- und Liebspflichten, nichts zu erwarten. – Beharren sie nunmehro noch beständig auf diesem Entschluss?

Initiandus: Ich beharre darauf und verlange, aufgenommen zu werden.«

Ein Abschnitt, der durchaus nachdenklich stimmt. Hier tauchen gleich alle kapitalen Vorwürfe gegen die Illuminaten auf, um sie gleich genauso schnell zu entkräften. Das geschieht noch wirksamer durch die Androhung, den Anwärter sofort abzuweisen, sollte er mit entsprechenden Erwartungen in den Orden eintreten wollen. Eine geschickte Taktik! Vor allem wurde dem Neumitglied dadurch auch gleich der Wind aus den Segeln genommen, sollte er je entsprechenden Verdacht schöpfen. Aus der heutigen Perspektive betrachtet, hatte der Orden unzweifelhaft vor,»die weltliche und geistliche Regierung zu untergraben«. Und auch die übrigen Vorwürfe rücken in ein realistischeres Licht. Die andere große Frage ist natürlich, wie weitgehend dem Orden eine Umsetzung der geheimen Pläne gelingen konnte.

Nach Beendigung des rituellen Dialogs legte der»Initiandus« seinen feierlichen Eid ab. Um ihn zu bekräftigen, mußte er mit über den Kopf gehaltener, flacher Hand gesprochen werden:

»Ich [Ordensname des Initianden] bekenne hier vor Gott dem Allmächtigen und vor ihnen, würdiger Bevollmächtiger des erlauchten Ordens, in welchen ich verlange aufgenommen zu werden, daß ich diese meine natürliche Schwäche und Unvermögenheit erkenne, daß ich mit allem Rang, Ehren und Titel, die ich in der bürgerlichen Gesellschaft fodern kann, im Grunde nichts weiter bin als ein Mensch. Daß ich alles übrige und mehrere, gleichwie ich es durch meine Nebenmenschen erhalten, ebenso auch durch sie verlieren kann, daß mir also aus diesem Grund der Beifall und Achtung meiner Nebenmenschen unentbehrlich sei. Daß ich solchen nach aller Möglichkeit zu verdienen suchen werde, noch vielweniger aber meine sowohl gegenwärtig als zukünftige Macht und Ansehen zum Nachtheil des allgemeinen Besten gebrauchen, wohl aber den Feinden des menschlichen Geschlechts und der bürgerlichen Gesellschaft nach meinen Kräften widerstehen wolle.

Ich bekenne und schwöre ferner, daß ich alle Gelegenheiten, der Menschheit zu dienen, begierig ergreifen, meine Erkenntnis und Willen verbessern und meine nützliche Einsichten allgemein machen wolle, insofern es das Wohl und die Statuten gegenwärtiger Gesellschaft von mir fordern werden.

Ich gelobe auch ewiges Stillschweigen in unbrüchlicher Treue und Gehorsam allen Obern und Satzungen des Ordens. Ich tue auch hier treuliche Verzicht auf meine Privat-Einsicht und Eigensinn wie auch auf allen meinen eingeschränkten Gebrauch meiner Kräfte und Fähigkeiten. Ich verpflichte mich, das Beste des Ordens als mein eigenes anzusehen und bin bereit, solchem, so lange ich ein Mitglied davon bin, mit meinem Gut, Ehr und Blut zu dienen. Sollte ich jemalen aus Überlegung, Leidenschaft oder gar Bosheit gegen die Satzungen und das Wohl der erlauchten Gesellschaft handeln, so unterwerfe ich mich allen Ahndungen und Strafen, so mir von meinen Obern zuerkannt werden.

Ich verspreche weiters, daß ich in den Angelegenheiten des Ordens nach bestem Wissen und Gewissen mit Aufopferung meines eigenen Privat-Vortheils raten und handeln, wie auch alle Freund und Feinde der Gesellschaft als meine eigene betrachten, gegen diese aber mich auf keine andere Art betragen wolle, als nach der Anweisung der Gesellschaft mir wird aufgetragen werden.

Nicht weniger bin ich bereit, auf alle erlaubte Art und Weis auf ihre Vergrößerung und Vermehrung bedacht zu sein und meine Kräfte nach Möglichkeit zu verwenden. Ich verzeihe mich zu solchem Ende auf allen geheimen Vorbehalt und gelobe dieses alles nach der Intention der Gesellschaft, die mir diesen Eid auflegt,

so wahr mir Gott helfe.«

Gar keine Frage, dieser Eid läßt den Gleichheitsgrundsatz deutlich erkennen. Allerdings, wie ehrlich war er gemeint? Auf der unteren Ebene ging es ohnehin nicht darum, die wahren Absichten kundzutun, und um fähige Leute gewinnen zu können, mußte der Orden mit ehrbaren und guten Zielen locken. Jeder hatte für den Orden da zu sein, den Weishaupt wiederum als einen Mechanismus, eine Maschine betrachtete. Letztlich aber führten sämtliche Bekenntnisse zu einem Verhältnis der Unterwürfigkeit, bekräftigt durch ein sehr mystisch gefärbtes Gelübde.

Wer sich durch die alten Schriften »durchschnüffelt«, wird sich öfters des Eindrucks nicht erwehren können, daß Weishaupt versuchte, sich und sein eigentliches Denken, seine Pläne und sein Weltbild so gut er nur konnte vom Rest des Ordens abzuschotten, der lediglich williges Werkzeug für ihn war. Auf dem höchsten Gipfel der Vervollkommung war nur Platz für einen: Weishaupt selbst. Aus dieser Sicht der Dinge ist einleuchtend – welche ein Wort im Umfeld des Illuminatismus – warum Weishaupt darauf bedacht zu sein schien, die anderen doch immer auf eine gewisse Distanz zu halten. Daß es dafür noch andere Gründe gibt, wird sich bald ohnehin noch herausstellen.

Das größte Geheimnis

So wenig sich mechanistisches und mystisches Denken vertrugen, der Rex des Ordens verstand auch sie unter dem gemeinsamen Siegel der Nutzbarkeit miteinander zu verbinden. Und auch was das Mystische und die Mysterien anging, erweist sich das Denken und Streben des obersten aller Illuminaten als auffallend zwiespältig, um nicht zu sagen: doppelzüngig.

1771 war Weishaupt jenem geheimnisvollen Kolmer begegnet, der so weit gereist war und die verborgenen Einweihungslehren des Orients kennengelernt hatte. Auch wenn fortan die Große Pyramide von Giseh sowie alles Ägyptische ihn besonders faszinierte, sprachen ihn verschiedenste Kulturkreise an. Davon spielte so einiges in den Orden hinein, wobei Weishaupt eine Mystifizierung tunlichst vermied und sich somit ganz im geistigen »Lichtkreis« der Aufklärung bewegte. Ordensleute erhielten oft der antiken Geschichte entlehnte Namen, und der Kalender der Illuminaten benannte die Monate nach ihren persischen Namen:

»Die Zeitrechnung ist die Jezdegerdische oder persische

1. Pharavardin hat 41 Tage vom 21. März samt April
2. Adarpahascht .... Mai
3. Chardad .... Junius
4. Thirmeh .... Julius
5. Merdedmeh .... Augustus
6. Schaharimeh .... September
7. Meharmeh .... Oktober
8. Abendmeh .... November
9. Adarmeh .... Dezember
10. Dimeh .... Januar
11. Benmeh .... Februar
12. Asphandar, von 20 Tagen März«

Auch die Code-Namen für Länder und Städte entstammten dem antiken Kulturkreis. Bayern war *Achaia* und Österreich wurde in Ordenszirkeln als *Ägypten* bezeichnet. Nicht anders wie gesagt bei Städten: München hieß *Athen*, Landshut war *Delphi*. Freising erhielt den Namen *Theben* und Konstanz führte man in der Liste als *Abydos*. So ging es in bester Verwirrungstaktik weiter. Diese Anleihen bei der antiken Welt gaben dem Orden von vornherein eine mystische Coleur, ohne deshalb dem zu jener Zeit stark wehenden Aufklärungsgeist zu widersprechen.

In seinem »Unterricht für Mitglieder, welche zu theosophischen Schwärmereyen geneigt sind«, erläutert Weishaupt den Unsinn mystischer Gedanken. »Vergebens sucht man den Mönchsgeist zu verbannen«, und er erklärt das mit dem Emanationssystem: »Der Lehre der ganzen alten Welt zufolge ist also die Welt aus Etwas entstanden. Nun aber was konnte vorhanden seyn, ehe eine Welt geworden, aus dem die Welt konnte hervorgebracht werden? Hier, nach diesen Voraussetzungen, war nichts übrig, als sie entweder aus Gott ausfliessen zu lassen. Und dieses ist sodann das so berufene Emanationssystem ... Daher eine Reihe von untergeordneten Geistern, von guten und von bösen, von verschiedenen Classen und Benennungen nach Verschiedenheit der so mannigfaltigen Emanationssysteme ... Dieses ist der Ursprung der Izeds Um Schaspands, Femers und Dews der Parsen, der Untergötter, der gebohrnen und ungebohrnen Götter, der Weltseele des Plato; des Demiurgus, des Adam-Kadmon und der Sephirots der jüdische Cabbalisten, der Hierarchie der Engel und des Satans mit allen ihren Classen und Abtheilungen.« Weishaupt kommt bei seinen Ausführungen zu dem Schluß, das Emanationssystem, dieser Gedanke einer direkten Ausstrahlung der Welt aus Gott, sei falsch. Das ist auch ganz im Sinne der Aufklärungsepoche.

In beinahe schon altgewohnter Paradoxie aber nahm der Professor seltsamerweise Anleihe bei den Parsen, als es um den Ordensnamen ging:»Die Allegorie, in welche ich die Mysterien und höhere Grade einkleiden werde, ist der Feuerdienst, und die ganze Philosophie Zoroasters, oder der alten Parsen, die heut zu Tag nur noch in Indien übrig sind: daher heißt auch der Orden in weiteren Graden, der Feuerdienst, Feuerorden, Parsenorden: das ist etwas über alle Erwartung prächtiges. Sie werden es sehen, finden sie mir nur einen Namen, für die Klasse, der ich den Namen der Republik der Bienen geben wollte, ich habe sie indessen Illuminaten geheißen.«

Auch wenn Weishaupt von einer Allegorie spricht: Es ist schlichtweg paradox, sich an etwas anzulehnen, das man gleichzeitig ablehnt. Genau, wie es auch paradox ist, unter dem Vorsatz der Gleichheit aller Menschen einen hierarchischen Geheimorden zu konstruieren und ihn als Symbol des Vernunftszeitalters mit mystischen Anwandlungen zu überfrachten. Wir müssen uns im »Fall Weishaupt« aufgrund der Doppelzüngigkeit und ständig praktizierten Verwirrtaktik wohl an dieses Problem gewöhnen.

Nicht zuletzt durch die schicksalhafte Begegnung mit Kolmer muß Weishaupt außergewöhnlich viel über die alten Lehren und Mysterienschulen gewußt haben. Das ihnen innewohnende Machtpotential ließ ihn nicht kalt. Die Macht des Wissens bleibt allerdings nur erhalten, solange dieses Wissen nicht zum Gemeingut wird. Nicht umsonst haben die Eingeweihten ihre geistigen Schätze stets so sorgsam gehütet. Auch darüber vermochte der Ingolstädter Gelehrte viel aus dem Studium der alten Bünde und Organisationen zu lernen. Und selbst von seinen Erzfeinden, den Jesuiten, übernahm er noch die skrupellosesten Methoden, wenn sie nur dem Orden in irgendeiner Weise dienten. Von Moral keine Spur mehr. Sein und Schein, ein einziger Betrug.

Das vermeintlich »größte Geheimnis« des Ordens war kein minderer Betrug. Nur sehr wenige wußten davon, Personen, die im direkten Umfeld Weishaupts standen, der im übrigen die wirklichen Geheimnisse unzugänglich in sich selbst verschlossen hielt. In einem Brief, den er am 25. Februar 1778 an von Zwack schrieb, mahnt Weishaupt:»Aber das größte Mysterium muß es sein, daß die Sache neu ist: je weniger davon wissen je besser ist es. Dermalen wissen nur sie und Merz; und ich hab auch nicht sobald Lust, es irgendeinem zu eröffnen. Wir drei, glaube ich, sind genug, der Maschine ihr Leben und Bewegung zu geben. Von den Eichstädtern weiß es kein einziger, sondern sie leben und sterben, die Sache sei so alt als Methusalem.«

Geradezu grotesk und zynisch: Kein Novize, der mit Weishaupts charakterlichen Merkmalen ausgestattet gewesen wäre, hätte je Eingang in den erlauchten Orden gefunden. Der höchste aller Erleuchteten log wie gedruckt! Indem er vortäuschte, sein Illuminatismus sei ein uralter Bund, hoffte er, vielversprechende Jünger beeindrucken und ihre Neugierde leichter wecken zu können. Was wohl täuschte er noch alles vor? Gab es am Ende gar keine wirklich großen Geheimnisse hinter dem Orden? Weishaupt agierte als ideologischer Freibeuter, der seinen Hausstand aus diversen Raubzügen aufbaute. Er spionierte und infiltrierte, um sein eigenes intrigantes System zu komponieren. Er sammelte Körperteile, um daraus sein Ungetüm zu schaffen. So, wie er den direkt Untergebenen »seinen Geist einhauchte«, versuchte er seinem monströsen Geschöpf den göttlichen Funken zu verpassen.

1777, nur ein Jahr nach der Gründung seines Ordens, war Adam Weishaupt in die Münchner Freimaurer-Loge der sogenannten Strikten Observanz »Zur Behutsamkeit« eingetreten, allerdings nur, um dort im Interesse seiner eigenen Schöpfung »einen neuen Nexum«, also einen neuen Knotenpunkt der Infiltration zu schaffen.

5. Verschwiegene Brüder

In geheimer Mission

Man schrieb das Jahr 1054 nach Christus, als am Himmel etwas sehr Ungewöhnliches geschah. An der Hörnerspitze des Sternbilds Stier erschien eine »Stella Nova«. Dieser »neue« Stern war so hell, daß er sogar am Taghimmel gut sichtbar war. Während Chroniken aus dem asiatischen Raum über dieses Ereignis genaue Kunde abgegeben, scheint das »finstere Mittelalter« in Europa nichts davon mitbekommen zu haben. Warum, darüber streiten sich die Gelehrten. Astrologen würden den gleißend hellen Stern wohl als Vorboten für weltbedeutende Ereignisse gedeutet haben. Und in diesem Falle hätten sie sogar recht gehabt. Denn im 11. Jahrhundert sollte auf der Welt tatsächlich ein Ereignis stattfinden, das den Gang der Geschichte sehr wesentlich beeinflußte. Und das wohl weit mehr, als man vielleicht zunächst vermuten würde.

Nur ein Vierteljahrhundert nachdem jenes gleißende Himmelslicht erschien – ein explodierender Riesenstern, wie man heute weiß –, wurde nahe Troyes in der Champagne der Ritter Hugo von Payens (auch: Payns) geboren. Der französische Adlige war Herr von Montigny-Lagesse und verfügte in der Region Tonnerre über Güter. Schon im Alter von 16 Jahren zog er mit dem ersten Kreuzzug nach Jerusalem und blieb drei Jahre lang dort, so heißt es. Über diese Zeit war nichts von ihm zu hören, doch als Jerusalem 1099 nach blutigen Kämpfen erobert worden war, erschien er sehr plötzlich und stürmisch zusammen mit acht anderen französischen Rittern. Sie stammten offenbar aus dem Heer des Gottfried von Bouillon und bezeichneten sich als die *Arme Ritterschaft Christi vom Salomonischen Tempel.*

Zielstrebig suchen sie sofort Gottfrieds jüngeren Bruder auf, Balduin I., den König von Jerusalem, der die unerwarteten Gäste sehr herzlich empfängt und aufnimmt. Oder hatte es zuvor doch heimliche Absprachen gegeben?

Wer waren diese geheimnisvollen Ritter, die mehr oder minder aus dem Nichts aufgetaucht zu sein schienen und nun ohne weiteres

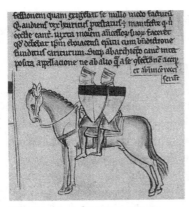

Was suchten die mysteriösen Ritter in den Ruinen des Tempels von Salomon?

den König besuchen konnten? Waren sie wirklich so arm, wenn ihnen Balduin I. sogleich einen Flügel seines Palastes überließ? Vielmehr sah alles danach aus, als ob man hier einflußreiche Männer erwartet hatte, die eine geheime Mission erfüllen mußten. Daß sich ihr durchaus vornehmes Quartier genau über den Grundmauern des Salomon-Tempels befand, scheint diese These zu unterstützen.

Mit noch nicht einmal 20 Jahren stand Hugo von Payens einem verborgenen Unternehmen vor, dessen Ziele der Öffentlichkeit bis heute nicht bekannt sind. In den folgenden Jahren entfalteten die armen Ritter aus Frankreich recht ungewöhnliche Aktivitäten. Vor allem gruben sie intensiv unter den Ruinen des Tempels, um dort angeblich Stallungen für 2000 Pferde zu bauen. Heute würde man wohl von einem Parkhaus sprechen. Doch dürften die Erzählungen über Sinn und Zweck der Arbeiten kaum den wahren Grund preisgegeben haben. Worum sie sich jedenfalls nicht kümmerten, war der vermeintliche Hauptgrund ihres Da-

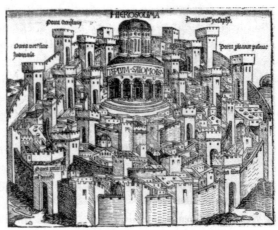

Der Salomon-Tempel in einer pompösen mittelalterlichen Darstellung

seins: die Pilger. Um sie zu schützen, waren die Ritter schließlich angerückt.

Zwischen 1118 und 1119 verbanden sich Hugo von Payens und seine Männer offiziell zu einer Mönchsgesellschaft, die als die Tempelherren, die *milites templi* oder einfach als die Templer in die Geschichte eingingen. Sie mußten sich zur Armut, Ehelosigkeit und zum Kampf gegen die Heiden verpflichten. So genau nahmen sie es mit diesem Gelübde allerdings nicht. Nach ihrem prunkvollen Einstand in Jerusalem entwickelten sie neben jenen unterirdischen Grabungen auch ausgesprochen weltliche Aktivitäten.

Geld spielte bei den Templern schnell eine sehr bedeutsame Rolle. Mit der Errichtung einer Wechselstube begann ihre Karriere als unabhängige Bankleute. Auf sie gehen die ersten bargeldlosen Transaktionen zurück, mit denen sich hervorragende Gewinne erzielen ließen.

Bei allem, was die Templer unternahmen, durften sie jenseits der weltlichen oder kirchlichen Gerichtsbarkeit handeln. Somit waren sie offenbar niemandem Rechenschaft schuldig. Die armen Ordensleute trieben Handel, was das Zeug hielt, und befanden sich schließlich in der Lage, sehr große Summen an verschiedene Königshäuser zu verleihen und so das Weltgeschehen nicht nur indirekt zu beeinflussen, sondern riesige Zinserträge einzustreichen, um folglich noch reicher zu werden. Die Templer waren die ersten internationalen Banker und realisierten auf diese Weise also bereits im Hohen Mittelalter genau das, was die berühmten Rothschilds Jahrhunderte später noch einmal sehr erfolgreich praktizierten.

Die Macht, Throne zu stürzen

Einige Autoren sehen im Schutz der Pilger nichts als eine fromme Deckgeschichte, einen geschickten Vorwand der Templer, mit dem sie unter der Flagge der Humanität, jedoch auch unter dem Siegel der Verschwiegenheit ihre tatsächlichen Ziele verfolgten. Doch was waren das für Ziele? Was suchten die Templer in Jerusalem? Fragen, die bis heute kaum sicher zu beantworten sind. Ebenso die Frage, ob dieser geheimnisvolle Orden zu Recht gnadenlos attackiert und verfolgt wurde. Viel zu verwoben und komplex sind die historischen Zusammenhänge, viel zu viele Seiten fehlen in den Geschichtsbüchern, da die Geheimnisse großteils das geblieben sind, was sie von Anfang an sein sollten.

Viel Feind, viel Ehr', so heißt es, und sicher trifft das nicht selten zu. Nur leider fehlen in vielen Fällen auch sämtliche Mittel und Möglichkeiten einer gerechten Beurteilung. Intrigante Gemüter sind durchaus in der Lage, Verschwörungen innerhalb von Verschwörungen zu schaffen und die Verhältnisse aufs Geschickteste zu verkehren. Wir müssen für alles offen bleiben, jede Aussage relativieren. Geheimhaltung schafft eben dieses Problem, und diejenigen, die sie betreiben, werden mit Argwohn und Verfolgung rechnen müssen. Leider geschahen unter dem Deckmantel des Guten viel zu viele Verbrechen. Skepsis ist also angebracht, kritische Beobachtung genauso, nur eine Vorverurteilung im Sinne einer ultima ratio wird der Sache auch nicht zwangsläufig gerecht. Die gegenwärtige Lage der Informationen und der Lauf der Geschichte legen aber in einigen Aspekten durchaus begründete Vermutungen nahe, Vermutungen, die wahrhaft nichts Gutes verheißen.

Immer wieder interessant ist das Phänomen der inneren Gradation von Geheimbünden. Die meisten geheimen Bruderschaften, die Gleichheit predigen, kennen zahlreiche Einweihungsgrade. Das bedeutet aber, daß die unteren Ränge nicht mit den inneren Mysterien vertraut sind und überhaupt nicht wissen, welchem »Gott« sie dienen. Und wenn dies in höheren Graden langsam deutlicher wird, dann dürfte es wohl bereits »zu spät« sein. Der Sinn des Systems leuchtet ein. Es ist ein Kontrollsystem, bei dem die höheren Ordensbrüder die Notbremse rechtzeitig zu ziehen imstande sind. Erweist sich ein Bruder aus subjektiven Gründen als unwürdig, wird ihm einfach der nächste Grad nicht verliehen. Schluß also mit Brüderlichkeit und Gleichheit.

Man mag sich bei alledem auf Tradition berufen, auch darauf, daß nur auf diesem Weg ein wirksamer Schutz der Geheimnisse besteht. Doch letztlich ändert dies nichts an der Perfidität des Ganzen. Natürlich ist das eine jener berühmten persönlichen Meinungen, doch ändert auch das nichts: Mir erscheint ein solches System als hochsuspekt. Man gehört zu einer Gruppierung, deren Pläne und

Ziele man jedoch überhaupt nicht kennt! Die Vorgehensweise entspricht zumindest in dieser Hinsicht derjenigen von Sekten und auch Satanisten. Oft aufgrund eines ihnen gegebenen Versprechens, dereinst selbst größere Macht zu erhalten, mutieren die meisten Bundesgenossen zu nichts anderem als armseligen Werkzeugen eines undurchschaubaren Mechanismus. Das alles kann eine traurige und gefährliche Entwicklung nehmen: Mitläufer, Mitwisser, Mittäter. Die Verlockung ist sicher groß. Wer würde nicht gerne Dinge wissen, die anderen verschlossen sind?

Wahrscheinlich ging es auch Philipp IV., genannt »der Schöne«, nicht anders. Er wußte sehr genau um die Macht und den sagenhaften Reichtum der Templer, den sie zu großen Teilen wohl aus unbestimmter Quelle bezogen hatten. Doch wußte Philipp nicht um die Geheimnisse des Ordens. Schon lange waren ihm die Templer verhaßt, aus mehreren Gründen.

Seitdem der junge Hugo von Payens ins Heilige Land gezogen war, hatte sich viel geändert. Die Macht, zu der jener mysteriöse Ritter sich und seinen Orden aufgeschwungen hatte, war auch in seiner Heimat nicht zu übersehen. Mehr als 200 Jahre waren seit der Gründung des Ordens vergangen. Jetzt, zu Beginn des 14. Jahrhunderts, gehörten weite Teile Frankreichs den Templern, die sich auch um die

Philipp IV. übernahm bereits mit 15 Jahren die Regierungsgeschäfte und starb jung. Ein Freund der Templer war er nicht.

staatlichen Gelder kümmerten. Und Philipp der Schöne zählte zum Kreis der fürstlichen Schuldner jenes Ordens der »armen« Ritter. Doch machtlos blieb er nicht zurück. Und er begann die Templer gnadenlos zu verfolgen, bis er, gestützt von Inquisition und Papst, das Weiterbestehen des Ordens im Jahr 1307 endlich verbot.

Am 18. März 1314 landeten vier Templer auf dem Scheiterhaufen: Jacques de Molay, der 23. und letzte alte Großmeister des Templerordens, außer ihm der templerische Großpräzeptor der Nor-

Jaques de Molay (1244–1314), der letzte Großmeister der Templer

mandie, Geoffrei de Charney, der hohe Ordensträger Hugo von Pairaud und Gottfried von Gonnaville, Meister von Poitou. Von einer Tribüne im Vorhof der Kathedrale Notre Dame verfolgten die päpstlichen Abgesandten das Ende von Molay und seiner drei mächtigen Ordensbrüder.

Philipp hatte viele Gründe, die Templer zu vernichten. Vielleicht aber der bedeutendste von allen konnte gewesen sein, daß er nicht in ihre Geheimnisse eingeweiht wurde. Denn er selbst bemühte sich einst darum, in die Reihen der Tempelritter aufgenommen zu werden, was ihm der Orden allerdings versagte. Kein Wunder, daß diese exklusive Bruderschaft dem Monarchen fortan aufs Tiefste verhaßt war. Die Autoren Lionel und Patricia Fanthorpe bemerken nicht zuletzt wohl auch deshalb in ihrem Buch über den eng mit dem Templerwissen verbundenen südfranzösischen Ort Rennes-le-Chateau: »Man darf mit Gewißheit annehmen, daß 99 Prozent aller gegen die Templer angeführten Beschuldigungen, betreffend Ketzerei, Blasphemie, Anbetung von Idolen, Unsterblichkeit und Schwarzer Magie nicht mehr waren als ein Produkt der üblen Propaganda von Philipp IV. unterstützt durch spektakuläre Templer-›Geständnisse‹, die man unter extremster Folter aus ihnen herausgepreßt hatte. Es ist unendlich wahrscheinlicher, daß die Templer Sophia verehrten, die Göttliche Weisheit, als daß sie sich in Schwarzer Magie und Götzentum versuchten.«

Möglich, aber auch nur eine Möglichkeit …

Es bedarf keiner weiteren Erläuterungen, daß Folter allzeit ein sehr wirksames Mittel war, alle gewünschten Aussagen für die Verhörprotokolle zu erpressen. Nicht umsonst haben unlängst einige Bemerkungen des Bundeswehr-Professors Michael Wolffsohn für entsprechende Negativ-Schlagzeilen gesorgt. In einer Nachrichtensendung sagte er ohne langes Fackeln: »Als eines der Mittel gegen Terroristen halte ich Folter oder die Androhung von Folter für legitim. Jawohl.«

Rund 700 Jahre ist es nun her, seitdem Philipp der Schöne mit härtesten Methoden gegen die Templer vorging. Wieviele der unzähligen Gerüchte über sie der Wahrheit entsprechen, wird sich wohl kaum jemals noch ergründen lassen. Doch Paradoxien im historischen Verlauf und noch prüfbare Fakten deuten darauf hin, daß die Templer zumindest sehr obskure, um nicht zu sagen: okkulte Riten auszuüben pflegten. Ungewöhnlich ist auch, wie still und kampflos de Molay und de Charney sich den Häschern ergaben, um dem sicheren grausamen Tod geradezu ungerührt entgegenzublicken. Gemessen an dem zu bewahrenden Geheimnis schien ihr Dahinscheiden ein verhältnismäßig unbedeutendes Opfer zu sein. Dabei verfügten die Templer über die berüchtigte Macht, Throne zu stürzen. Zumindest war das im Jahr 1252 noch der Fall gewesen. Als Heinrich III. von England androhte, Templerbesitzungen zu beschlagnahmen, drohte ein Meister des Ordens wirksam zurück: »Was sagt Ihr da, oh König? Auf daß es Euch nur fern liegen möge, Euern Mund so unfreundliche und törichte Worte zu äußern. Solange Ihr Gerechtigkeit walten lasset, solange werdet Ihr auch regieren. Doch brecht Ihr das Recht, so werdet Ihr nicht länger König sein.«

Der Schatz der Templer

Die Templer hatten die Kontrolle inne. Und von Anbeginn ihrer Epoche verfügten sie über erstaunlichen Einfluß. Sie müssen offenbar bereits mit Informationen nach Jerusalem gelangt sein, die ihnen Tür und Tor öffneten. Daß ein mächtiger Orden wie die so armen Ritter auch über einen guten funktionierenden Geheimdienst verfügte, scheint ebenfalls nahezuliegen. Wer seine Kontaktpersonen an allen wesentlichen Stellen positioniert hat, wird über viele sich anbahnende Winkelzüge und Gefahren informiert sein. So konnten die Templer auch rechtzeitig brisantes Material in Sicherheit schaffen. Wenige Tage vor seiner Verhaftung verbrannte de Molay noch geheime Dokumente.

Bei inquisitorischen Verhören, denen auch Papst Clemens V. persönlich beiwohnte, soll einer von 72 Templern sein Schweigen ausschließlich gegenüber dem Oberhaupt der katholischen Kirche gebrochen haben. Er berichtete von drei Wagenladungen mit Templer-

112

schätzen, die anschließend mit 18 Schiffen abtransportiert worden seien. Wenn überhaupt, so war das nur die halbe Wahrheit und eher als kryptischer Hinweis aufzufassen.

Wozu benötigten die Templer eine regelrechte Flotte, wenn das Material auf drei Karren gepaßt hatte? Die Information durfte also nicht wörtlich genommen werden, sondern als Hinweis auf das eigentliche Versteck: die Burg der »drei Wagen«, Gisors. Im gleichnamigen Ort am Fuße des Burgberges wurde am 17. April 1904 ein Mann geboren, den die mysteriösen Geschichten um den Templerschatz nicht mehr loslassen sollten. Nach seinem Studium ließ sich Roger Lhomoy unter anderem als Burgführer anstellen und begann noch während des Zweiten Weltkriegs mit verborgenen Grabungen. Schon seit seiner Kindheit war er fasziniert von den Templer-Legenden und mußte wohl im Lauf der Jahre auf konkretere Hinweise gestoßen sein, die ihn vielleicht sogar bereits sehr dicht ans Ziel brachten.

Nach teils lebensgefährlichen Grabungen, die er nachts ausführte, stieß er im März 1946 in 21 Metern Tiefe am Grund eines Brunnenschachtes auf eine Wand. Nachdem er sie durchschlagen hatte, gelangte er in eine romanische Kapelle von rund 30 Metern Länge und neun Metern Breite. Hier will er 19 Sarkophage und 30 Metallkästen vorgefunden haben. Nun brauchte er weitere Genehmigungen, um die Arbeit fortsetzen zu können. Er suchte also den Bürgermeister auf und berichtete von seinem sensationellen Fund. Aus den Reihen der Stadtverwaltung zeigte sich allerdings niemand bereit, den Abstieg in die Tiefe des Schachts zu wagen. Außerdem erklärte man Lhomoy, er habe eigenmächtig gehandelt, viel zu tief gegraben und die Burg dadurch gefährdet. Ein derart massives Vorgehen habe ihm niemand gestattet. Er verlor daraufhin seinen Job, und seine gesamte Arbeit wurde zunichte gemacht: Die zuständigen Behörden entschieden sich dazu, das Loch wieder bis oben aufzufüllen.

Als Roger Lhomoy nach einer Wartezeit von 16 Jahren endlich wieder Mittel und Möglichkeiten erhielt, das unterirdische Gewölbe erneut auszugraben und den potentiellen Schatz zu heben, war es bereits zu spät. Als er den Raum ein zweites Mal betrat, waren sämtliche Sarkophage und auch die 30 Kisten verschwunden. Oder waren sie niemals dort vorhanden gewesen? Wir haben lediglich das

Wort von Lhomoy. Allerdings: Wenn alles nur blanke Erfindung war, warum sollte der Schatzgräber dann aber so darauf beharrt haben, ein zweites Mal in die romanische Kapelle hinabzusteigen? Immerhin hatte er viele Jahre auf die Genehmigung warten müssen und wegen seiner vorherigen Aktion sogar seine Stellung verloren. Ob der Schatz der Templer allein in materiellen Werten besteht, erscheint mehr als fraglich.

Und wer schon einmal Templerburgen und ihre Kulträume besucht hat, wird sich auch die Frage stellen, ob nicht doch so einige Geheimnisse der Templer mit okkultem Geheimwissen verbunden waren. Gelegenheit, dieses Wissen kennenzulernen, hatten die armen Ritter im Orient genügend. Dort stießen sie auch auf die Assassinen.

In deren Weltbild treffen gnostisch-manichäische Lehren zusammen, mit dem erleuchteten Hassan-i-Sabbah und dem mystischen Gut des Islam.

Im Englischen bedeutet »assassination« schlichtweg »Mord« im Sinne eines Attentats. Im Arabischen hingegen sind damit »die Wächter« gemeint, die den mystischen Berg und das Heilige Land beschützen sollten. Der Großmeister Hassan-i-Sabbah, der als »Alter vom Berge« tituliert war, unterwarf seine Gefolgsleute angeblich einer Gehirnwäsche mit Haschisch – wobei sich auch dieses Wort angeblich direkt von den Assassinen herleitet. So wurden aus den ursprünglichen Wächtern schnell waschechte – oder zumindest haschechte Mörder.

Baphomet

Zwischen den Assassinen und den Templern gab es zahlreiche Übereinstimmungen. Beide Bündnisse kennen zum Beispiel fünf Rangstufen, welche die fünfblättrige Rose als Symbol der Verschwiegenheit symbolisieren. Bei den Templern waren es Großmeister, Großprioren, Baillifs, Prioren und Komture. Bei den Assassinen waren es entsprechend der Großmeister, die Ältesten, die Ritter, die Lasiqs und die Fidais.

Bei den Assassinen, in der Großloge von Kairo und im orientalischen Raum gelangten die Tempelritter an Weisheitslehren, die mit der christlichen Kirche vor allem in jenen frühen Zeiten nur selten in Einklang zu bringen waren. Wer sich mit Sternenkunde, Alchemie, Geometrie und anderen suspekten Dingen auseinandersetzte, geriet schnell in den Verdacht, mit dem Teufel im Bund zu stehen. Die unvergleichliche Reife der Baukunst, welche die Templer ebenfalls im orientalischen Raum kennengelernt hatten und nach Europa brachten, erschien nicht weniger als Hexenwerk.

Baphomet – Götze der Templer?

Vor allem aber *ein* Gegenstand der templerischen Verehrung weckte größtes Mißtrauen: ein androgynes Götzenbild namens »Baphomet«.

Der Ursprung dieser Figur ist nicht geklärt. Immer wieder aber wurde sie als Abbild des Leibhaftigen identifiziert. Zumindest die Existenz des Baphomet-Götzen ist nicht ganz aus der Luft gegriffen, da er wiederholt in Templer-Komturen gefunden wurde. Was bedeutet »Baphomet«? Vielleicht stammte der Name von Baphi-Meta – »Taufe« und »Wissen«, mit Blick darauf, daß Johannes der Täufer der eigentliche Messias gewesen und enthauptet worden sei. Doch will diese These nicht recht greifen. Denn der Baphomet der Templer besitzt zwar einen bärtigen Männerkopf, doch der ruht auf einem weiblichen Körper. Seltsam auch die Schlange, die sich ums Haupt windet. Androgyn wurde nicht zuletzt die ägyptische Göttin Isis dargestellt, als Frau mit Bockskopf – betitelt als Mahomet. Das klingt ähnlich. Nebenbei bemerkt: Illuminat Nummer 7, Friedrich Freiherr von Schröckenstein, Domherr zu Eichstädt, erhielt von Weishaupt den Namen »Mahomet«.

Eine weitere Deutung besagt, man müsse das Wort rückwärts sprechen, um seiner Bedeutung näher zu kommen: also »Temohpab«. Zunächst wird man dadurch auch nicht schlauer. Sollte sich dahinter letzten Endes vielleicht noch der geniale Baumeister der alten Ägypter verbergen, Imhotep? In der Tat gilt Imhotep als die Verkörperung des Wissensgottes Hermes, der seinerseits auf der geistigen Ebene mit Baphomet identifiziert wird.

Das arabische Wort »abufihamet« vereinfachte man im alten Spanien zu »bufihimat«. Auch die Wortbedeutung könnte passen: »Vater der Weisheit«. Hinter dem rückwärts gesprochenen Baphomet, jenem »Temohpab« vermuten andere die lateinische Abkürzung von: »Templi omnium hominum pacis abhas«. Das übersetzt man mit »Der Vater des Tempels des universellen Friedens unter den Menschen«. Baphomet wird auch auf den altägyptischen Ziegenbock Banebdjet aus Mendes zurückgeführt, mit Baal-Zebub beziehungsweise mit dem ägyptischen Gott Seth gleichgesetzt. Alles Entsprechungen für Satan-Luzifer, den Lichtbringer. Die Templer besaßen eine besondere Beziehung zum Kopf als Symbol. Darauf finden sich wiederholte Hinweise, und seit dem Jahr 1207 sollen sie sogar das Turiner Grabtuch in ihrem Besitz gehabt haben, über den gesamten Zeitraum bis zu ihrem Untergang, rund hundert Jahre also.

Eine besonders merkwürdige, aber auch in mehrfacher Hinsicht sehr aufschlußreiche Geschichte handelt von einem Herrn aus Sidon, wohl ein Tempelritter. Seine Liebe galt einer Dame aus dem Ort Maraclea. Das Schicksal wollte es, daß dieses Glück nicht von langer Dauer war, denn die Geliebte verstarb sehr jung. Der Herr von Sidon verwand dies nicht und entschloß sich in der Todesnacht zu makabrem Handeln. Er schlich zu später Stunde an die Grabstätte und hob die Leiche aus der Erde, um sie zu schänden. Als er sein verwerfliches Werk vollbracht hatte, vernahm er plötzlich eine Stimme aus dem Nichts. Sie sprach zu ihm und sagte, er solle nach Ablauf von neun Monaten wieder an das Grab kommen und es aufmachen. Denn genau dann werde er einen Sohn dort finden. Die Zeit verging, und der Herr vergaß nicht, was ihm gesagt wurde. Genau mit dem neunten Monat fand er sich wieder am Begräbnisort ein und öffnete das Grab. Auf den gekreuzten Oberschenkelknochen seiner skelettierten Gemahlin fand er einen Totenkopf. Dies war der Kopf seines Kindes, und die Stimme wandte sich erneut an den Herrn von Sidon. Er solle den Kopf hüten, da er der Quell alles Guten sei. So nahm er das magische Haupt mit und richtete es gegen seine Feinde. Schließlich gelangte der Kopf an den Orden der Tempelritter. So begann die Verehrung des Totenkopfes auf gekreuzten Knochen. Wie sehr sich die Geschichte wiederholt, wird sich in späteren Kapiteln zeigen.

Erben der Gralsritter

Wie es den Anschein hat, verschwanden die Templer für Jahrhunderte aus den Chroniken. Sie waren Geschichte, doch sie schrieben keine mehr. Erst ab dem 18. Jahrhundert begannen sich einige Kreise wieder mehr für sie zu interessieren, und auch Weishaupt machte so manche Anleihe an deren alte Konzepte, wenn auch die *Bayerischen Illuminaten* in der Umsetzung nicht so erfolgreich waren wie ihre ritterlichen Vorbilder, die als Wächter des Heiligen Grals gelten.

Sogar in unseren Zeiten erheben manche Gruppierungen den Anspruch darauf, die legitime Nachfolge der Templer angetreten zu haben. Das Ergebnis ist ein fast unentwirrbares Knäuel aus geheimnisvollen, geheimbündlerischen Organisationen, die auch personell zumindest teilweise eng miteinander verflochten sind. So wurde um die Wende zum 20. Jahrhundert der *Ordo Templi Orientis* (O.T.O.) nicht zuletzt unter den Symbolen von Pyramide, allsehendem ägyptischem Udjatauge, Templerkreuz und Gralsschale gegründet. Einer seiner Großmeister war angeblich auch der Begründer der Anthroposophie, Rudolf Steiner, ihm folgte dann der britische Magier Aleister Crowley ins Amt.

Nach eigener Beschreibung liegen die Wurzeln des O.T.O. in der Freimaurerei, im Rosenkreuzertum sowie den illuministischen Bewegungen des 18. und 19. Jahrhunderts, außerdem ebenso in der Tradition der Kreuz- und Tempelritter, der frühen christlichen Gnosis wie auch der heidnischen Mysterienschulen. Unter den O.T.O.-Graden finden sich einige Titel mit interessanten Anklängen. So in der »Zweiten Triade oder Triade der Liebenden« als Grad VI. der »Erhabene Ritter (Templer) des Ordens von Kadosch und der Kompanion des Heiligen Graals«. In der darüber stehenden Ersten »Triade oder Triade des Einsiedlers« steht im achten Grad der »Perfekte Oberpriester der Illuminaten – Epopt der Illuminaten«, also der in das Mysteriensystem Eingeweihte.

Gegründet wurde der O.T.O. durch den österreichischen Chemiker Carl Kellner, der auf seinen ausgedehnten Reisen in den Orient drei Eingeweihte kennengelernt hatte und auch von der *Hermetic Brotherhood of Light* erfuhr, der »Hermetischen Bruderschaft des Lichts«. Kellner glaubte den Schlüssel für die komplexe

Symbolik der Freimaurer gefunden und damit auch Zugang zu den Naturgeheimnissen erhalten zu haben. Im Jahr 1895 arbeitete Kellner zusammen mit Theodor Reuss erste Pläne für eine »Academica Masonica« aus, um durch sie alle Freimaurer mit sämtlichen Graden der Freimaurerei vertraut machen zu können. Die inneren Zirkel dieses O.T.O.-Vorläufers sollten an die höchsten Grade der geheimen Memphis- und Misraim-Riten angelehnt sein und Zugang zu den Lehren der Licht-Bruderschaft gewähren.

Von der Freimaurerei hat sich der O.T.O. schon seit langem abgekoppelt. Er sieht sich nicht als Religion, sondern als religiöse Organisation. Interessant ist, daß der Orden in Kalifornien als steuerbefreite religiöse Gemeinschaft geführt wird und in Deutschland als eingetragener gemeinnütziger Verein O.T.O. e.V. gilt. Laut eigener Aussage finden – auch wenn man nicht unbedingt moralische Bedenken dagegen hege – keine Tieropfer in den O.T.O.-Ritualen statt. Ganz anders aber beim *Ordo Baphometis* (OB) und der *Fraternitas Saturni* (FS), wobei eine Trennlinie zum O.T.O. nicht ganz leicht zu ziehen ist, nachdem die FS indirekt auf Crowley zurückgeführt werden kann.

Der Psychologe Dr. Walter Jantschik gehört dem *Ordo Templi Orientis* an, dem *Ordo Baphometis*, dem *Orden der Deutschen Gold- und Rosenkreuzer*, dem *Temple of Set*, dem *Ordo Pentalphae* und anderen geheimen Organisationen. Er war kurzzeitig auch Großmeister der *Fraternitas Saturni*, doch zum frühzeitigen Rücktritt erklärt Jantschik (Ordensname *Jananda*): »Weshalb ich das Amt als Großmeister niedergelegt habe, waren hauptsächlich Intrigen von allen Seiten ...« – gar nicht spirituell!

Der *Ordo Baphometis* folgt einer hochesoterischen, luziferischen Kosmologie und kennt beispielsweise als den 19. Grad den »Magister Luziferi« (Meister des Luzifer), als 35. Grad den »Gradus Anthropophagus« (Menschenfresser-Grad) und als 36. Grad die »Magia Excrementorum« (Magie der Ausscheidungen). Insgesamt existieren 99 Grade und 99 magische Initiationen des »Schwarzen Alls«. Darüber thront der Grad 100, den der Höchste des Ordens einnimmt: kein anderer als »Daimonion Baphomet«.

Im sexualmagischen Grad 18 findet ein rituelles Tieropfer statt. Jantschik wurde im Kreis der FS in den 18. Grad oder Gradus

Pentalphae eingeführt. In einem rot verkleideten Raum mit roten Kerzen warten rot maskierte Zeremonienmeister; vor einem Altar steht ein Dreibein mit Feuerschale. Auf dem Altar vereinigen sich Priester und Priesterin, während ein Zeremonienmeister einem Schwarzen Hahn den Kopf abschneidet und das getötete Tier über den beiden ausbluten läßt. Das Ganze wird von rituellen Gesängen mit Anklängen an die altägyptische Götterwelt und an Luzifer begleitet. Soviel in kurzen Worten zu dem weit komplexeren Ritual. 1974 erklärte Jantschik:

»Meine Einweihung in den sexualmagischen Grad Pentalphae habe ich mit der Frau eines Ordensbruders rituell erfahren. Über unseren Körpern wurde während des geschlechtlichen Verkehrs ein schwarzer Hahn getötet; das heiße Tierblut ergoß sich über unsere Körper ... In einem magisch rituellen Bewußtseinszustand erschoß auch mein Ordensbruder [der FS, Anm. d. Verf.] Paul-Günther Diefenthal am 6. Mai 1970 in meinem Haus in Lehrberg meinen Schwager Josef Göttler. Ich bin davon überzeugt, daß Paul-Günther dabei von höheren Mächten gelenkt wurde und nur einen Auftrag ausgeführt hat.«

Alles klar? Gehirngewaschen von modernen Geheimbünden, kann man getrost Mitmenschen umbringen und sich dann wenigstens noch der stereotypen Ausrede bedienen, alles unter Anweisung einer höheren Macht getan zu haben. Und so meint Jantschik: »In dem Opfer, das durch ihn dargebracht wurde, sehe ich auch keine böse Tat ... Ich habe auch kein Mitleid mit dem Opfer. Es hat Erlösung gefunden.«

Die Maske

Falsche Annahmen und Wunschdenken, dem Geheimnis der Templer endlich auf die Spur gekommen zu sein, charakterisieren viele Bündnisse. Was an Wissen über sie verblieb, wurde nach Belieben interpretiert und in neue Systeme integriert, um diesen Newcomer-Gesellschaften die ehrwürdige Patina eines authentischen, alten Geheimbundes aufzuprägen. Nicht anders verfuhr der gewitzte Adam Weishaupt mit seinen *Bayerischen Illuminaten*. Aus der Tatsache, daß sein Orden noch neu war, machte er ein großes Geheimnis, bastelte noch am System und den oberen Einweihungsgraden, während die Novizen beziehungsweise Minervalen glückstrahlend davon erfuhren, endlich in jenen archaischen Bund aufgenommen worden zu sein. An sich und seine eigenen Geheimnisse ließ Weishaupt bekanntlich niemanden heran. Vielleicht hatte er zwar manches sofort zu nutzen verstanden, nicht aber erkannt, welches die eigentlich wesentlichen Geheimnisse waren, welche über Kolmer vor allem aus dem orientalischen Raum zu ihm drangen. Daß er aus bruchstückhaften Informationen, die er über die Templer, ägyptische Weisheitslehren und geheime Brüderschaften erfahren hatte, ein buntes Gemisch zusammenbraute, beweist allerdings noch lange nicht, daß er diese alten Lehren in Wirklichkeit verachtete. Auch seine vielfach abfälligen Äußerungen über die Mysterien sagen rein gar nichts, war doch Weishaupts Maxime diejenige der Doppelzüngigkeit. Er tat einfach, was ihm nützte. Und er versuchte, alle zu kontrollieren und natürlich auch aus dem Wissen verschiedener Brüderschaften zu profitieren.

Die Templer führen gleichfalls zu den Freimaurern, die für Weishaupt eine wichtige Rolle spielten. Auch hier zeigt sich wieder Weishaupts Doppelmoral. Er benutzte selbst solche Gruppierungen für seinen Plan, die ihm im Grunde seines Herzens verleidet waren. Seine Erzfeinde waren, wie schon mehrfach erwähnt, die Jesuiten, doch hatte Weishaupt deren Methoden als Schüler nicht umsonst kennengelernt. So ließ er sie in seinen Orden einfließen. Gegen die Freimaurer übte er wiederholt deutliche Kritik, doch um auch aus diesem Kreis seinen Nutzen ziehen zu können, trat Weishaupt 1777 in die »Loge der Strikten Observanz« ein. Wichtig war ihm auch hier eine tiefgreifende Unterwanderung. Es gab aber eine ganze Reihe an Gründen, weshalb sich Weishaupt so sehr um die Freimaurer bemühte. Natürlich wollte er Geheimnisse erfahren, er war interessiert an der internen Struktur der Bruderschaft und versuchte, sie für seine politischen Zwecke auszunutzen. Er zielte auch darauf ab, die Führung zu übernehmen und von dort aus das gesamte System zu zersetzen.

Wie erwähnt sollte die Freimaurerei ein Deckmantel für sein

Illuminatentum sein: »Deswegen soll man sich immer mit dem Namen einer anderen Gesellschaft decken. Die Logen der untern Freymaurerey sind indessen das schickliche Kleid für unsere höheren Zwecke, weil die Welt nun schon daran gewöhnt ist, von ihnen nichts großes zu erwarten, welches Aufmerksamkeit verdient. Auch ist der Name einer gelehrten Gesellschaft eine sehr schickliche Maske für unsere untern Klassen, hinter welche man sich stecken könnte, wenn irgend etwas von unsern Zusammenkünften erfahren würde.« Wie gesagt, bei den Äußerungen des Ingolstädter Professors muß man vorsichtig sein. Er verstand es hervorragend, seine wirklichen Absichten in eine mehrschichtige Mogelpackung zu hüllen.

Die heutigen Freimaurer sind selbst auf der Suche nach ihren eigentlichen Wurzeln. Die Bibel erwähnt Hiram, den Baumeister des Salmonischen Tempels. Von ihm heißt es, er habe seinen Arbeitern verschiedene Grade verliehen und geheime Losungsworte für die Lohnzahlungen vergeben. Drei abtrünnige Gesellen sollen ihn ermordet haben, um das Meisterwort zu erfahren.

Vom Tempel Salomons ist es ohnehin nicht weit zu den »armen« Rittern. Doch der Bezug zu den Freimaurern könnte direkter, wenn auch etwas »neueren« Datums sein. Zumindest kursiert innerhalb der »Strikten Observanz« die Ansicht, daß sich etliche Templer nach dem großen Vernichtungsschlag von 1314 nach Schottland retten konnten. Die Templer, selbst grandiose Baumeister, hätten ihre alten Geheimlehren dort dann in die Bauhütten getragen, aus denen die Freimaurer und ihre Rituale hervorgingen. Name und Symbolik der Freimaurer gründen bekanntlich auf diesen Ursprüngen. Hammer und Schurz, Winkelmaß und Zirkel sind allgegenwärtig. Der Maurer schafft etwas, er errichtet eine Ordnung, und als Freimaurer strebt er nach Gleichheit, Gerechtigkeit und Anständigkeit.

Interessant ist, daß der Tscheche Jan Amos Comenius im Jahr 1641 seine Pläne für ein *Collegium lucis* veröffentlichte, ein »Kollegium des Lichts«! Der Sitz dieser Brüderschaft sollte sich in England befinden, wobei die Rosenkreuzer als Vorbild dienten. Wahrscheinlich kanalisierte diese Idee lediglich lange vorhandene Ansätze. Denn das Wort Freimaurer – englisch »freemason« – erscheint schon im Jahr 1376 in einer englischen Handschrift.

Nachdem man sich während des 17. Jahrhunderts zunächst in Tavernen, dann in Logenhäusern versammelt hatte, fanden sich am 24. Juni 1717 die vier Logen Südenglands zusammen, um den ersten Großmeister der Freimaurer zu wählen, Anthony Sayer. Nur elf Jahre nach der Gründung erschien bereits altägyptische Symbolik in der Freimaurerei. Die Loge von Neapel trägt in ihrem Siegel Pyramide und Sphinx. Die Mysterien und Einweihungslehren Ägyptens nahmen einen immer bedeutenderen Platz in der Freimaurerei ein, vor allem bei den »Africanischen Bauherren«. 1770 erschien hier ein unscheinbares Bändchen, das allerdings immensen Einfluß auf die Freimaurerei ausüben sollte: die *Crata Repoa*. Sie bezeichnete die uralte geheime Priesterschaft des Menes und beschrieb eine altägyptische Einweihung.

Magische Künste

Menes lebte an der Grenze zu einer nebelhaften Epoche, in der sich die ägyptische Geschichte aus heutiger Schau zu verlieren beginnt. Nach der ägyptologischen Skala erscheint möglicherweise hundert Jahre früher, gegen 3150 vor Christus, der mysteriöse König »Skorpion«, den wir heute sehr plastisch im zweiten Teil des Kinoerfolgs *Die Mumie* als dämonenhaftes Krabbelmonster bewundern können.

Der Skorpionkönig hat wirklich gelebt. Ein unschätzbar wertvolles Steinfragment – der »Skorpion-Keulenkopf« – zeigt ihn in ritueller Kluft und mit der weißen hedjet-Krone Oberägyptens. Direkt vor seinem Haupt schwebt ein riesiger Skorpion, das Symbol seines Namens, und über diesem bedrohlichen Tier eine siebenblättrige Blüte. Vor dem mächtigen Herrscher buckelt ein ohnehin schon zwergenhafter Diener. Er sammelt anscheinend das Material, das der König mit einem pflugartigen Gegenstand aus dem Boden reißt.

Niemand weiß sie wirklich zu deuten, diese kultische Handlung, die auf dem zerbrochenen Stein wiedergegeben wird. Einige Fachleute nehmen an, der Skorpionkönig legte möglicherweise den Grundriß für einen Tempel an. Wer weiß?

Daß sich dieses einzigartige Artefakt heute im *Ashmolean Mu-*

Ein uraltes Fragment zeigt den altägyptischen »König Skorpion« bei einer geheimnisvollen Ritualhandlung.

seum zu Oxford befindet, ist vielleicht kein Zufall. Elias Ashmole, der im 17. Jahrhundert lebte, rechnete zu den Vorläufern der Freimaurerei ...

Immer noch in der sogenannten »nullten Dynastie« und nicht allzulange nach »Skorpion« regierte Narmer, dessen Nachfolger oder Sohn Hor-Aha war, was »Zupackender Horusfalke« bedeutet. Er war niemand anders als der Menes jener geheimnisvollen *Crata Repoa* mit ihren sieben Einweihungsgraden. Symbolisierte möglicherweise die siebenblättrige Blüte auf dem Relief des Skorpionkönigs genau jene sieben Grade der Einweihung? Ja, vielleicht – wer weiß es?

Auch wenn die magische Schrift der ägyptischen Einweihung anonym erschien, ließen sich die Autoren identifizieren. Es waren Carl Friedrich Köppen und Johann Wilhelm Bernhard von Hymmen. Nur, was jener kryptische Titel bedeutete, ließ sich nicht klären. Was steckte hinter dem Namen »Crata Repoa«? War das eine Art Anagramm, bei dem die Buchstaben eines Textes zu neuen Wörtern umgestellt wurden? Bis heute ist allerdings nicht klar geworden, welche Wörter es ursprünglich hätten sein können.

Im *Parzival-Epos* des Wolfram von Eschenbach könnte sich ein Hinweis darauf finden. Nach Ansicht des umstrittenen Autors Trevor Ravenscroft handelt es sich bei den Hauptfiguren des Gralsepos um historische Personen. »Klingsor« soll demnach Landulf II. von Capua gewesen sein, der bösartigste Mensch des neunten Jahrhunderts. Jahrelang hatte er in Ägypten gelebt und dort die Lehren der alten Magier studiert. Auf einem Berg in Italien errichtete er sein Schloß unter dem Schutz der Araber, die damals das Land besetzt hielten.

Landulf redete mit doppelter Zunge, denn obwohl er dem Kaiser riet, gegen die Araber zu kämpfen, stand er doch nach wie vor auf deren Seite und lieferte ihnen Informationen. Den Standort für sein Schloß hatte er mit Bedacht ausgewählt, er hatte es auf den Grund-

mauern eines alten Mysterientempels errichten lassen. Hier prakti-
zierte Landulf, der als mächtigster Schwarzkünstler galt, geheime
sexualmagische Riten und Menschenopfer, so wird überliefert.
Der Berg, über dessen Felsen sich die Burg des Magiers erhob, trägt den
Namen Kalot Enbolot oder auch Carta Belota. Ob die Ähnlichkeit zu
Crata repoa und die ägyptischen Hintergründe Landulfs nur eine
zufällige Übereinstimmung sind – wer weiß es?

Umformung der Gesellschaft

Die überlieferten oder vermuteten Wurzeln all jener Bruderschaften
wie der Rosenkreuzer, der Templer und der Freimaurer, die so eng an
die altägyptischen Weisheits- und Geheimlehren anknüpften, waren
für Weishaupt wichtige Fundamente seines Pseudo-Ordens, der ihm
dazu diente, die Gesellschaft zu unterwandern. Von München aus
betrieb er die Infiltration der Freimaurer konsequent weiter.

Seit 1779 wurde die Loge »Theodor zum guten Rat« beharrlich
unterwandert und »nach unserem System« umgeformt, so schrieb
Weishaupt einmal. Drei Jahre später wurde dann die Allianz zwischen den Illuminaten und den Freimaurern besiegelt: auf dem
Kongreß von Wilhelmsbad, der am 16. Juli 1782 stattfand. Auch um
die Besetzung von Regierungsstellen und hohen Ämtern, von Schulen und Universitäten bemühten sich die Illuminaten, wobei Weishaupt selbst sich in Ingolstadt sicherheitshalber eher zurückhielt und
andere operieren ließ. Die Kooperation mit den Freimaurern funk-
tionierte zudem nicht immer so, wie Weishaupt es gerne gesehen
hätte.

Die Illuminaten und Freimaurer Münchens kauften noch im
Jahr des Kongresses ein Haus, in dem sie eine naturkundliche Sammlung mit Bibliothek unterbrachten. Aus ihr war auch ersichtlich,
welche Literatur der Orden für relevant hielt. Doch Weishaupt fürchtete, diese Institution könnte bereits den geheimen Charakter seiner
Gesellschaft gefährden.

Die Infiltration der Freimaurer setzte sich jedenfalls weiterhin
fort, wobei einige Freimaurer die Gefahr durchaus erkannten, so
auch der Comte de Virieu. Der Graf, Angehöriger der freimaureri-

schen Martinistenloge von Lyons, hatte an dem Kongreß teilgenommen. Als man ihm mit Blick darauf die eigentlich etwas naive Frage stellte, welche Geheimnisse er dort erfahren habe, entgegnete er: »Darüber werde ich Ihnen nichts anvertrauen. Nur soviel kann ich Ihnen mitteilen: Dies alles ist wesentlich ernster als Sie glauben mögen. Die geplante Verschwörung ist dergleichen geschickt geplant, daß Monarchie und Kirche nicht in der Lage sein werden, ihr zu entkommen.« Damit hatte der Comte eigentlich bereits sehr viel verraten. Leider gibt es keine weiteren Zeugen für seine Aussage, doch bestätigt sie das Gesamtbild sehr deutlich. Hätte Virieu nie etwas verlauten lassen, würde das an der »Indizienlage« kaum etwas ändern. Und immer weiter erhärteten sich die Verdachtsmomente gegen die Illuminaten.

Unablässig arbeitet im Hinterkopf die bohrende Frage: Wenn die Illuminaten angeblich doch ganz harmlos waren und es keinen großen, weltverschwörerischen Plan gab, warum wurden dann viele Unterlagen vernichtet? Warum verschwanden dann selbst noch im Jahr 1945 soviele wichtige historische Dokumente aus den Münchner Archiven? Ausgerechnet im letzten Kriegsjahr, im von amerikanischen Truppen besetzten Deutschland, lösen sich Illuminaten-Akten vermeintlich in Luft auf – Material, das möglicherweise nicht nur die globale Verschwörung beweist, sondern auch Schatten aus Weishaupts Zeiten in eine Zukunft vorauswirft, die mittlerweile sehr direkt UNS ALLE betrifft. Die Schriften könnten auch deshalb von besonderer Gefährlichkeit gewesen sein, weil sie Pläne und Entwicklungen aufzeigen, die in der jüngeren Geschichte identifizierbar gewesen wären, ebenso wie einige vor allem US-amerikanische Geheimorganisationen, die nachweislich im deutschen Illuminatismus wurzeln. Auch wenn das niemand wahrhaben will, an der Wahrheit ändert das noch lange nichts. Und selbst wenn so manche Überlegungen zum komplexen Thema Illuminatismus tatsächlich rein spekulativ sind, die historischen Verbindungen in die USA lassen sich klar nachzeichnen. Auch wir werden diesem Thema bald noch direkter begegnen.

6. Gefährliche Pläne

Illuminatengift für Mozart

Viele der offenbar brisantesten und verräterischsten Illuminaten-Dokumente müssen bereits zu Weishaupts Zeiten den Weg des Vergänglichen gegangen sein, als die Verfolgungen der »Ordensleute« mehr und mehr zunahmen. Der schon genannte, später aus dem Geheimbund ausgeschiedene Illuminat Anton von Massenhausen (*Ajax*) beschrieb eine sogenannte »Brennkiste« zur Aufbewahrung von Geheimunterlagen. Man hatte sie in der Absicht entworfen, »damit, wenn jemand, dem diese Papiere nicht zu Gesichte kommen dürfen, den Kasten eröffnen sollte, selbe sogleich in Flammen geraten müssen« – von Massenhausen hatte noch weitere interessante Aufzeichnungen geführt. So notierte er mehrere »Rezepte«, von denen manche eher banal, andere aber auch recht ungewöhnlich erschienen. Über sie und ihre vermutliche Anwendung wundert sich auch der anonyme Verfasser eines Briefes in der Sammlung *System und Folgen des Illuminatenordens aus den gedruckten Originalschriften desselben gezogen*: »Der Inhalt der Seite 107. 108. 109. Und 110. Beschriebnen *Cabala Major* welche enthält die Beschreibung einer Brennküste zu Verwahrung geheimer Papiere, – Entwurf eines geheimen Schlosses, – Mittel ad excitandum furorem uterinum – Mittel zur Abortirung – wider das Zahnweh – Recepte von aqua doffana – von vergifteten Pflanzen – einen giftigen Geruch in ein Zimmer zu bringen – von sympatetischer Dinte, und Pettschaften abzudrücken. –« Der Briefschreiber kommentiert: »Wenn diese Kenntnisse zum ganzen Orden gehörten, standen sie mit dem vermeyntlichen Rechte über Leben und Tod in Verbindung?« In den Initiandenfragen taucht dieses erschreckend weit reichende Ordensrecht bekanntlich auf, als »ius vitae et necis«.

Ganz harmlos schienen die Absichten der Illuminaten nicht zu sein. In jener obskuren Schrift fand sich auch der Hinweis: »—— in eine Spritze getan, und einem mit ins Gesicht, verzehrt alles.« Zum Einsatz sollte also offensichtlich eine starke Säure kommen. Mit dem »aqua doffana« wiederum war ein lebensgefährlicher Trank aus

Titelblatt einer berühmten antiilluminatischen Schrift über »System und Folgen des Illuminaten-Ordens«

dem 17. Jahrhundert gemeint, die »aqua Tofana« oder »Acquetta di Napoli«.

Die angeblich klare, farblose, geruchs- und geschmacksfreie Flüssigkeit soll von der Giftmischerin Teofania di Adamo erfunden worden sein. Das aus Käfern gewonnene Gift Kathandrin fand sich sowohl im fragwürdigen und nicht gerade ungefährlichen Aphrodisiakum der »Spanischen Fliege« als auch konzentriert im »aqua Tofana«, das die Medici gerne einsetzten, um die einen oder anderen Widersacher unschädlich zu machen. Kurz vor seinem Tod im Jahr 1791 mutmaßte auch das Musikgenie Wolfgang Amadeus Mozart, von seinen Gegnern mit dem diabolischen »Wasser« der Teofania vergiftet worden zu sein, und offenbarte seiner Frau Constanze: »Mit mir dauert es wohl nicht mehr lange, gewiss hat man mir Gift gegeben – ich kann mich von diesem Gedanken nicht mehr losmachen.«

Man sprach von wahnhaften Gedanken, die er schon rund ein halbes Jahr lang geäußert hatte. Davon wußten einige seiner Bekannten und Freunde, so das englische Verlegerpaar Vincent und Mary Novello. Sie äußerten sich einmal gegenüber seiner als Constanze von Nissen wiedervermählten Frau, seine Feinde hätten ihm eine »verderbliche Mixtur« beigebracht und könnten sogar den Zeitpunkt seines unweigerlichen Todes genau berechnen.

Mozart konnte das Gift in seinem Körper spüren, doch niemand weiß, ob es wirklich das von ihm selbst vermutete »aqua Tofana« war. Andere hielten für plausibler, daß es sich um körpereigenes Gift handelte: 1905 versuchte der französische Arzt J. Barraud zu klären, woran Mozart wirklich starb. Das Genie hatte als Kind Scharlach gehabt und eine dadurch ausgelöste, nie richtig verheilte Nierenentzündung. Eine Harnsäurevergiftung als Spätfolge soll letztlich das Leben des nur 36 Jahre alten Komponisten beendet haben. Daß seine Gesundheit schon lange sogar in mehrfacher Hinsicht angeschlagen war, steht fest.

1961 lieferte der deutsche Mediziner Dr. Dieter Kerner jedoch eine ganze andere Erklärung:»Nach dem Stand der Dinge kann nicht daran gezweifelt werden, daß Mozart einer Hg-(Quecksilber)-Intoxikation zum Opfer fiel, welche im Sommer 1791 zunächst mit unterschwelligen Dosen systematisch eingeleitet wurde, bevor er schließlich in der zweiten Novemberhälfte die tödliche Restdosis erhielt, so daß Arme wie Beine anzuschwellen begannen.« Demnach wäre das Genie also tatsächlich vergiftet worden.

Mozart war Freimaurer, wie schon sein Vater Leopold. Viele Werke des Komponistengenies müssen vor diesem Hintergrund betrachtet werden. In der Kantate *Maurerfreude* beispielsweise verewigte er den Bergbau-Fachmann und Wiener Großmeister Ignaz von Born:

»Sehen, wie dem starren Forscherauge
die Natur ihr Antlitz nach und nach enthüllet,
wie sie ihm mit hoher Weisheit
voll den Sinn und voll das Herz
mit Tugend füllet,
das ist Maureraugenweide,
wahre, heiße Maurerfreude.«

Als Mozart starb, machten bald merkwürdige Gerüchte die Runde. Der große Komponist sei bestimmt keines natürlichen Todes gestorben. Gründe für Argwohn gab es so manche. Nur 36 Jahre alt war er geworden! Und hatte er nicht selbst den Verdacht geäußert, man habe ihn vergiftet? Doch wer soll »man« gewesen sein? Die Rede kam bald auf die Freimaurer selbst. Mozarts Biograph, der Schriftsteller und Freimaurer Heinrich Eduard Jacob, meinte im Jahr 1956 zu dieser Mutmaßung:»Welchen Grund aber hätte die Loge gehabt, Mozart aus dem Weg zu räumen? Man faßt es nicht: – doch die Leute raunten, er hätte es nicht wagen dürfen, die Geheimbräuche der Freimaurerei in der *Zauberflöte* zu enthüllen! Und wer sollte von der Loge mit dem Mordauftrag betraut worden sein? Natürlich der Baron van Swieten, der Mozart, als er bei ihm speiste, Arsen ins Essen gemischt habe! Dieses Muster eines ›Gruppenverdachts‹ hat tatsächlich noch vor zwanzig Jahren in einem deutschen Buch gestanden ...«

Völlig ungeachtet der Frage, ob die Spekulationen über ein freimaurerisches Mordkomplott gegen Mozart wirklich stimmen, ist die Möglichkeit, einer bestimmten Personengruppe zum Opfer zu fallen, an sich ganz bestimmt nichts Abstruses. Ebensowenig die Folgerung, eine Personengruppe zu verdächtigen. Warum H. E. Jacob sich darüber so entrüstet, erhellt sich kaum. Für uns bleibt das Rätsel um Mozarts frühen Tod weiter bestehen, genauso wie die Frage, warum das Genie zwar feierlich im Stephansdom zu Wien eingesegnet, dann aber in einem Massengrab auf dem St. Marxerfriedhof verscharrt wurde.

In der Trauerrede seiner Freimaurer-Brüder heißt es: »Dem ewigen Baumeister der Welt gefiel es eines unserer geliebtesten, unserer verdienstvollsten Glieder aus unserer Bruderkette zu reißen. Wer kannte ihn nicht? wer schätzte ihn nicht? wer liebte ihn nicht, unsern würdigen Bruder Mozart? Kaum sind einige Wochen vorüber und er stand noch hier in unserer Mitte, verherrlichte noch durch seine zauberischen Töne die Einweihung unseres Maurertempels. – Wer von uns, meine Brüder, hätte ihm damals den Faden seines Lebens so kurz zugemessen? ... halb Europa schätzte ihn – die Großen nannten ihn ihren Liebling und wir nannten ihn – Bruder. So sehr es aber die Billigkeit erfordert seine Fähigkeiten für die Kunst in unser Gedächtnis zurückzurufen, ebensowenig müssen wir vergessen ein gerechtes Opfer seinem vortrefflichen Herzen zu bringen. Er war ein eifriger Anhänger unseres Ordens ... er war Gatte, Vater, Freund seiner Freunde, Bruder seiner Brüder – nur Schätze fehlten ihm, um nach seinem Herzen hunderte glücklich zu machen.«

Außer Kontrolle

Im Jahr 1791, dem Todesjahr Mozarts, war der Orden der Weishauptschen Illuminaten schon seit einigen Jahre »tot«. Zumindest, wenn es nach offiziellen Dekreten geht, die gegen sie erlassen worden waren. Beschleunigt wurden die Aktionen gegen den Orden nach dem verhängnisvollen Blitzschlag, der den Illuminaten Lanz bei Regensburg tötete und ein Bündel geheimer Protokolle in die Hände der Obrigkeit spielte. Allerdings war das bei weitem nicht der einzige Auslösefaktor. Die Illuminaten hatten zahlreiche Gegner – in den eigenen Reihen ebenso wie bei anderen Bünden, vor allem den Rosenkreuzern, bei Geistlichen wie bei Fürsten und sogar bei Vertretern aufklärerischer Gedanken. Durch seine Verbreitung begann der Orden auch immer unübersichtlicher zu werden.

Das System geriet für Weishaupt zunehmend außer Kontrolle. Entsprechend ging auch der elitäre Charakter verloren, sogar die so gehüteten Geheimziele wurden bekannter. Vor allem das nun immer klarer erkennbare Streben der Illuminaten, eine vermeintlich gerechtere Welt durch Abschaffung von Regenten zu realisieren, sollte dem Orden zum Verhängnis werden. Allgemein machte sich eine anti-aufklärerische Stimmung breit, die alten Kräfte gewannen wieder an Einfluß, und oft auch unabhängig von einer Zugehörigkeit zum Illuminatenorden wurden Aufklärer verfolgt.

Im Januar 1784 war der spätere Münchner Unternehmer Joseph von Utzschneider aus dem Orden ausgetreten. Er soll es gewesen sein, der die Illuminaten sofort nach seinem persönlichen Bruch bei Herzogin Anna Maria anzeigte, wegen landesverräterischer Aktivitäten zugunsten Österreichs. Die Herzogin alarmierte den Kurfürsten, doch zeigte sich der eher gelassen und reagierte nicht. Noch nicht. Als sich die Schlinge um sie enger zusammenzog, versuchten die *Bayerischen Illuminaten* belastende Dokumente an sichere Orte zu bringen sowie schadensbegrenzende Maßnahmen zu ergreifen. Bisher hatten sie nach außen immer vorgegeben, politisch nicht engagiert zu sein. Durch einen ungeschickten »Schachzug«, der eigentlich nur die Loyalität mit der Obrigkeit unterstreichen sollte, gab der Münchner Professor und Illuminat Ferdinand M. Baader allerdings zu, daß der Bund durchaus politische Ambitionen besaß.

Am 22. Juni 1784 sprach dann Kurfürst Karl-Theodor von Bayern ein generelles Verbot aus, das jedoch die Illuminaten als Geheimbund noch nicht beim Namen nannte: »Gleichwie alle ohne offentliche Authorität und landesherrlicher Bestättigung errichtete Communitäten, Gesellschaften und Verbrüderungen, als eine an sich schon verdächtige, und gefährliche Sache, ganz unzulässig, und in allen Rechten verbothen sind, so wollen auch Se. kurfürstliche Durchl. solche überhaupt, wie sie immer Namen haben, und in ihrer innerlichen Verfassung bestellt seyn mögen, in dero Landen nirgend gedulden, und befehlen hiermit ernstlich, daß man sich all dergleichen heimlichen Verbind- und Versammlungen umso gewisser entäußere, als nicht nur das Publikum darüber schüchtern und aufmerksam wird, sondern auch Höchstdieselbe sowohl in Gnaden als anderen Sachen sorgfältigen Bedacht darauf nehmen werden, welches zu jedermanns Abmahn- und Warnung hiemit offentlich kunt-gemacht wird.«

Kurfürst Karl-Theodor von Bayern erließ mehrere Dekrete gegen geheime Verbindungen und – nach anfänglichem Zögern – auch ausdrücklich gegen den Illuminatenorden.

Damit wurde es auch für die Freimaurer ungemütlich. Wer einer Organisation, einer Gruppe gleich welcher Art angehört, wird mit ihr identifiziert. So ist das eben. Nur wenige erkannten, daß es sowohl zwischen Illuminaten als auch in den Reihen der Freimaurer gewaltige Unterschiede gab, wobei natürlich Geheimbund oder Bruderschaft als solche jeweils stellvertretend für die Absichten ihrer federführenden Kräfte stehen.

Das Gros der »Eingeweihten« bildete willfähriges Fußvolk, dessen Hoffnung auf tiefere Einblicke zum Hebel für leichte Manipulierbarkeit wurde. Die berühmten kleinen Rädchen in der Maschinerie liefen wie geölt – zunächst.

»Eine Kugel für den Kopf ...«

Der Illuminaten-Aussteiger Vitus Renner sandte einen auf den 9. April 1785 datierten Brief an den Bischof von Freising und erläuterte ihm, was er persönlich »im Orden der Illuminaten wider Religion und gute Sitten angetrofen habe ... Es ist der Orden der Illuminaten wohl von der Freymaurerey zu unterscheiden. Ein Unterschied welcher nicht einmal von Minervalen ... am allerwenigsten aber, von blossen Freymaurern bemerkt werden dürfte. Mir selbst blieb er immer eine versteckte Speise, bis man endlich nach einer langen Prüfung, für gut befunden hat, mich zu einen höheren Grad zu erheben ... und endlich sogar zu einer kleinen Obrigkeit zu machen.« Er erklärt dann in der etwas umständlichen Sprache jener Zeit, vom Orden gezwungen worden zu sein, einer Freimaurerloge beizutreten. »Ich fand dabei freilich wenig Vergnügen, doch erhielt ich dadurch den Vortheil einzusehen, zu welcher Absicht die Freymaurer dem Orden dienen müssten. Die Illuminaten scheuten nichts mehr, als unter diesem Namen bekannt zu werden. Sie suchten deshalb, nur für Freymaurer angesehen zu werden, wohl überzeugt, daß sie unter dem Schilde dieser anscheinenden Unrichtigkeit sicher genug wären. Die Freymaurerei ist also der Deckmantel des feinen Systems, nämlich des erlauchten Ordens.«

Anschließend beschreibt er dieses System, die intrigante Methodik, Spionage in den eigenen Reihen und einige Leitsätze der Illuminaten, so auch die handfeste Drohung an Abtrünnige: »Kein Fürst kann den schützen, der uns verräth!«

Renner geht auch auf die Verharmlosung des Selbstmordes ein, der sofort legitim sei, wenn er dem Orden diene. Das war keineswegs die Fiktion eines Abtrünnigen, sondern entsprang realen Ideen der Illuminaten. Franz X. von Zwack (»Cato«) hatte darüber aufschlußreiche handschriftliche Notizen hinterlassen.

Gegner des »Verschwörungslagers« triumphierten später und erklärten diese Behauptung als blanken Unsinn. Denn die kontroversen Zeilen stammten in Wirklichkeit von keinem Geringeren als Johann Wolfgang von Goethe. Was aber änderte das? Goethe war Angehöriger des Ordens sowie Freimaurer und wurde schon treffend als »Teilzeit-Illuminat« bezeichnet, weil er es mit deren Sache wohl nicht so genau nahm. Doch was die etwas »verzwackten« Gedanken über den Selbstmord betraf, spielte ihre Urheberschaft überhaupt keine Rolle, wesentlich war ihr Inhalt. Und der faszinierte die Illuminaten durchaus. Sonst hätte ihn von Zwack nicht mühsam abgeschrieben.

Zu den rücksichtsloseren Methoden der Illuminaten erklärt Renner: »Zweck heiligt die Mittel! Wollte einer diesem Grundsatze zu Folge handeln, so dürfte er, welches sonst gerne und getreulich geschieht, jeden ehrlichen Mann verläumden, sogar auch jenen, von dem man nur zu vermuthen hätte, daß er einst den Absichten des Ordens im Wege seyn könne, er dürfte den andern aus seiner Stelle drängen und vergiften, morden pp. Kurz! Thun, was er wollte, wenn es nur zum grossen Zwecke führte. Und gesetzt auch, es ereignete sich der Fall entdeckt zu werden: *Patet exitus: eine Kugel für den Kopf* und man ist der Gerechtigkeit entrissen.« – Wenn diese Behauptungen wirklich stimmten, dann wäre es tatsächlich nicht weit her gewesen mit den moralischen Grundsätzen und so hohen ethischen Zielen des Ordens.

Hatte Weishaupt nicht vor, sich für ein besseres Menschsein einzusetzen? Noch aus der jesuitischen Terminologie heraus bezeichnete er sich als »Illuminaten-General«. Recht militärisch also. Nicht anders wohl sein Sittenregiment. Vitus Renner schien sich ganz sicher zu sein:»Das Sittenregiment, Sittencomission oder auch Tyscalat, wie sie er nennen pflegen, wäre ein Collegium aus den geschicktest, fahigt und rechtschaffendsten Männern, das ist nach ihrer Sprache meist aus verschwundenen Illuminaten, welche das vollkommenste Vertrauen des Fürsten besitzen und ihres Auftrags gemäß von Sitten, und Ehrlichkeit eines jeden einen souverainen Ausspruch machen, und, weil ohne Ehrlichkeit niemand Ämter und Stellen besitzen sollte, dadurch erst jeden, zur jeden Bedienung fähig machen würde.« Gegen Ende seines Briefes beschreibt Renner, wie einer der Oberen geradezu glühend vor Begeisterung aus einem Gespräch mit einem noch über ihm stehenden Illuminaten zurückkehrte und ausrief:»Wenn noch ein und andere Posten besetzt, und die Anzahl der Brüder 600 Köpfe stark seyn wird, so ist nichts mehr im Stande, uns zu widerstehen!«

Wie sah es mit den tatsächlichen Zahlen aus? Weishaupts Sohn sprach von rund 2000 wirklichen Mitgliedern. Der Historiker Richard van Dülmen kommentiert diese Angabe in seinem 1975 erschienen Buch über die Illuminaten kurz und bündig:»Dies ist auf jeden Fall zu hoch gerechnet. Unabhängig vom Grad ihrer Mitgliedschaft dürfte die Zahl nicht über 600/700 anzusetzen sein, wobei der größte Teil auf Bayern fällt. Für den elitären Anspruch des Ordens war dies sicherlich eine beträchtliche Zahl, doch die meisten Mitglieder dürften über die ersten Grade nicht hinausgekommen sein. Als ›Eingeweihte‹ können letztlich nur wenige in Betracht kommen.«

Auch Renner hatte den eigentlichen und letzten Zweck des Ordens nie in Erfahrung gebracht. Wieweit entspricht sein Schreiben an den Freisinger Bischof überhaupt der Wahrheit? Die Frage ist berechtigt, denn als die Illuminaten immer deutlicher exponiert und angegriffen wurden, fürchteten sicherlich einige der ehemaligen Angehörigen um ihre Existenz. Kein Wunder also, wenn sie sich sehr deutlich distanzierten und von Anschuldigungen reinwaschen wollten. Indem sie stark überzogen von der Verschwörung berichteten, hofften sie, glaubwürdiger und vielleicht auch reuiger zu erscheinen. Wäre das wirklich eine Erklärung?

Der Denunziant

Auch heute noch, weit über 200 Jahre nach dem Verbot des Ordens durch den Kurfürsten, erregen sich manche Gemüter überraschend heftig, wenn den Illuminaten eine echte Verschwörung zum Vorwurf gemacht wird. Personen wie Renner werden gerne als»Denunzianten« bezeichnet. Ob sie das wirklich waren?

Hundertprozentig belegen läßt sich weder die eine noch die andere Position. Doch, wäre nicht vielmehr zu erwarten, daß die Ex-Illuminaten eher abwiegelten, um nicht als ehemalige Teilhaber einer realen Verschwörung noch weit größere Schwierigkeiten zu bekommen? Auch das Schreiben von Vitus Renner klingt nicht nach Übertreibung, vor allem, wenn man einmal die letzten Sätze liest:»Dieses ist nun die Einrichtung: dieses sind die Grundsätze des Ordens. Den letzten Zweck, welcher von den höchsten Obern des

Ordens, als ein Geheimniss aufbewahrt wird, weiss ich zwar nicht, weil sie nur immer vom Zweck reden, ohne zu sagen, worin er eigentlich besteht. Aus der Einrichtung aber und den Grundsätzen, kann er nicht anders als groß seyn, ob er sich aber nach dem bisher Gesagten mit der Religion und dem Staat vertrage, überlasse ich jedem zu beurtheilen. Ich kann und will daher mit meinem Gewissen nicht mehr betheuren, als daß ich alles, was mein christlicher Aufsatz enthält, so gesehen, so gehöret und angetrofen habe.«

Renner gibt nicht vor, die wahren Geheimnisse des Ordens zu kennen. Den Tatsachen entsprechend erklärt er, nichts über die wahren Ziele der Illuminaten zu wissen. Er scheint sich in seinem Bericht wirklich nur an das zu halten, was er selbst erfahren hat.

Vier Monate nachdem jene Zeilen geschrieben wurden, sprach Kurfürst Karl-Theodor von Bayern noch ein zweites »Mandat« aus. Nun nannte er das Kind beim Namen. Während er in der ersten Verordnung noch vermieden hatte, sich direkt gegen die Illuminaten zu wenden, nahm er jetzt direkt Bezug auf den Orden, wiederholte sein »landesherrliches Verbott« und untersagte »den noch existierenden Freymaurern und Illuminaten« unter Androhung »empfindlicher Strafe« weitere Aktivitäten. Drei Wochen später bestätigte Joseph von Utzschneider, was schon Renner berichtet hatte. Von einer gegenseitigen Absprache ist nichts bekannt.

Der Freimaurer Eugen Lennhoff veröffentlichte 1930 ein umfangreiches und interessantes Werk über »Politische Geheimbünde«. Er sieht auch in von Utzschneider einen Denunzianten. Sein Grund für die Attacken gegen den Orden: Er sei über den Minervalgrad nie hinausgekommen und habe dies als schwere Kränkung empfunden. Eine denkbare Erklärung. Doch jenes »nie« paßt ganz und gar nicht zur Situation – denn Utzschneider befand sich nur kurze Zeit im Orden. Und vom Zeitpunkt seines Ausscheidens im Januar 1784 bis zu seinen Aussagen im September 1785 verstrich wohl genügend Zeit, um sich wieder abzukühlen. Das dürfte noch mehr für jüngere Menschen zutreffen.

Joseph von Utzschneider war gerade 20 Jahre alt, als er den Orden wieder verließ. Er zählte zu jenen jungen, fähigen und noch »formbaren« Männern, die Weishaupt für seine Zwecke ausgewählt hatte. Mit Joseph von Utzschneider verbindet sich noch eine interes-

Wir Carl Theodor,

von Gottes Gnaden

Pfalzgraf bey Rhein, Herzog in Ober = und Niederbaiern, des heil. Röm. Reichs Erztruchseß, und Churfürst, zu Gülich, Cleve, und Berg Herzog, Landgraf zu Leuchtenberg, Fürst zu Mörs, Marquis zu Bergenopzoom, Graf zu Veldenz, Sponheim, der Mark, und Ravensberg, Herr zu Ravenstein rc. rc.

Entbieten Jedermann unsern Gruß und Gnade zuvor!

Wiewohl Wir nicht ohne Grund hoffen konnten, daß Unsere gegen die Jlluminaten = und andere dergleichen Sekten und ihre Anhänger am 14. Heumonaths 1784: am 16. Augustmonaths 1785: und an eben diesem Monathstage 1787 im öffentlichen Drucke erschienenen, und zu jedermanns Wissenschaft publicirten Verordnungen den vorausgesetzten Endzweck erreichen würden; so haben Wir jeden noch zu Unserm nicht geringen Leidwesen und Bedauerung erfahren müssen, daß bisher noch immer das Gegentheil eingetroffen habe; indem Uns theils aus eigenem und freywilligen Geständnisse einiger ihrer Mitglieder, theils hingegen aus den eingeholten verläßigsten Nachrichten bekannt ist, daß sie in Unseren Erbstaaten, sonderheitlich aber in Unserer hiesigen Residenz = Stadt, und der umliegenden Gegend, jener scharfen Verbothe ungeachtet, noch, wie vormals, jedoch nicht mehr in so grosser, sondern vertheilter und verminderter

*

An-

Explizites Verbot des Illuminatismus

sante Geschichte, die wohl auch einiges über seinen Charakter aussagt. Im Jahr 1801 wird ein 14-jähriger Junge lebend aus den Trümmern eines eingestürzten Hauses geborgen. Wie durch ein Wunder hatte er durchgehalten und vier Stunden im Schutt auf seine Rettung gewartet. Am Unglücksort erscheint neben Kurfürst Maximilian auch Joseph von Utzschneider. Der Junge erzählt, daß er als Vollwaise sein Leben bei einem Spiegelmacher friste. Sein Bericht rührt den Kurfürsten, und er drückt dem Kind 18 Dukaten in die Hand. Von Utzschneider will mehr tun und kümmert sich fortan um den Waisen. Andere hätten die traurige Geschichte vielleicht nicht geglaubt und das Kind einfach seinem weiteren Schicksal überlassen. Geheimrat Utzschneider aber verschaffte ihm bald eine gute Ausbildung in seiner optischen Werkstatt. Später kaufte er das aufgelassene Kloster Benediktbeuren, um dort eine Glashütte einzurichten. Hier beginnt sein Zögling fieberhaft zu arbeiten. Er entwickelt sich zu einem der berühmtesten Optiker der Welt. Der arme gerettete Junge war Joseph Fraunhofer, der 1824 für die Entwicklung des »Dorpater Refraktors« in den Adelsstand erhoben wurde. Mit jenem Instrument gelang 1846 die Entdeckung des achten Planeten unseres Sonnensystems: Neptun.

Joseph von Utzschneider selbst ist heute relativ unbekannt, doch auch er zählt zu den wirklich interessanten Persönlichkeiten des Illuminatenordens. Ein leichtes Leben hatte er nicht gehabt. Durch einen Unfall hatte er ein Auge verloren, war durch einige existentielle Engpässe gegangen und hätte wohl ursprünglich den väterlichen Bauernhof übernommen, wäre da nicht sein Onkel gewesen, der ihn nach München in den Staatsdienst holte. Dort zeigte sich Utzschneider sehr erfolgreich. Zu erfolgreich sogar. Finanzminister Montgelas fürchtete daher um seinen eigenen Posten und sorgte für die Entlassung des intelligenten Organisators. So ist es schon manchen wirklich fähigen Menschen ergangen, die abgesehen von ihrem Talent auch noch die wohl unverzeihliche Charaktereigenschaft besaßen, anständig durchs Leben zu gehen.

Um eine Person jedenfalls als »Denunziant« zu bezeichnen, muß man schon sehr weitreichende Beweise vorlegen können. Der »Denunziant« von Utzschneider seinerseits war ein durchaus risikofreudiger und vor Ideen sprühender Mann, der es wohl nicht unbedingt nötig hatte, eingeschnappt zu reagieren und Haßtiraden über die Illuminaten zu ergießen, nur weil er nicht bereits nach kurzer Zeitspanne über den Minervalgrad hinausgekommen war. Eher schon mochte seine patriotische und religiöse Haltung ihn daran gehindert haben, weiter für den Orden einzustehen. Was Utzschneider am 9. September 1785 zu Papier brachte, dürfte jedenfalls kein haßerfülltes Hirngespinst sein:»Seit einigen Jahren herrscht in Baiern eine geheime Gesellschaft, die unter dem Namen der Baaderischen Freymaurerloge hier bekannt ist. Diese Freymaurerloge theilt sich in zwo Klassen; in die Klasse der eigentlichen Mäurer, die nur die drey gewöhnlichen Grade *Jung, Gesell und Meister* hat, und in die Klasse des Illuminatenordens von weit mehrern Graden.

In der Klasse der *Mäurer* geschieht nichts anderes, als was auch in andern Freymäurerlogen geschieht, man macht Ceremonien, thut geheimnißvoll, schrekt, lacht, ißt, und trinkt, und bezahlt am Ende den Spaß mit schwerem Gelde den Obern ... diese Loge ist also von anderen Logen nur darinn unterschieden, daß die Einnahmen nicht der Mäurerklasse, sondern dem Illuminaten-Orden zum Besten kommen ... Es sind viele Mäurer bey dieser Loge, die nicht einmal wissen, daß der Illuminaten-Orden existiere ... Der wesentliche Theil dieser Baaderischen Loge ist der Illuminaten-Orden, der sich unter dem Deckmantel einer Freymäurerloge verhüllt.«

Die Baaderische Loge ist übrigens nach jenem Professor Baader benannt, der durch seine Ungeschicklichkeit verriet, daß der Orden im Gegensatz zu den bisherigen Beteurungen sehr wohl politisch aktiv ist. Von Utzschneider bestätigt auch etliche Aussagen von Vitus Renner in vielen Einzelheiten:

»Wenn die Natur uns eine allzuschwere Bürde auflegt, so muß der Selbstmord uns davon befreyen, patet exitus. Der Illuminat müsse eher den Tod sich anthun, als die Gesellschaft verrathen. Der Selbstmord sey eine himmlische Wollust; des Ordens Wachsthum sey uns Gott, Vaterland und Gewissen ... Der Zweck heiligt die Mittel. Das beste des Ordens billigt Verläumdungen, Giftmischung, Todschläge, Eidbrüche, Verräthereyen, Rebellionen, kurz alles, was die Vorurtheile der Menschen böse nennen.«

Feuer aus der Glut

Seit dem Kongreß von Wilhelmsbad waren auch etliche Freimaurer alarmiert, was deren Unterwanderung durch die Illuminaten betraf. Zu den besorgten Freimaurern zählte nicht zuletzt der Renegat Ludwig A. C. von Grolmann, der seine starken Bedenken noch Jahre nach der offiziellen Auslöschung des Ordens sehr deutlich zum Ausdruck brachte. In einer »Rede über den Illuminaten=Orden, gehalten in einer Freymaurer=Loge im Dezember 1793« stellt er gleich eingangs die Fragen: »Was war denn eigentlich der Illuminaten-Orden? Ist dieser Orden wirklich erloschen; oder bestehet er noch als Orden; oder ist ihm jetzt ein anderes Kleid umgehängt, und operiert er nur unter andern Namen zur allgemeinen Weltillumination und Weltverbesserung?«

Im späteren Verlauf seiner Rede erklärt von Grolmann: »Gewaltsame Revolutionen wollte der Illuminaten-Orden, wenigstens ursprünglich nicht brauchen. Er hat mehrmals gegen Gewalt protestiert, und gerade da, wo er sagte, daß Pfaffen und Fürsten und die heutigen politischen Verfassungen dem Orden im Wege ständen. Man glaubte durch gelindere Wege, durch geheime Machinationen, seinen Zweck zu erreichen. Aber die hier geäußerten und als wahr empfohlenen Grundsätze konnten ... auch leicht auf gewaltsame Revolutionen führen, und mußten, wenn die Umstände günstig waren beynahe nothwendig darauf führen. Es bedurfte nur einen kleinen Windstoß um die unter der Asche glühenden Kohlen in Flammen zu setzen.« Ludwig von Grolmann war der festen Überzeugung, daß die Französische Revolution von 1789 durch die Illuminaten ausgelöst wurde.

Natürlich betrachtet die etablierte Geschichtsforschung diese

Titelblatt einer Rede des abtrünnigen Illuminaten und Freimaurers Ludwig von Grolmann

Vorwürfe als unhaltbar und sogar lächerlich, doch unverständlicherweise scheint die etablierte Geschichtsforschung das wohl historisch nicht ganz unbedeutende Illuminaten-Thema ohnehin größteils zu ignorieren oder mit der Zuckerzange anzufassen. Und das selbst heute noch, nach über 200 Jahren. Das ist schon ziemlich »komisch«. Von Grolmann bezieht sich auf einen 1793 in der *Wiener Zeitschrift* erschienenen Bericht, in dem neben dem damals bestehenden Elend des Volkes, dem Despotismus des Adels und falscher Aufklärung schließlich ein weiterer Aspekt genannt wird, eine »noch nicht bekannte« Ursache: die Einmischung der deutschen Illuminaten. Sie hätten den Stein erst richtig ins Rollen gebracht.

Des weiteren ist die Rede von merkwürdigen Veränderungen in der französischen Freimaurer-Loge »Des Amis réunis« (»Die wiedervereinten Freunde«), und in Paris treten im Jahr 1787 plötzlich zwei Angehörige des mittlerweile erloschenen Illuminatenordens in Erscheinung: »Zween Deutsche, die unter den Illuminaten ansehnliche Stellen bekleideten und ganz für das ungeheure Projekt ihres Ordens eingenommen waren, durch eine vorzunehmende Weltreformation der bisherigen Religions- und Staats-Verfassung eine andere Gestalt zu geben, Fürsten und Pfaffen als die eigentlichen Bösen entbehrlich zu machen und abzuschaffen, die natürliche und allgemeine Gleichheit unter den Menschen herzustellen und statt des Christentums eine philosophische Religion einzuführen, kamen ungefähr um diese Zeit nach Paris.« – mit den »zween« waren der Weimarer Hofrath Christoph Bode und sein Mitreisender Wilhelm van dem Busche gemeint.

Im Jahr 1787 war der Orden offiziell bereits zwei Jahre »tot«. Doch wer will kontrollieren, ob die Auflösung wirklich vollzogen wurde? Nicht umsonst hatte Weishaupt immer wieder gepredigt, stets unter neuen Namen tätig zu werden. Wie wollte man dann aber ausschließen, daß die Illuminaten nicht doch noch existierten? In die Köpfe der Ex-Mitglieder konnte niemand hineinsehen, um nachzuprüfen, ob das

Illuminat Bode

alte Gedankengut mittlerweile wirklich aus jeder grauen Zelle verschwunden war. Man konnte allerhöchstens versuchen, das perso-
nelle Umfeld von politischen Verschwörungen auf Illuminaten abzu-
tasten. Allerdings ein ziemlich fragwürdiges Unterfangen, das sich
kaum als Beweismittel eignet. Denn sicher hätten Kritiker sofort
murrend klargestellt, daß »Verschwörungstheoretiker« dieses Umfeld nach Belieben erweitern würden, nur um ihre Thesen zu unter-
mauern. Außerdem liegt es nun einmal in der Natur geheimdienstli-
cher wie auch geheimbündlerischer Aktivitäten, alles zu tun, um
unerkannt zu operieren. Und schon die nachfolgende Generation
erscheint in keiner Mitgliedsliste der Illuminaten.

Der Ex-Illuminat und Freimaurer Grolmann jedenfalls hielt
eine Beteiligung des angeblich erloschenen Ordens an der Großen
Revolution für durchaus möglich: »Wer den mehr als fanatischen
Proselytenmacher-Geist [Proselyt = Bekehrter, Anm. d. Verf.] des
Illuminatismus kennt, wird es nicht befremdend finden, daß diese
beiden Männer, als eifrige Illuminaten, die Gelegenheit genutzt, die
sich ihnen darbot, ihr System auch auswärtig zu verbreiten. Da die
Loge ›Des Amis réunis‹ alles sammelte, was von andern Freymaurer-
Systhemen nur in der Welt aufzutreiben war, so war schon dadurch
dem Illuminatismus der Weg in dieselbe gebahnt ... In einer jeden
dieser so umgewandelten Logen entstand nun ein Comité politique,
das ganz damit beschäftigt war, Maßregeln zu ergreifen, um den
großen Plan (le grand œvre) einer allgemeinen Religions- und Staats-
Umwälzung ausführen zu können ... Aus dem in Deutschland ent-
standenen und noch ganz und gar nicht verloschenen, sondern nur
verborgen und um desto gefährlicher sein Wesen treibenden
Illuminatismus sind die Comités politiques entstanden, die dem
Jakobiner-Club sein Dasein gegeben.

Sollten manche, die dazu ihre guten Gründe haben mögen,
dieses für unwahr erklären; so würden sie wohl thun, uns zu erklären, woher die große Übereinstimmung komme, die zwischen dem
Jacobinismus und Illuminatismus nicht nur in Grundsätzen, sondern
auch sogar in gewissen äußern Dingen angetroffen wird, als da in
ihren Clubs diejenigen, die reden wollen, nach Freymaurer-Art ums
Wort bitten, wenn zwischen dem Jacobinismus und der durch
Illuminatismus verunstalteten Maurerei gar keine Verbindung ist?

Alle anderen Revolutionen in der Welt haben nur bloß auf das Reich Bezug genommen, worin sie entstanden sind: dieses hat die Umwälzung der ganzen Welt zum Augenmerk. Ist das blos Charakter der Franzosen, uns wie vormals ihre Moden, nun auch ihre Freyheit zu schenken; oder ists nicht vielmehr Ausführung des Plans einer allgemeinen Welt-Umkehrung, den der Illuminatismus zuerst ausgeheckt? Woher kommts, daß das ewige Lied der Jacobiner von allgemeiner Freyheit und Gleichheit, von Abschaffung der Könige und Fürsten als der kleinen Tyrannen und ihre gewaltsame Unterdrückung ..., daß dieses alles mit dem, was man in den Originalschriften der Illuminaten findet, so genau übereinstimmt, wenn keine Verbindung unter beiden ist; woher hat der Jacobinismus auch in den entferntesten Gegenden so viele Anhänger; und wie ist es zu erklären, daß dieses gerade solche sind, die mit dem Illuminatismus soweit man nachspüren kann, in gewissen Verhältnissen gestanden?«

Aus dem Kreis meiner entfernteren Vorfahren wandte sich der Diplomat Stephan Graf Zichy [sprich: 'Sitschi] im Jahr 1817 auf gemäßigte Weise gegen den Geist des Jakobinismus, ohne deshalb feindselig zu werden. Natürlich wehte damals bereits ein anderer Wind, der auch nötig war, um die untragbaren monarchischen Strukturen wenigstens zu lockern. Viele historische Entwicklungen waren unabdingbar, um von diesem starren Unterdrückungs-System loszukommen. Genau mit dieser Argumentation lockten auch die Illuminaten ihre Mitglieder an. Die Verschwörung sollte angeblich einem guten Zweck dienen, den Menschen die ureigenste Freiheit und Gleichheit zurückgeben.

Alles gut und schön, wenn nicht fast alles auf einen geplanten Machtwechsel zugesteuert hätte. Sicher gab es Übertreibungen in Einzelfällen, aber die zahlreichen übereinstimmenden Aussagen über durchaus sinistre Vorhaben der Illuminaten sowie eine ganze Reihe an Schlußfolgerungen, wie sie sich aus Weishaupts eigenen Worten ergeben, lassen doch sehr tief blicken.

Im Jahr 1817 war Zichy Gesandter in Berlin. Der Biograph Constant von Wurzbach vermerkt:»Er war mit dem Minister Fürsten Hardenberg und mit Marschall Blücher sehr befreundet und erfreute sich auch der besonderen Huld des Königs Friedrich Wilhelm III., von dem er erst das Großkreuz des roten Adlerordens und bei seiner

Abberufung von Berlin den höchsten preußischen Orden, den schwarzen Adlerorden, erhielt. In die Zeit der diplomatischen Thätigkeit des Grafen in Berlin fällt das Wartburgfest, dessen Abhaltung in einer Conferenz des preußischen Staatskanzlers Fürsten Hardenberg und des Grafen Zichy als Gesandten Österreichs mit dem Großherzog von Weimar zu Weimar ernstlich gerügt wurde ... Dabei muß man dem Grafen sowohl als dem Fürsten Hardenberg die Gerechtigkeit widerfahren lassen, daß sie die ganze Sache in einem viel milderen Lichte betrachteten, als die eifernden Gegner des Festes, welche sich in Verdächtigungen und Unkenrufen über die Theilnehmer daran gar nicht genug thun konnten.«

Neuer Geist

Sicher war das Wartburgfest, auf dem euphorische Studenten in Gedenken an Reformation und Leipziger Völkerschlacht rückschrittliche Schriften verbrannten, wirklich ein harmloser Temperamentsausbruch. Die eigentliche Gefahr aber vermuteten verschiedene Autoren tief im Hintergrund. Nicht zuletzt im Ausland gab es Befürchtungen, kaum ganz zu Unrecht. Die Logik war: Wenn die Illuminaten in Deutschland verboten waren, mußten sie doch Neuland für sich erobern! Nun verbreiteten sie sich über Europa. In einigen Kreisen ging die Angst um. Schon früher waren aus dem Ausland bedenkenvolle Stimmen zur Situation zu vernehmen gewesen.

Der schottische Professor und Freimaurer John Robison sollte dereinst für den Illuminaten-Orden gewonnen werden. Bevor er sich jenem geheimen Bund anschloß, wollte Robison zunächst ein wenig mehr über dessen Aktivitäten erfahren. So gut er nur konnte, nutzte er seine Quellen und betrieb Nachforschungen, die ihm erschreckende Ergebnisse lieferten. Was er herausfand, deckt sich mit dem, was andere »Hetzkampagnen« gegen die Illuminaten schon länger behaupteten. Robisons Beschäftigung mit dem Orden gipfelte in einer Schrift, deren Titel eigentlich schon alles sagte: *Beweise für eine Verschwörung gegen alle Religionen und Regierungen Europas, ausgeführt in den geheimen Treffen der Freimaurer, Illuminaten und Lese-Gemeinschaften.*

Ähnliche Vorwürfe publizierte später auch der Abbé Barruel, dessen jesuitischer Hintergrund ihn allerdings geradezu verpflichtete, auf Angriffskurs zu gehen. Selbst in den USA – die bekanntlich im gleichen Jahr wie der Orden begründet wurden – gab es teils heftige Reaktionen auf den Illuminatismus. 1802 veröffentlichte der Reverend Seth Payson seine Schrift *Proof of the Illuminati*. Darin greift er die wichtigsten Aussagen von Robison und Barruel auf, um sie durch eigene Beobachtungen zu ergänzen. Das zwölfte Kapitel seines Buches beginnt mit den Worten:»Ich spüre, daß sowohl in Amerika als auch in Deutschland Versuche unternommen wurden, die Menschheit von der harmlosen Natur des Illuminismus zu überzeugen und daß seine Operation, welches auch immer ihre Tendenzen gewesen sein mögen, seit langem erloschen ist. Doch die wunderbare Hingabe und Bitterkeit, welche diesem Thema gegenüber offenbart wurde, lässt den Verdacht, anstatt ihn zu schwächen, nur noch anwachsen.« – Daran hat sich seit Paysons Zeiten kaum etwas geändert.

Selbst heute, nach über 200 Jahren, gibt es, wie schon angedeutet, immer noch Zeitgenossen, die erstaunlich aggressiv reagieren, wenn davon die Rede ist, die Illuminaten könnten mit ihrem Orden wirklich unschöne Absichten verfolgt haben. Das ist in der Tat merkwürdig. Schon merkwürdig genug, wenn das vor hundert Jahren noch geschah. Dr. Georg Schuster war damals Archivrat am Königlichen Preußischen Hausarchiv und interessanterweise ein Bewunderer Weishaupts. In seinem Mammutwerk über *Geheime Gesellschaften, Verbindungen und Orden*, das 1905 erschien, macht er sich spürbar Luft:

»Gleichwohl hatte die Todesstunde der Brüderschaft geschlagen. Was die Fanatiker in Bayern nicht erreicht hatten, das bewirkte der Ausbruch der Französischen Revolution. Der Umstand, daß zwei Illuminaten von dem Ansehen und der Bedeutung Bodes und des Majors von dem Busche 1788 nach Paris reisten, gab Anlass zu der lächerlichen Beschuldigung, die deutschen Illuminaten seien Väter der französischen Jacobiner. So unsinnig die Anklage auch war, das Gespenst der Furcht, das damals unter dem Eindruck der Pariser Schreckensherrschaft in Europa umging, verschaffte ihr schnell das willigste Gehör. Und noch 1798 lieferte das verleumderische Geschwätz Robison und dem Abbé Baruel Stoff zu umfangreichen Schriften.« Warum so hitzig? Fast schon paradox wird es dann gleich auf der nächsten Seite. Dr. Schuster erklärt: »Der I[llumi-naten-]Orden verschwand aus dem öffentlichen Leben, man weiß nicht wann. Seine letzten Spuren verlieren sich seit dem Jahre 1790. Aber erloschen ist er nicht. Wiederholte Versuche, ihn den veränder-ten Zeitverhältnissen entsprechend auszubauen, hatten zunächst kei-nen Erfolg. Es fehlte dazu an geeigneten Kräften. Endlich – es war im Jahre 1880 – traten in München mehrere Meister des F[rei]M[aurer]bundes in der Absicht zusammen, das Illuminatentum wieder aufleben zu lassen. Aber erst 1896 gelang es der Thatkraft Engels, das Werk Weishaupts neu zu organisieren, ihm ein festes Gefüge zu verleihen und ihn mit neuem Geiste zu erfüllen. Was ehedem in einem despotischen Staat Geheimbund gewesen, ist heute unter freieren Verhältnissen eine freie öffentliche Genossenschaft, die bereits Anhänger nicht nur in Deutschland und Oesterreich-Ungarn, sondern auch in Frankreich, Russland und Amerika zählt. Der Sitz der Ordensleitung ist Dresden.« Georg Schuster bezieht sich auf den Spiritualisten Leopold Engel, der in Dresden lebte und zusammen mit anderen Gründungsmitgliedern dort die Vereinigung deutscher Okkultisten ins Leben rief.

Ende des 19. Jahrhunderts fanden in diesem Umfeld so manche Ordensgründungen statt, wobei oft dieselben Personen im Hinter-grund standen. Daraus ging dann auch der *Ordo Templi Orientis* hervor. Vor allem interessant an Schusters Feststellung ist das unter-schwellige Fortbestehen des Illuminatenordens, der sich in jenen Jahren allerdings bereits an einem ganz anderen Ort etabliert hatte. Sehr geheim, sehr verschwiegen, sehr elitär und auch sehr verschwo-ren.

Die Saat geht auf

Weishaupt hatte mit seinem Prinzip der Doppelzüngigkeit in erster Linie heillose Verwirrung gestiftet. Seine Spitzfindigkeiten und die geradezu diebische Freude an intriganten Aktivitäten, wie sie oft aus seinen Worten spricht, lassen tief blicken. Bei einiger Aufmerksamkeit muß man eigentlich kaum zwischen den Zeilen lesen, um in ihm einen Mann von eher zweifelhafter Moral zu erkennen. Er erfüllte die eigenen Ansprüche nicht. Als Novizen hätte der Orden ihn ablehnen müssen, denn er log und betrog, daß sich die Balken bogen. Wenn er wirklich nichts Schlechtes im Schilde führte, dann stellte er sich mit dem Guten wohl äußerst ungeschickt an. Doch ungeschickt schien gerade er nicht zu sein. Eher schon mit allen Wassern gewaschen. Genau diese Eigenschaft ließ ihn sein Umfeld großteils erfolgreich täuschen und durchaus oftmals bedeutsame Männer für seinen Plan gewinnen.

Auch wer viele der noch erhaltenen Originalschriften gelesen hat, wird sich nur schwer ein ausgewogenes Bild der *Bayerischen Illuminaten* machen können. Klar wird letztlich nur, daß die Materie komplex ist, weit komplexer, als die meisten vermuten. Dadurch entstehen Pauschalurteile und die Rede ist von einer einzigen großen Verschwörung, die uhrwerksgenau und präzise weltweit abläuft. Ganz so einfach ist das nicht, allein schon innerhalb des »Illuminatentums«. Es gibt viele verschiedene Strömungen, Verschwörungen innerhalb von Verschwörungen, geheime Zirkel innerhalb geheimer Zirkel ...

Und die Anwendung des mechanistischen Prinzips auf die Weltgeschichte geht keineswegs wie eine mathematische Gleichung auf. Niemand ist in der Lage, wirklich alles zu überschauen; so verläuft die Weltlinie eher nach quantenmechanischer Gesetzmäßigkeit und mit zahlreichen »Symmetriebrüchen«. Der Unterschied zur Physik besteht aber im biologischen Motor des Ganzen: dem Menschen. Im Gegensatz zu rein naturbestimmten Prozessen findet damit ein willentlicher, überlegter und steuernder Eingriff in verschiedenste Geschehnisse statt – mit einer Effizienz, die weit über jedem künstlichen Regelmechanismus rangiert. Gezielte Aktionen können folglich historische Ereignisse in erstaunlichem Maß dirigieren. In meinem Buch *Skull & Bones – Amerikas geheime Macht-Elite* bin ich ausführlicher auf solche Beispiele eingegangen. Nicht umsonst existieren nicht nur Geheimbünde, sondern auch Geheimdienste, nicht umsonst agieren sie auf globaler Ebene.

Um die (Welt-)Geschichte und groß angelegte Pläne noch undurchsichtiger für die Außenwelt zu gestalten, werden nach dem

Hegelschen Prinzip zusätzlich noch Gegenströmungen in Gang gebracht. Als kontrollierbare Reibungspunkte bieten sie im Wortsinne sowohl dienstbare Angriffsflächen für expansionistische Bestrebungen als auch willkommene Argumente, die Rüstungsindustrie auf Vordermann zu bringen. Ein gigantisches Geschäft im militärisch-industriellen Komplex. Es ist doch eher lächerlich, nach allem, was uns die Weltgeschichte bisher unter Beweis gestellt hat, noch daran zu zweifeln, daß Menschen mit überproportionalen Machtansprüchen eine traurige Realität sind! Nie hätte es Nationen gegeben und zu keiner Zeit wären Kolonien entstanden. Doch sie sind entstanden, selbst unter der Prämisse des Völkermords! Ebenso zeigt eine jahrtausendealte Erfahrung: *Potential und Amoral sind zueinander proportional*. Wer Macht hat, gebraucht sie auch und läßt sich dabei von Skrupeln nicht verwirren. Trotz vielfältiger Kontroll-Organe sind die Möglichkeiten für die wirklich Mächtigen – wohlgemerkt: die wirklich Mächtigen! – dieser Welt so groß wie nie zuvor. Besonders, wenn man die personellen Verflechtungen untersucht. Nur, das ganze Netz ist extrem fein gesponnen und riesengroß. Und somit ist es auch niemals in Gänze zu entwirren.

Oft wird doch ein zu simples Bild gestrickt: die Illuminaten sind an allem Übel schuld, die Freimaurer kontrollieren die Welt, die Trilateristen oder aber die Bilderberger sind die heimlischen Herrscher. Sie sind die Nachfolger der Illuminaten und ziehen alle an einem Strang. Das ist gleichzeitig wahr und falsch. Genau dieser Zwischenzustand ist so teuflisch. Viele scheinbare Paradoxien lösen sich aber beim genaueren Hinsehen auf. Dann nämlich enthüllt sich, daß die neuen Gruppierungen sich auch hier sehr an den Illuminaten Weishaupts orientieren. Ihre Zwiebelschalen-Struktur ist nichts anderes als eine Entsprechung für die alten Ordensgrade. Die inneren Zirkel sind es wiederum, die wissen, was Sache ist.

Die »Illuminaten«, sie sind letztlich zum Synonym für alle Gruppierungen geworden, die der Welt im großen Stil Schaden zufügen und nach der Weltherrschaft streben. Zur Unterscheidung des alten Ordens werden seine modernen Pendants als »Illuminati« angesprochen. Um sie soll es bald noch genauer gehen.

Einiges wurde den *Bayerischen Illuminaten* sicherlich auch zu unrecht unterstellt; andere ihrer grundsätzlichen Pläne wiederum sind mittlerweile von verschiedenen machtvollen Organisationen umgesetzt und bis zur Unkenntlichkeit ausgearbeitet worden. Viele jener intriganten Methoden der ursprünglichen »Erleuchteten« kommen schon zur Anwendung, seitdem es den Menschen gibt. Es ist nur eben praktisch, von den Illuminaten oder Illuminati zu sprechen – übrigens eine Angewohnheit der »Verschwörungtheoretiker«, die es ihren aufgeklärten Gegnern natürlich leicht macht, sich seriös zu geben und amüsiert von unsäglicher Schwarzweiß-Malerei zu sprechen, wenn auch oft in einem verblüffend aufgeregten Stil. Erstaunlicherweise aber wird die Terminologie und Darstellung der vermeintlichen Verschwörungstheoretiker unter haufenweise Anführungsstrichen lediglich sehr gerne wiederholt, ohne wirklich entkräftende Argumente einbringen zu können – außer in jenen extremen Fällen, die ohnehin längst geklärt sind. Der Rest wird schlichtweg in einen Topf geworfen und mit sehr pauschalen Vorwürfen vermischt. Deckel drauf und kochen lassen!

Kämpfen da am Ende vielleicht gleich zwei pseudoseriöse Regimenter gegeneinander? Auf der einen Seite diejenigen, die in allem eine Verschwörung sehen, und auf der anderen Seite diejenigen, die sich schlichtweg über alles aufregen, was die anderen sagen? Manchmal wohl schon, und leider fallen diese sehr lauten Beispiele zwangsläufig auch am meisten auf. Daß es selbst in diesem umstrittenen Feld auch Zwischentöne gibt, ist wohltuend, aber eben zwangsläufig weniger bekannt. Was dem einen zu viel ist, das ist dem anderen zu wenig, und eine Gratwanderung erweist sich als besonders anstrengend. Am bequemsten ist es aber, sich irgendwo im Tal auszuruhen, dort wo der Mainstream ruhig und breit dahinfließt. Wer dieses Idyll stört, auf den wird schnell geschossen.

Irgendwann sollte es einmal gelingen, Wahrheitssuche zu würdigen und auch den Menschen wieder im Vordergrund zu sehen. Wer befindet sich im Besitz der una sancta, der einzigen Wahrheit? Wer kann sagen, wie es wirklich ist? Und können wir denen glauben, die es wissen? Wachsamkeit und ein gesundes Mißtrauen sind in dieser Welt überlebenswichtig. Menschen sind oft genug von Menschen und Machtgruppen ausgebeutet worden. Und sie werden es weltweit, heute wie eh und je. Sollen sie immer schweigen, nie Fragen stellen? Ja, am besten. Wie sich ständig zeigt, gibt es eben vermeintliche Ausnutzer und vermeintlich Ausgenutzte, vermeintlich Schlechte und vermeintlich Gute, vermeintlich Schuldige und vermeintlich Unschuldige. Ein endgültiges Urteil zu fällen, ist kaum möglich. Es bleibt immer ein letzter Zweifel. Wäre die Welt ein Garten Eden, so gäbe es keine Türschlösser, und wir müßten nicht über die Todesstrafe debattieren. Und es regten sich keinerlei Zweifel an den edlen Motiven eines jeden Einzelnen.

Ein advocatus diaboli müßte jetzt wohl fragen: »Wäre das nicht schrecklich langweilig?« Die reale Welt als Thriller, zumindest daran ist etwas Wahres. Nun kommt es für manche dabei nur auf die Rolle an, die sie in diesem realsten aller Thriller spielen. Hauptsache nicht Opfer, und Hauptsache die Hauptrolle, um welchen Preis auch immer. Der Thriller ist mittlerweile so monströs und kompliziert, daß ihn niemand mehr versteht. Das ist mit der Welt geschehen. Wir kennen uns nicht mehr aus im Weltgeschehen. Und das nutzen einige ganz mächtig aus.

Die ursprünglichen Illuminaten erreichten weit weniger, als sie planten. Doch sie hatten eine Idee in die Welt gesetzt, die später unter anderem Namen, sogar unter vielen anderen Namen und Körperschaften massiv weiterentwickelt und unvergleichlich mehr in die Tat umgesetzt wurde. Die alten jesuitischen Prinzipien, sogar auch die geheimbündlerischen und okkulten Tendenzen haben dabei ihre Bedeutung nicht eingebüßt. Wie Weishaupt lehrte, sollte der »Orden« immer unter anderem Namen agieren, um unerkannt zu bleiben. So geschah es dann auch. Und die ursprüngliche geistige Verbindung zu den eigentlichen Illuminaten läßt sich heute noch, auch ohne die verschollenen Unterlagen, nachzeichnen.

7. Phönix aus der Asche

Ungerecht behandelt?

Adam Weishaupt war einer jener Männer, die versuchten, anderen eine Grube zu graben, schließlich aber selbst hineinfielen. Die von ihm andauernd gepredigte und gepflegte Doppelzüngigkeit wurde ihm zum Verhängnis. Wer einer solchen Philosophie folgt, muß damit rechnen, daß jede seiner Äußerungen auf die Goldwaage gelegt, daß hinter jedem Wort ein anderer, sogar gegenteiliger Sinn und Zweck vermutet wird. Wer eine moralisch einwandfreie Gesellschaft leitet, darf sich dieser fragwürdigen Mittel nicht bedienen, wenn er seine Glaubwürdigkeit nicht aufs Spiel setzen möchte. Weishaupt war wohl von Natur aus nicht in der Lage, seine vorgeblichen ethischen Grundsätze umzusetzen. Dagegen sträubte sich seine eigene Herrschsucht allzu sehr. Die Gleichheit der Menschen, wo blieb sie in seinem Bund? Ihm ging es um einen Machtwechsel, und an der Spitze sollte niemand anderes als er selbst stehen. Seine wahren Absichten enthüllte er den Mitgliedern nicht, woher also sollten sie ahnen, welchem Herrn sie dienten?

Kein Wunder also, daß die wenigsten Illuminaten nach dem ersten kurfürstlichen Verbot vom Juni 1784 auch nur entfernt daran dachten, ihre loyale Einstellung gegenüber dem Orden zu ändern. Man tauchte einfach zunehmend in den »Untergrund« ab. Nachdem im Haus von Zwack sowie in Schloß Sandersdorf einige Originalschriften des Ordens aufgefunden worden waren, traten die eigentlichen Plä-

Nachtrag
von weitern

Originalschriften,
welche die
Illuminatensekte
überhaupt,
sonderbar aber den
Stifter derselben
Adam Weishaupt,
gewesenen Profeffor zu Ingolstadt
betreffen,
und
bey der auf dem Baron Baffusifchen Schloß
zu Sandersdorf,
einem bekannten Illuminaten-Nefte,
vorgenommenen Visitation entbeckt,
sofort auf
Churfürstlich höchsten Befehl
gedruckt,
und zum geheimen Archiv genommen worden
find, um solche jedermann auf Verlangen
zur Einsicht vorlegen zu lassen.

Zwo Abtheilungen.

München, 1787.
zu haben bey Joseph Lentner.

Bericht über Funde von Originalschriften der Illuminaten. Die in den Texten enthaltenen Informationen ließen nunmehr deutlichere Schlüsse zu, was der Orden wirklich plante.

ne der Illuminaten klarer zum Vorschein. Deren »Sittenregiment«
sollte durch eine weitreichende Unterwanderung der damaligen Gesellschaft erreicht werden. Plötzlich erwies sich der Orden als ein
nicht allein auf Bayern begrenztes Problem. Weishaupt selbst hatte bereits seit geraumer Zeit vor, sich »ab-
zusetzen«. Obwohl nur die höchsten Illuminaten wußten, daß er den
Orden begründet hatte, war diese Information schon gegen Ende
1784 nach außen gedrungen. In jenen Tagen erschien sie auch in
einem österreichischen Gesandtschaftsbericht. So wuchs der Druck
auf ihn zunehmend. Schließlich machte er einen entscheidenden
Fehler, der aus heutiger Sicht allerdings eher die harmloseste seiner
Aktionen darstellt. Der umstrittene Professor empfahl die Anschaf-
fung verschiedener aufklärerischer Werke für die Universitätsbiblio-
thek.

Die Geistlichkeit betrachtete diese Bücher allerdings als gottlo-
se Schriften und verlangte von Weishaupt, das Glaubensbekenntnis
abzulegen. Der aber weigerte sich. Am 11. Februar 1785 erging ein
kurfürstlicher Erlaß an ihn, in dem er seines Amtes enthoben wurde.
Jetzt war der Moment gekommen, Ingolstadt den Rücken zu kehren
und zunächst nach Regensburg zu entfliehen. Dort fand dann auch
die schicksalshafte Begegnung mit Lanz statt, jenem Illuminaten
und Weltpriester aus Erding, der während des Gesprächs mit Weishaupt vom Blitz erschlagen wurde.

Als die Angriffe gegen den Orden unüberhörbar wurden, kon-
terten die Münchner Illuminaten und fertigten ein Protestschreiben
aus. Sie listeten die Vorwürfe auf, die gegen sie erhoben wurden, und
versuchten sich zu rechtfertigen. Und jetzt wird es aus gegenwärti-
gem Blickwinkel wieder einmal problematisch.

Kritikern der Illuminaten wird bis zum heutigen Tag vorgehal-
ten, sich der alten jesuitischen Hetzkampagne anzuschließen, die
Ehrbarkeit der Weishauptschen Ideale zu verhöhnen und konservati-
ven Kreisen zu entstammen. Daß es beiderseits Extreme gibt, steht
fest. Das gilt aber für die meisten Themen, warum also sollte es
gerade im Fall der Illuminaten anders sein? Immerhin betrieb ihr
Gründer eine massive Verwirrungtaktik, die zu ebenso massiver
Unsicherheit und weit verbreiteten Ängsten führte. Und das fördert
nun einmal extreme Positionen.

Noch aus heutiger Perspektive ist nicht wirklich geklärt, welches Gefahrenpotential die ursprünglichen Illuminaten in sich bargen. Doch seit deren Gründung im Jahr 1776 sind mehr als 200 Jahre ins Land gegangen. Interessanterweise ist die Diskussion seitdem nicht abgeflaut, und auch das hat wohl Gründe. Längst hat sich die politische Situation geändert. Längst können reaktionäre Kräfte nicht mehr ins Feld geführt werden, denn deren einstige Macht ist schon lange wirksam gebrochen. Was ist es dann, das die Illuminaten noch so interessant macht?

Wir werden sehen, daß Weishaupt mit seinem vermeintlich harmlosen und menschenfreundlichen System tatsächlich die Wurzeln für eine Reihe moderner Varianten gelegt hat, die jene Mächte und Gefahren erst lebendig werden lassen, wie sie der Ingolstädter Professor selbst niemals wirklich entfesseln hätte können. Seine Vorgehensweise, die wahren Motive stets hinter sittlich einwandfreien Gedanken zu verbergen, scheint manchen allerdings bis heute zu täuschen. Andere, die es besser wissen müßten, dürften ihre Gründe haben, das Oberhaupt des Illuminatenordens und seine fragwürdigen Methoden auch heute noch zu verteidigen. Daß dies gar nicht so schwer fällt, liegt einerseits an der Scheinmoral des Ordens, zum anderen aber auch daran, daß vor 200 Jahren eben ein noch weit unreiferes Rechtssystem im Staate herrschte als heute. Keine Frage, Weishaupt und seinem Orden wurde dadurch grundsätzlich Unrecht angetan. Jener Protestbrief der Illuminaten nämlich hätte eine richterliche Untersuchung nach sich ziehen müssen, um zu klären, inwieweit die Anschuldigungen wirklich zutreffen. Statt dessen bestand im absolutistischen Staatssystem die Lösung des Problems schlichtweg in einem zweiten kurfürstlichen Dekret – jenem Erlaß, der die Illuminaten erstmals namentlich nannte und verbot. Diese Ungerechtigkeit bewirkt eine noch unklarere Situation, was die unterstellte Bedrohung durch den Illuminatismus betrifft. Und außerdem machte sie Weishaupt zum Märtyrer. Dem allen setzte das dritte Illuminatenmandat des Kurfürsten noch eins drauf, jetzt drohten Mitgliedern des Ordens sogar Gefängnis und Todesstrafe, sollten sie ihre Aktivitäten trotz mehrfachen Verbots fortsetzen.

Weishaupts Abstieg

Die Entwicklung bis in die Gegenwart hinein hat allerdings Weishaupts Ideen wieder sehr aktuell werden lassen und vielleicht sogar noch bedrohlicher, als er selbst je geahnt hätte. Diese Entwicklung zeigt aber auch, daß die Sorgen alles andere als Makulatur waren. Dabei spielen viele der Gründe damaliger Gegner Weishaupts heute kaum mehr eine Rolle.

Kritiker der »Verschwörungstheorie« – die keineswegs als homogene »Masse« gesehen werden kann – machen es sich da oft viel zu einfach und bleiben manchmal offenbar sogar absichtlich auf dem Stand des Jahres 1785. Das, was auf der Weltbühne geschieht, ist Machtmißbrauch par excellence! Ein Erfahrungssatz der Weltgeschichte: Macht und Mißbrauch sind ein untrennbares Paar, keine Macht, die nicht auch mißbraucht worden wäre. Von daher ist die Annahme lächerlich, daß dies heute nicht auch im »Olymp der Weltelite« stattfindet. Nur, daß die »Illuminati« heute ein ganz anderes Volumen als damals aufweisen. An Raffinesse stehen sie ihren Vorbildern in nichts nach.

Wie gesagt, die Illuminaten-Gegner des 18. Jahrhunderts sind wohl nur selten mit denjenigen des 21. Jahrhunderts zu vergleichen. Die Anschuldigungen und Argumente sind ebenfalls keineswegs deckungsgleich. Daß in jeder Diskussion auch ungerechtfertigte Vorwürfe ins Feld geführt werden, muß wohl nicht extra Erwähnung finden. Zum Großteil allerdings hat sich das bayerische Illuminatentum selbst zuzuschreiben, wenn ihm eine wirklich gerechte Beurteilung nicht zukommt. Dasselbe gilt für Weishaupt. Daß der entflohene Professor auch bestimmt keine »Unschuld vom Lande« war, beweisen seine schon vielfach zitierten eigenen Worte zu Genüge.

Da nützt auch die posthume Beschönigung nicht viel, wie sie der bereits erwähnte Dr. Schuster im Jahr 1905 versuchte: »Nach seiner Flucht aus Bayern fand W[eishaupt] in Gotha ein Asyl bei dem Herzog Ernst II. Der aufgeklärte Fürst, der selbst dem I[lluminaten]-Orden angehörte, ernannte den Heimatlosen zum Hofrat und setzte ihm ein kleines Jahresgehalt aus. In Gotha entfaltete der geistvolle Gelehrte eine reiche literarische Thätigkeit. Seine Schriften dienten nicht nur der Verteidigung des Illuminatismus, sondern richteten sich auch gegen Kant, dessen Metaphysik er hartnäckig im Sinne der Popular-Philosophie bekämpfte. 82 Jahre alt, starb der menschenfreundliche, von den besten Absichten beseelte Mann, von einer zahlreichen Gemeinde treuer Freunde aufrichtig betrauert, am 18. November 1830. Seine Söhne Karl und Alfred traten in bayerische Dienste und brachten es hier zu hohen Ehrenstellen. Jener verschied 1853 als General in München, dieser segnete 1872 als Oberberg- und Salinenrat das Zeitliche.«

Der liberale Herzog Ernst ließ Weishaupt nicht an den bayerischen Kurfürsten ausliefern, der den Professor einen »Bösswicht, Blutschänder, Kindsmörder, Volksverführer« und »Chef eines für die Religion und den Staat höchst gefährlichen Complotts« schimpfte. Ernst II. wollte verständlicherweise zunächst eindeutige Beweise für diese Unterstellungen sehen. Nun hatten der Kurfürst den Fehler begangen, Weishaupt geradezu jede Schandtat der Welt anzudichten, und das ließ sich einfach nicht beweisen, auch wenn sonst eigentlich genug Material gegen ihn vorlag. Zunächst also hatte es schon kein anständiges Verfahren gegeben, nun folgten auch noch übertriebene Anschuldigungen. Damit wurde Adam Weishaupt erneut zum Märtyrer, wobei sich Ernst II. in der ganzen Angelegenheit doch ziemlich modern und durchweg korrekt verhielt. Zudem vermochte er durch die Protektion und Einstellung des ehemaligen Ordensführers eine gewisse Kontrollfunktion auf ihn auszuüben.

Weishaupt war mittellos, seine Möglichkeiten eingeschränkt. Sein Anspruch auf das alleinige Machtmonopol, das er zumindest innerhalb des Ordens bereits in die Tat umgesetzt hatte, wurde ihm schließlich offenbar zum Verhängnis. Denn nur er selbst befand sich im Besitz der vollen Wahrheit, nur er kannte die eigentlichen Ziele seines Unternehmens. Und nun fristete er sein Dasein als herzoglicher Hofrat, er diente also fortan einem Stand, gegen den sich sein Orden insgeheim gerichtet hatte. Konnte das gut gehen?

Die unsichtbaren Brüder

Am 20. Oktober 1793 schrieb Weishaupt einen seltsamen Brief an Franz Xaver von Zwack. »Wie um des Himmels Willen«, so fragt

Weishaupt gleich eingangs,»können Sie als ein vernünftiger Mensch nochmallen auf die Idee zurückkommen, Stifter einer geh[eimen] Ges[ellschaft] zu werden, man sagte mir das schon vor einiger Zeit, allein ich glaubte es nicht, nun versichert mich aber deßen Umpf[enbach] und ich finde also leider, daß die Journalisten nicht ganz unrecht haben, wenn sie behaupten, der I[lluminaten] O[rden] daure noch fort, nur unter einem anderen Nahmen. Haben Sie durch Ihr ehemaliges ☉-System nicht schon genug unglückliche gemacht, sind Sie von der Wahrheit noch nicht überzeugt, welche ich schon in Bayern geprediget habe, daß der Menschheit durch geh[eime] Verbindungen kein Nutzen zugehe, weil einmahl auch der beste Zweck dabey nicht erreicht werden kann, indem die Menschen, welche der Staat mit seiner Macht nicht in Stande ist zu beßern, es gewiß von ihres gleichen nicht annehmen werden.« Diese Worte klingen nach einer späten, endgültigen Einsicht, den falschen Weg gegangen zu sein. Hatte sich Weishaupt durch seine Doppelmoral so sehr in ein fatales Netz verstrickt, daß ihm trotz aller Beteuerungen bis heute niemand glaubt? Oder handelt es sich bei diesem Schriftstück nur um den Versuch einer Schadensbegrenzung?

Die wenigen Zeilen werfen wiederum viele Fragen auf. Auch, warum sie Zwacks sonst unbekannten Plan erwähnen, den Orden unter einem anderen Namen fortzuführen. Wenn man die Winkelzüge Weishaupts bedenkt, wie sie sich in seinen Schriften offenbarten, dann wäre keineswegs undenkbar, daß er mit diesem Schreiben an Zwack nicht nur Schadensbegrenzung betreiben wollte, sondern auch von seinen eigenen Plänen abzulenken gedachte. Im Grunde »tunkte« er Zwack mächtig ein, wenn er dessen angebliche Weiterführung des Illuminatismus sogar schriftlich fixierte. In Anbetracht der aufgebrachten Lage und der sonst recht großen Geheimniskrämerei Weishaupts ist das durchaus bemerkenswert, um nicht zu sagen: verwunderlich.

Weishaupt schreibt noch, er erwarte den Zeitpunkt, seine Rechtfertigung vorlegen zu können und gewiß zu sein,»von Richtern und der Welt gerechtfertigt zu werden«. Doch auch wenn von Zwack klügere Mittel für einen guten, erreichbaren Endzweck wählen sollte, so meint Weishaupt, dann habe er doch ein gegenseitiges Versprechen gebrochen, niemals wieder einer geheimen Gesellschaft anzugehören. War das jener Adam Weishaupt, der so verbissen an seinem »Projekt« arbeitete und der die ganze Welt in seinen Bann ziehen wollte? War das jener Adam Weishaupt, der die geheimen Lehren studiert und zu einem eigenen System verknüpft hatte, dessen Zweck alle Mittel heilige? War das jener Weishaupt, der mit glühender Begeisterung erklärte:»Wissen Sie aber wohl auch hinlänglich, was es heiße, herrschen, in einer geheimen Gesellschaft zu herrschen? Nicht über den geringen oder vornehmeren Pöpel, über die besten Menschen, über Menschen von allen Ständen, Nationen und Religionen, ohne äußerlichen Zwang zu herrschen, sie dauerhaft zu vereinen: Ihnen einerley Geist und Seele einzuhauchen, über die in allen Theilen der Welt zerstreuten Menschen in der größten Entlegenheit in möglicher Stille, mit möglichster Eile und Genauigkeit zu herrschen: Ist bishero in der Staatsklugheit noch ungelöste Aufgabe. Unterscheidung und Gleichheit, Despotismus und Freyheit auf das engste zu vereinen: Sein Reich und seine Unterthanen, sich selbst schaffen«, diese Fertigkeit bezeichnete Weishaupt als das »Meisterstück der mit Moral vereinigten Politik.« Tief blicken läßt auch seine Antwort auf die Frage nach der angeblichen Vergänglichkeit geheimer Gesellschaften:»Glauben Sie wohl, daß solche eine gleichgiltige transitorische Erscheinung seyen? O, meine Brüder! Gott und die Natur, welche alle Dinge der Welt, die größten so gut wie die kleinsten zur rechten Zeit und am gehörigen Ort geordnet haben, bedienen sich solcher Mittel, um ungeheure, sonst nicht erreichbare Endzwecke zu erreichen. Hören und erstaunen Sie: Nach diesem Gesichtspunkt richtet und bestimmt sich die ganze Moral, und Begriffe von Recht und Unrecht erhalten erst dadurch die nöthige Berechtigung. Sie stehen hier in der Mitte zwischen der vergangenen und der künftigen Welt: Einen Blick in die vergangene Zeit zurück, und sogleich fallen die zehntausend Riegel hinweg, und die Tore der Zukunft öffnen sich.«

Diese Worte erinnern bald wieder an die geheimen Mysterienschulen der Antike, von denen Weishaupt erfahren hatte. Wenn er, der Doppelzüngige, allerdings hier nur einen mächtigen Theaterdonner inszenierte, um seine neuen Adepten zu beeindrucken, dann zeugt das noch mehr von der Unehrlichkeit des Illuminaten-Gründers.

Welche Antwort auch immer zutrifft, sie führt interessanterweise zum gleichen Resultat: Entweder meinte es Weishaupt völlig ernst und war von der ewigen Beständigkeit des geheimen Systems ganz und gar überzeugt. Dann wäre eine Fortsetzung des Ordens für ihn stets oberstes Gebot gewesen und auch nach den kurfürstlichen Dekreten denkbar. Wenn Weishaupt nur an Novizenfang interessiert war und nicht die Wahrheit sagte, warum sollte er sie dann in seinem Brief an Zwack nun plötzlich kundtun?

Eine dritte Möglichkeit wäre, daß Adam Weishaupt sich wirklich geändert hatte. Am 22. April 1799 verfaßte er eine Erklärung, in der er mit Blick auf seine über die Jahre angewachsene Gegnerschaft schreibt: »Ich bin es deshalb müde, fernerhin in dieser zweydeutigen Gestalt zu erscheinen; denn ich glaube Etwas Besseres als Verachtung oder Mitleiden zu verdienen.« – Weishaupt verlangt eine richterliche Untersuchung, um nunmehr Gerechtigkeit zu erfahren. Doch der Zug scheint abgefahren. Denn durch einen kurz zuvor erfolgten Regierungswechsel in Bayern haben sich in seinem Heimatland die Wogen automatisch geglättet.

Von Maximilian IV. von Bayern erwartet sich Weishaupt endlich Gerechtigkeit. Doch wieviel Interesse besteht nun daran, sich nach insgesamt mittlerweile vier kurfürstlichen Dekreten noch gerichtlich mit den Illuminaten auseinanderzusetzen? Gerade weil die Illuminaten unter Maximilians Regierung trotz einiger gegenteilig lautender Behauptungen längst unschädlich gemacht zu sein scheinen, erwartet sich Weishaupt eine endgültige Rehabilitation. Doch seitdem er sich unter den Fittichen von Ernst II. befindet, scheint er gezähmt. Offenbar genau deshalb wird er uninteressant. Der Herzog von Gotha glich wohl einer Kontrollinstanz, die zwar die schützende Hand über Weishaupt hielt, ihn aber wohl auch seiner Grenzen bewußt machte. Wo aber lagen die Grenzen der Illuminaten, und gab es sie wirklich noch?

»Der Illuminatismus ist keinesweges eine abgestorbene und nicht mehr vorhandene Verbindung, von welcher nichts mehr zu besorgen wäre, wie die Illuminaten und ihre Affiliierten so gern die Welt wollen glauben machen: er dauert vielmehr noch immer fort, und arbeitet durch seine *Agenten* und *Proselyten*, seine Entwürfe durchzusetzen«, so berichtet eine anonyme Schrift mit dem Titel

Ueber Gewalt der unsichtbaren Brüder, die im Jahr 1796 erschien. Neben den bekannten Vorwürfen gegen das Illuminatentum beschreibt sie auch die massive Ausbreitung des Ordens, die dazu führte,»daß die *Höfe* und die *vornehmsten Städte Deutschlands* von ihnen inficirt sind«. Diese Schrift erwähnt Frankreich als Stütze des Illuminatenordens; die Rede ist von Millionensummen, die jährlich»auf die auswärtigen Clubbs verwandt« werden.»Daß die französischen Revolutionairs ihre deutschen Mitbrüder unterstützen, ist ganz in Ordnung, denn sie erwarten ja auch den Beystand der großen unter dem Namen der Illuminaten nur noch bekannten *Secte*, die Germanien in seinem Schooß verschließt …«

Totgesagte leben länger

Obwohl der Illuminatenorden offiziell längst zerschlagen war, kochte die Gerüchteküche also nicht ganz ohne Grund weiter, und aus verschiedenen Quellen war wieder und wieder zu vernehmen, der Geheimbund sei nach wie vor aktiv. Das verborgene System gewährte nie wirklich Überblick über seine eigentliche Reichweite. Die Freimaurer waren wirksam unterwandert worden, so daß etliche ihrer Mitglieder durchaus sorgenvoll in die Zukunft blickten. Und nun war die Unsicherheit größer als zuvor. Totgesagte leben länger, heißt es. Das schien auch hier so zu sein. Denn selbst wenn Organisationen verboten werden können, Ideen lassen sich nicht verbieten. Und Menschen, die ehemals einer geheimen Gruppierung angehörten, führen ihr Leben weiter, denken ihre Gedanken weiter und werden manchmal wohl versuchen, sie in neuem Gewand völlig unerkannt zu realisieren.

Die massive Illuminaten-Verfolgung, wie sie vor allem in Bayern, aber auch in ganz Deutschland stattgefunden hatte, ließ eine ungestörte Weiterarbeit hier fast unmöglich werden. Doch das Illuminatentum schien seine langen Schatten über Europa zu verbreiten. Auch wenn keine echten Nachfolger des Weishaupt-Ordens bekannt sind, schossen doch in vielen Nachbarstaaten verdächtig ähnliche Geheimbünde aus dem Boden. Die Unterwanderung der Freimaurerei schien so gut gelungen zu sein, daß einige tiefer eingeweihte Logenbrüder wesentliche Lehren Weishaupts auch ins Ausland weitergaben. Denn mancher jener Bünde stand personell in enger Beziehung zur Freimaurerei, ohne deshalb eine freimaurerische Bruderschaft zu sein. Auch Ex-Illuminaten reisten durch die Lande und verbreiteten ihr Wissen.

In Neapel und auf Sizilien schien eine geheimnisvolle Macht aus dem Nichts aufzutauchen und die Menschen in Angst zu versetzen: der mysteriöse *Bund der Köhler*, die *Carbonari* oder *Carboneria*. Aus welchen Wurzeln sie herangewachsen waren, bleibt rätselhaft. Pietro Dolce, ein Vertrauensmann des österreichischen Kaisers, will in Rom eine Verbindung zu den Londoner Illuminaten und Freimaurern herausgefunden haben. Sie seien die Leiter des italienischen Geheimbundes und hätten sich zunächst im Kloster San Carbone getroffen, daher auch der Name, so glaubte Dolce.

Der Bund der Köhler *(*Carbonari*) in Italien ähnelte den Illuminaten.*

In den Legenden des Bundes werden die Ursprünge ganz anders dargestellt. Ein zentral aufgehängtes Bild im kargen Versammlungssaal der Carbonari erinnerte stets an die Geschichte vom heiligen Theobald oder Thibault, Graf von Brie und Champagne. Er hatte um das Jahr 1050 herum zusammen mit einem befreundeten Edelmann feierlich beschlossen, dem Ritterleben zu entsagen. Die beiden zogen nach Schwaben, wo Thibault in den Wäldern als Einsiedler und Kohlenbrenner lebte. Nach anstrengenden Pilgerreisen siedelte er sich in Italien an. Wer war dieser Graf, auf den sich die Carbonari bezogen? Hatte er am Ende mit den Templern zu tun? Ja! Thibault war ein Neffe des Grafen Hugo von der Champagne, der sich 1126 dem Templerorden anschloß. Thibault ließ den Templern Spenden zukommen, steht also sowohl verwandschaftlich als auch in seiner ganzen Gesinnung in enger Verbindung mit dem Orden der »armen Ritter«. So schließt sich auch hier ein interessanter Kreis. Thibault soll in Italien direkt von Gott die Gabe erhalten haben, Wunder zu wirken, und schließlich sogar von Papst Alexander II. heilig gesprochen worden sein.

Diese alte Legende um Theobald von der Champagne zeigt zumindst, daß sich die Carbonari indirekt sogar als Nachfolger der Templer betrachteten.

Der Bund pflegte in seinen diversen Einweihungsgraden einen katholischen Mystizismus und war von geheimnisvollen Symbolen überfrachtet. Der Neubekehrte oder Neophyt mußte während der Einweihungen einige rituelle Abenteuer bestehen, er erhielt die »Schale des Vergessens« zum Trunke, ging durch Mutproben und unternahm eine symbolische Wanderung durch das hindernisreiche Leben. Noch war er »Heide«, als eine Flamme seine entblößte Brust streifte und ihm wie ein Dolchstoß ins Herz erschien. In weiteren Einweihungen erlebte er den symbolischen Tod; die werdenden »Großmeister der Großen Auserwählten« wurden schließlich mit Seidenstricken an ein Kreuz gebunden und mit den Zeichen dieses »Insider«-Grades bedacht. Man ritzte die Haut des rechten Armes dreimal, die des linken siebenmal. Drei weitere Verletzungen fügte man dem neuen Großmeister über dem Herzen zu. Zusammen also dreizehn Schnitte!

Der Bund war vollendet.

Die Carbonari selbst nannten sich auch »die guten Vettern« und versuchten, die Unabhängigkeit und Einheit Italiens wiederherzustellen, das von den »Tyrannen« befreit werden mußte: Frankreich und Österreich, deren Ableger hier nun wild zu wuchern begannen.

Waren das nicht ganz andere Beweggründe als bei den Illuminaten in Deutschland? Den Carbonari ging es um einen souveränen und unabhängigen Staat, in dem sich keine anderen Nationen manifestieren durften. In Deutschland sollte das damals bestehende Staatsgefüge aufgelöst und gegen die Macht des Ordens ausgetauscht werden, der sein System auf die Welt auszudehnen beabsichtigte. Daß überzogener Nationalismus genauso schädlich ist wie jeder Versuch, der ganzen Welt eine einzige Philosophie oder Kulturform aufprägen zu wollen, dürfte selbstverständlich sein. Beides führt zu tödlichen Konflikten. Der Auflösung einer Nation möglichst entgegenzuwirken und ihre Identität zu wahren, scheint nur recht und billig.

Die Carbonari wollten die französischen und österreichischen »Tyrannen« loswerden. Der Leitsatz des Geheimbundes war die »Säuberung des Waldes von den Wölfen«. Um 1815 gab es in der Provinz Neapel rund 200 000 Carbonari; der Bewegung schlossen sich Menschen aller Schichten an, Adel, Priesterschaft und die einfache Bevölkerung. Die Macht des Bundes wuchs stetig und erreichte bemerkenswerte Ausmaße. Zu den Illuminaten gibt es einige Unterschiede – die Zahl der »guten Vettern« lag weit über dem, was noch als »elitär« zu bezeichnen wäre; die eher bunt gemischte Schar von Mitgliedern aller Stände erinnert gleichfalls nicht unbedingt an Weishaupts Orden. Auch die Zielsetzung schien weit legitimer zu sein als dessen ins Globale gesteigerter Herrschaftsanspruch. Und doch, bei näherem Hinsehen zeigen sich Übereinstimmungen, die so ganz zufällig nicht gewesen sein dürften.

Die Mitglieder wurden in verschiedene Grade eingeweiht, die dem freimaurerischen System durchaus ähneln, und auch den Carbonari wurde der eigentliche Sinn und Zweck des Bundes nicht sofort enthüllt. Sie infiltrierten das Land, um ihre Leute in bedeutende Positionen von Militär und Staatsapparat zu bringen. Waffengewalt war für sie kein Hindernis, und so agierten sie sogar weitaus entschiedener als die *Bayerischen Illuminaten*. Vielleicht lag es am italienischen Temperament, daß die Carbonari sich mit der schleichenden, lang andauernden Unterwanderung ihrer deutschen »Kollegen« nicht anfreunden konnten. Wer tiefer in die Geheimnisse der »guten Vettern« eingeweiht wurde, erfuhr auch, daß ihre Oberhäupter sich sehr deutliche Worte des Freiheitsdichters Monti ins Programmheft geschrieben hatten:

»Deine Pflanze soll nur Wurzel schlagen unter den Bruchstükken zerschmetterter Königskronen. Kein frischer Tau soll sie nähren, sondern das Blut von Königsgliedern.«

Von dieser Aussage war es im Grunde nicht mehr weit bis zur Behauptung eines gewissen von Doering, der eigentlich Wit hieß und von einem unbekannten siebenten Grad der Carbonari sprach, der die illuminatischen Ziele enthülle. Nötigenfalls mittels Mord, Gift und Meineid wolle die Spitze des Bundes ihre Macht weit über die Grenzen Italiens hinweg ausbreiten.

Ungeachtet dieser selbstverständlich umstrittenen Behauptung streckten die Carbonari ihre Fühler zumindest nach anderen, ihnen geistesverwandten Geheimgesellschaften aus. 1817 verbanden sie sich mit den *Guelfen*, den »Freunden der Freiheit«. An der Spitze der Machtpyramide stand eine »unsichtbare Regierung«: Ihre Besetzung war den unteren Graden unbekannt und benutzte Decknamen, darunter interessanterweise auch »Spartacus«, den Weishaupt als seinen geheimen Ordensnamen gewählt hatte. Auch die Carbonari waren zu jener Zeit bereits durch königliche und päpstliche Dekrete verboten worden, was sie nicht an weiteren Aktivitäten hinderte.

Eine Brücke in die Neue Welt

Die Carbonari und ihre zahlreichen Verbündeten sind nur ein Beispiel von vielen, die ein Weiterwirken des Illuminatenordens nahelegen. Zumindest ist dieses geheime Fortbestehen längst nicht so unwahrscheinlich, wie einige Kreise das wohl gerne hätten. In seinem lesenswerten Mammutwerk *Das schwarze Reich* resümiert E. R. Carmin im Jahr 1994: »Den Illuminaten des Spartacus-Weishaupt ... jedenfalls gelang es in der kurzen Zeit ihrer belegbaren Existenz nicht nur in Deutschland, die Freimaurerei zu unterwandern; diese Verschwörung ... breitete sich alsbald auch in Frankreich, Holland, Skandinavien, Polen, Ungarn, Österreich, Italien und in den Vereinigten Staaten aus. Daß die Illuminaten die Jakobiner-Herrschaft in Frankreich offiziell verurteilten, ist im Sinne der Strategie der Täuschung kein Beweis dafür, daß sie nicht daran beteiligt gewesen waren.

Im Gegenteil, erst jüngst entdeckte Dokumente aus der Illuminatenzeit, wie das längst verschollene Reisetagebuch des Illuminatenführers Bode, machen die Position der Geschichtsforschung, die selbst den leisesten Zusammenhang zwischen den Illuminaten und der Französischen Revolution leugnet, schlichtweg unhaltbar. Daß sich die italienischen Carbonari nicht als Illuminaten bezeichnet haben, besagt ebensowenig. Kontakte der Weishauptschen Geheimgesellschaft nach Frankreich, insbesondere durch die Mitglieder Falgara und Bode sowie vor allem zur Loge ›Les amis réunis‹, sowie nach Italien durch die zahlreichen italienischen Mitglieder, darunter Costanzo, Savioli, Falgara, Tropenegro und Bassus, sowie nach Skandinavien sind evident und erwiesen.«

Für die europaweite Streuung des Illuminatentums gäbe es noch eine ganze Reihe an Beispielen, doch der vermeintlich aufgelöste geheime Orden sollte sich zudem auf ganz anderem Boden manifestieren. Um Adam Weishaupt selbst war es seit der Jahrhundertwende bis zu seinem Todesjahr 1830 verblüffend still geworden. Aus jenen drei Jahrzehnten sind kaum Informationen über den so machthungrigen Ordensgründer nach außen gedrungen. Wie es schien, war das Oberhaupt der Illuminaten von der Weltbühne abgetreten und führte ein ereignisloses, zurückgezogenes Leben als herzoglicher Hofrat.

Die 1830er Jahre allerdings brachten seltsamerweise einige spannende und geheimnisvolle Entwicklungen mit sich, die dem Illuminatentum neues und weit bedrohlicheres Leben einhauchten. Die Ereignisse reihten sich beinahe nahtlos aneinander, geradewegs, als ob Weishaupt sein geistiges Erbe im letzten Moment an willige Erfüllungsgehilfen weitergegeben hätte. Sehr bald sollte das bedenkliche Saatgut auf geeigneten Nährboden fallen. Ein günstiger Wind trug es über die Weite des atlantischen Ozeans an die Ostküste der Vereinigten Staaten. Bekanntlich können zarte Bande zuweilen stabil sein wie eherne Ketten. Nicht anders im Fall des Ordens und seiner Brücke in die Neue Welt. Im Todesjahr Weishaupts studierten einige recht interessante Amerikaner an deutschen Universitäten. Einer von ihnen war William Huntington Russell, den vor allem die

William Huntington Russell, der amerikanische Begründer des zweiten Illuminatenordens

Philosophie Georg F. W. Hegels über alles faszinierte. Für Hegel galt der Staat als unantastbar, er stand immer über dem Individuum. Denn im Staat sah der deutsche Philosoph den Stellvertreter Gottes auf Erden. Nichts für Illuminaten! Doch genau wie Weishaupt sich sehr gut darauf verstand, selbst konträrste Strömungen in sein Konzept einzubinden, und dabei nicht einmal seine Erzgegner, die Jesuiten, außen vor ließ, genau auf dieselbe Weise ließ sich auch Hegels Idee durchaus in ein illuministisches Weltkonzept inkorporieren. Man wählte gewissermaßen die Funktion »Suchen und Ersetzen«: Gott und der Staat mußten lediglich gegen den Orden ausgetauscht werden, und die Sache paßte wieder wunderbar! Nun stand der Orden über allem, jeder hatte sich ihm unterzuordnen. Hegel entwickelte eine ziemlich komplexe und spekulative Gottes- und Weltsicht, die schließlich in ein hochgefährliches Polaritätsdenken mündete. Im Ergebnis äußerte sich Gottes Geist als Vereinigung von Gegensätzen. Die Weltgeschichte spiegelte das göttliche Wirken, ihre Entwicklung wurde durch fortgesetzte Vereinigung von Gegensätzen weitergetrieben.

Im Klartext: Feindliche Parteien – »These« und »Antithese« – prallen aufeinander, Kriege werden zum Motor für den historischen Fortschritt. Am Ende steht eine neue, bessere Welt. Sie bildet das Ergebnis der Auseinandersetzung, die Hegelsche Synthese. Um das System ständig am Laufen zu halten, durfte der Zweck wieder einmal die Mittel heiligen. In der Praxis konnte das bedeuten, daß eine im Unsichtbaren wirkende, kontrollierende Instanz zunächst künstliche Feinde aufbaut, um neue Reibungsflächen und künftige Einfluß-Sphären zu schaffen. So lange, bis eine über allem stehende Macht die globale Kontrolle übernommen hat.

Wer verbirgt sich hinter jener Instanz? Diese Frage führt zunächst in das Todesjahr Weishaupts zurück. William Huntington

Russell, Sproß einer alten und reichen US-Familie, importierte die Lehre Hegels in die USA, vor allem an die Yale-Universität. Auch andere deutsche Philosophen, die den Illuminaten nachweislich nahestanden, beeinflußten das Denken Russells sehr deutlich. An der Universität Jena lehrte der berühmte Johann Fichte, der vom »Teilzeit-Illuminaten« Goethe gefördert worden war. Dort studierte in jenen Jahren auch Friedrich Herbart, dessen »illuminierte«

Die Elite-Universität Yale – Sitz von Skull & Bones. *(A. v. R.)*

Philosophie ebenfalls bald über den Großen Teich wandern sollte. Die *National Society for the Study of Education* hieß ursprünglich *National Herbart Society for the Study of Education* – der Name des Philosophen fiel später wohlweislich unter den Tisch. Herbart wuchs gewissermaßen im Kreis der Illuminaten auf, neben Fichte und Goethe stand ihm auch Johann Gottfried Herder zur Seite, der sich unter dem Illuminaten-Code *Damascus pontifex* in die Listen des Ordens einreiht.

Während eines dreijährigen Aufenthalts im Schweizer Interlaken lernte Herbart den Illuminaten *Alfred* kennen. Hinter diesem Decknamen verbarg sich der bedeutende Pädagoge Johann Heinrich Pestalozzi. Mittels Herbart als Katalysator wanderten Illuminaten-Ideen schließlich auch ins amerikanische Erziehungssystem – die

Infiltration setzte sich also fort. Sein Grundgedanke bestand darin, Kinder im Hegelschen Sinne zu funktionierenden Einheiten der Gesellschaft heranzuziehen. Die Individualität blieb dabei auf der Strecke. Herbart erhielt nicht zuletzt von Wilhelm Wundt wesentliche Impulse, wobei sich auch hier wieder der Kreis indirekt bei den Illuminaten schließt. Denn Wundts Großvater Karl Kasimir geisterte als *Raphael* durch den Orden ...

Bleiben wir aber noch ein wenig bei den »Handlungssträngen« der beginnenden 1830er Jahre.

»322«

Am 10. September 1832 wurden die beiden freimaurerischen Logen »Todtenkopf« und »Phönix« unter »Constitution der Höchstleuchtenden Hochwürdigsten Grossen Landes-Loge der Freimaurer von Deutschland zu Berlin« vereinigt. 1832 gründete William Huntington Russell zusammen mit Alphonso Taft, dem Vater des späteren US-Präsidenten William Howard Taft, an der elitären Yale-Universität den Orden von *Skull & Bones* – auch bekannt als *Orden 322*. Seitdem wurden jedes Jahr 15 neue Mitglieder in diesen düsteren Orden gewählt, der unter den Yale-Studenten höchstes Ansehen genießt. Beinahe jeder hegt insgeheim den Wunsch, in die Reihen der sogenannten Bonesmen aufgenommen und eingeweiht zu werden. Doch nur wer aus wirklich elitären Kreisen stammt, hat eine Chance.

Namen sehr alter oder reicher Familien erfreuen sich geradezu einer Dauerpräsenz in den Mitgliedslisten. Zu ihnen zählen auch die Bushs. Schon Prescott Sheldon Bush war Bonesman. Er wurde 1917 in den Orden gewählt und mußte wie jeder Neueingeweihte seine Loyalität durch einen makabren Beutezug unter Beweis stellen: So beteiligte er sich am Raub des Schädels von Geronimo, jenes berühmten Häupt-

Alphonso Taft, Vater des US-Präsidenten William Howard Taft und Mitbegründer des amerikanischen Illuminatenordens an der Yale-Universität.

lings der Apachen, der unermüdlich gegen die Weißen gekämpft hatte. Schädelkult! Genau wie andere abstoßende Trophäen gelangte der Totenschädel ins finstere Sammelsurium des »Tomb«. Das in strengem, klassizistischen Stil gehaltene und fast fensterlose Gebäude befindet sich auf dem Gelände der Yale-Universität in New Haven, Connecticut. Hier treffen sich die Bonesmen, hier werden die Neophyten eingeweiht, hier wechselte schon mancher Student des Nachts lieber die Straßenseite, wenn allzu schaurige Geräusche aus dem künstlichen Grabmal drangen. In den »Heiligen Hallen« der Bonesmen werden wahrhaft ungewöhnliche Reliquien aufbewahrt, Kinderskelette, Mumien, Mordwerkzeuge. Die »Knochenmänner« betrachten sich als die absolute Elite dieses Planeten und alle übrigen Menschen als uninformierte Barbaren. Sie selbst unterwerfen sich dem Orden völlig, widmen ihm ihr gesamtes Leben. Es geht um höhere Ziele. Die Todessymbolik dient mehreren Zwecken, vor allem aber auch weist sie ständig auf die Vergänglichkeit des individuellen Lebens hin, während der Orden im Glauben seiner Angehörigen natürlich ewig besteht. Doch zeugt das Symbol des Schädels über gekreuzten Knochen auch von der menschenverachtenden Mentalität der Bonesmen, denen jedes Mittel recht ist, ihre Macht zu mehren und Weltpiraterie zu betreiben. Schon die Herkunft des Gründers läßt in dieser Hinsicht sehr tief blicken. Denn William Huntington Russell entstammte einer Familie, die ihre Reichtümer mit dem Opiumhandel erworben hatte.

Reichtum aber ist nicht alles, und so streben die Bonesmen vor allem nach Macht. Sie infiltrieren wesentliche Bereiche des öffentlichen Lebens, treten nicht unter dem eigentlichen Ordensnamen auf und erscheinen ständig in neuen Körperschaften. Man hievt sich gegenseitig in bedeutende Ämter oder kümmert sich darum, geeignete Verbindungsstellen aufzubauen, wenn es darum geht, die Politik weltweit zu beeinflussen. Wer den Zielen dient, wird auch als »Barbar« nützlichen Aufgaben zugeführt. Erinnert dies alles nicht deutlich an die Illuminaten? Erinnert dies alles nicht vor allem an die Philosophie des Adam Weishaupt? Tatsächlich sind auch die deutschen Wurzeln des *Ordens 322* nicht zu übersehen.

Im Tomb hängt ein interessantes Bild. Es zeigt vier identische

Totenschädel, vor ihnen verschiedene charakteristische Gegenstände: eine Königskrone, ein Bettelsack, ein Globus, eine Narrenkappe. Über der Szene steht in deutscher Sprache (!) zu lesen:»Wer war Thor, wer Weiser, wer Bettler oder Kaiser?« Niemand kann die diversen Gegenstände den vier Totenschädeln eindeutig zuordnen. Die Identitäten, das so verschiedenartige Individuelle also ist vergänglich, was bleibt, sind lediglich Schädel und Knochen – der Orden! Diese Philosophie erinnert an den Weishauptschen Unvergänglichkeitsanspruch seines Ordens und findet sich auch im Gedankengut der Freimaurer. Über dem Bayreuther Logenhaus liest der interessierte Besucher beispielsweise:

>»Wer nur der Zeit lebt, vergeht in der Zeit,
> Ewig ist nur, wer sich Ewigem weiht.«

Die magische Zahl von *Skull & Bones* ist die 322. Sie birgt die»32« des Gründungsjahres 1832, aber eben auch noch jene zusätzliche Zwei. Worauf weist sie hin?

In der Chronologie des Ordens fehlt am Anfang ein Stück. Das belegt auch folgende Tatsache: Die Jahreszählung von *Skull & Bones* fängt gleich mit»Periode 2« an. Die Dekaden hingegen beginnen logisch. Da der Orden in der dritten Dekade der Periode von 1800 gegründet wurde, fängt die Zählung mit»D3« an. So liegt das Jahr 1833 bei P2 – D3, 1843 ebenfalls bei P2, aber bei D4. Und P1? – Gibt es nicht! Oder doch? P1 würde in das 18. Jahrhundert fallen, in die Zeit des 1776 von Weishaupt gegründeten Illuminatenordens. Er ist tatsächlich die erste, namentlich nie genannte Ordens-Sektion, auf die *Skull & Bones* gründen. Daher auch die zusätzliche Zwei. 32-2 bedeutet: die 1832 gegründete zweite Sektion des Ordens der Illuminaten. Hier, in den Vereinigten Staaten, an der Yale-Universität, fanden sie ihre eigentliche Fortsetzung.

In meinem Buch *Skull & Bones – Amerikas geheime Macht-Elite* habe ich zahlreiche Hintergründe und Aktivitäten dieses bedrohlichen Geheimbundes beschrieben, die ich nun durch einige zusätzliche Informationen ergänzen möchte.

War es reiner Zufall, daß die illuminatisch unterwanderten Freimaurer ausgerechnet im Jahr 1832 die vereinigte Loge »Todtenkopf und Phönix« gründeten? Phoenix, das war der ägyptische Auferstehungsvogel »Banu«. Und war der Orden im Jahr 1832 nicht tatsächlich wie ein Phoenix aus der Asche neu erstanden? Hatte er nicht den Totenkopf über gekreuzten Knochen zu seinem Symbol auserkoren? Das Siegel der Loge zeigt auch die beiden gekreuzten Knochen deutlich. Schädel und Phönix sind symbolisch über eine Schnur miteinander verbunden. Dahinter ist ein aufgeschlagenes Buch abgebildet, in dem sich das Motiv noch einmal wiederholt. Über allem schwebt das illuminerte Dreieck. Schädel und Knochen, dieses eindringliche Bild taucht in der freimaurerischen Symbolik oft auf, es ziert verschiedene Devotionalien, Anhänger, Ritualgegenstände, Maurerschürzen – wie beispielsweise die des russischen Geheimbündlers Paul Iwanowitsch Pestel. Er gehörte der Petersburger Loge »Sphinx« an und gilt als Oberhaupt des illuminatenähnlichen Geheimbundes der *Dekabristen*.

Die Frage drängt sich geradezu wiederholt auf, ob denn ein Bund, der die Insignien der Piraterie und des Todes zum »Markenzeichen« wählt, mit seinen verborgenen Aktivitäten wirklich Gutes im Schilde führt. Wohl eher nicht.

Gruftgeflüster

Adam Weishaupt verband in seinem Illuminatentum alte Mysterien mit einer Machtphilosophie, die er allerdings nicht in die Realität umsetzen konnte. Weishaupt selbst starb 1830, ohne seine Ziele eines weltumspannenden Einflusses auch nur annähernd erreicht zu haben. Seine Ideen aber leben weiter. Genau wie er immer predigte, verfährt der Orden auch heute noch und tritt nicht unter dem eigentlichen Namen auf.

Weishaupts Lehren ähneln einer tickenden, gut versteckten Zeitbombe, die gewissermaßen erst posthum explodierte. Der Ingolstädter Professor erlebte dieses unterirdische Feuerwerk nicht mehr. Doch andere hatten sein Werk fortgesetzt und arbeiteten mehr und mehr darauf hin, die Welt in ihre Hände zu bekommen.

Die Machtansprüche werden vor allem von manchen US-Präsidenten in geradezu dreister Klarheit vorgeführt. Jeder kennt die

Porträts, auf denen die Mächtigen eine Hand selbstsicher auf die Weltkugel legen. Welch eine Geste! Auch der 43. Präsident der Vereinigten Staaten, George W. Bush – übrigens 1968 in den Kreis der Bonesmen aufgenommen – ließ sich bereits in dieser Pose darstellen. Wer aber die Hand auf die Weltkugel legt, *be-legt* damit gleichzeitig seinen umfassenden Machtanspruch; eine schützende Hand dürfte den Globus nicht antasten, sondern sollte eher mit leichtem Abstand über ihn gehalten werden. Ein feiner, aber durchaus bedeutsamer Unterschied!

Der Orden von *Skull & Bones* wählt seine Mitglieder selbst aus, niemand kann sich um Aufnahme bewerben. In der »tap night« ziehen die Bonesmen aus, um den neuen Jahrgang zu bestimmen. Sie suchen die Kandidaten aus und klopfen ihnen mit der Hand auf die Schulter: »*Skull & Bones* – akzeptierst du oder nicht?«, so überraschen sie die erwählten Neulinge, und meistens ist die Antwort ein klares »Ja«. Nur wenigen ist der Bund suspekt, Geheimnis und Macht locken sehr, nicht selten schlichtweg auch das Besondere und Skurrile, abgesehen von den rund 15 000 US-Dollar, die jedem winken, der aufgenommen wird. Längst nicht allen sind die eigentlichen Zielsetzungen bewußt, auch im Orden von *Skull & Bones* existieren innere und äußere Zirkel. Interessant allerdings, daß viele Bonesmen nachweislich in höchste politische Ämter hineinrutschten und seit den Anfängen von »322« wesentlichen Einfluß auf das Weltgeschehen ausübten. Zu ihnen zählen Präsidenten und ihre Berater, CIA-Direktoren, Bankiers und Großunternehmer.

In der Politik spielt überhaupt keine Rolle, ob jemand dem Lager der Republikaner angehört oder aber den Demokraten. Diese Unterscheidung gilt nur nach außen, liefert eine Pseudo-Option für den Wähler. Auch auf dieser Ebene schlägt die Hegelsche Dialektik zu: Der Widerstreit künstlicher Gegensätze als Motor! Nicht anders bei der Präsidentschaftswahl vom November 2004 – Herausforderer John F. Kerry (»JFK«!) erscheint im Bones-Jahrgang von 1966, also zwei Jahre vor George W. Bush. Auf der knochigen Ebene sind die beiden also Partner. So schnell wird ein Wahlkampf zum internen Wettkampf, egal wer gewinnt, die »Partei« bleibt dieselbe.

Noch sind Namen wie Chad Almy, Sumeyya Ashraf, James Burke, Perry So, Paul Vitelli oder Sophie Melniker völlig unbe-

Wie George W. Bush ist auch John F. Kerry ein Bonesman.

kannte Größen. Doch vielleicht werden wir schon in einigen Jahren von ihnen hören. Sie alle zählen zum Bones-Jahrgang 2004. Während die alten Jahrgänge nur männliche Mitglieder aufweisen, öffnete man die Tore des geheimnisvollen Tombs seit den 1990er Jahren auch dem weiblichen Geschlecht. So gibt es seitdem also auch Bones-Women!
Es fällt schwer, sich Frauen als Weltverschwörer vorzustellen. Diese unsympathische Rolle haben bislang immer nur Männer gespielt. Gerade deshalb kann es sich bei der »neuen Offenheit« von *Skull & Bones* durchaus um ein geschicktes Täuschungsmanöver handeln. Wer sagt denn, daß Frauen auch wirklich in den innersten Zirkel von »322« gelangen können, in jene Kreise, wo wirklich die Musik spielt, nach der unsere Welt zu tanzen hat? Oder ist S&B doch nichts anderes als eine harmlose studentische Verbindung, die mit geradezu diebischer Freude verfolgt, wie sich zunehmend düsterste Gerüchte um ihre vermeintlich geheime Macht ranken? Treffen sich jeden Donnerstag und Sonntag nur ein paar privilegierte Studenten aus Amerikas Top-Familien in jenem Gruselkabinett an der High Street von New Haven, um dort ein wenig zu debattieren, Schach zu spielen und sich die Kehle zu schmieren?
Zumindest mit dem Alkohol scheint es nicht weit her zu sein, ansonsten hätte sich George Bush der Jüngere wohl etwas öfter im Tomb blicken lassen. Angeblich brachte ihm sein häufiges Fehlen den Bones-Namen »Temporary« ein – der »Gelegentliche«. Ja, auch die Bonesmen erhalten Decknamen, wenn sie in den Bund eintreten. Und einmal umgekehrt gefragt, was erst für ein Präsident wäre aus

»Temporary« geworden, hätte er dem Tomb häufiger die Ehre gegeben?

Doch was hat es mit dem Mummenschanz von S&B nun tatsächlich auf sich? Es sieht ganz danach aus, daß dort die legitimen Nachfolger der Weishauptschen Illuminaten wirklich an Strategien tüfteln, wie sie die Welt in den ultimativen Würgegriff bekommen können.

Über dieses Thema belustigen sich die Bonesmen (und -women) allerdings regelmäßig und sehr betont. Immer wieder tauchen in *Rumpus*, der Studentenzeitung von Yale, Berichte über *Skull & Bones* auf. Der sarkastische Ton ist konstant gleich, die Autoren wiederholen die Argumentation der »Verschwörungstheoretiker«, finden dabei in teils wirklich überzogenen Äußerungen genügend Material und machen die Behauptungen durch die Bank lächerlich. Nicht anders im 1999 erschienenen Bericht *Söhne von George, Diener des Satan* von David Pozen, der sich mit den Recherchen des englisch-amerikanischen Ökonomie-Professors Antony C. Sutton auseinandersetzt. Dem 2002 verstorbenen Forscher waren bereits vor langer Zeit Informationen von einem Bones-Insider zugespielt worden, der ganz offenbar mit den Plänen von »322« nicht sonderlich einverstanden war.

Professor Sutton wurde mit einem Schlage vieles klar, vermeintliche Widersprüche der Weltgeschichte lösten sich wie von selbst auf, nachdem er die Philosophie des »Ordens« kennengelernt hatte. In seinem Buch über *America's Secret Establishment* liefert er eine durchaus eindrucksvolle Indizienkette über das verdeckte Treiben der »Knochenleute«. Jener Bericht von 1999 befaßt sich zunächst mit den Folgerungen des Autors Uri Dowbenko, vor allem mit seinen Nachforschungen zu einer Verbindung der Bush-Familie mit Drogenkartellen, um danach gleich auf Sutton einzugehen.

Die Kurzfassung in Pozens Arbeit erweckt den Eindruck völlig irrationaler Behauptungen Suttons, die schlichtweg alle historischen Übeltaten mit den satanistischen Bonesmen in Verbindung zu bringen scheinen. Ich nenne das den »Emser Depescheneffekt«:

Um 1870 herum kriselte es zwischen Frankreich und Deutschland schwer. Kaiser Wilhelm sollte dem französischen Botschafter bestätigen, nie eine hohenzollersche Kandidatur auf den spanischen

Thron zu dulden. Ein Depesche aus Bad Ems, wo der Kaiser zur Kur weilte, informierte Fürst Bismarck über jene Gespräche und die Ablehnung des französischen Anliegens. Bismarck redigierte und kürzte den Text, der dadurch einen völlig anderen Ton erhielt. Die Weitergabe und Veröffentlichung des Textes sorgte in Deutschland zwar für Jubel, auf der Gegenseite aber wurde die Zusammenfassung als schroffe Beleidigung empfunden. Schließlich erklärte Frankreich offiziell den Krieg. So kam es letztlich zum militärischen Konflikt von 1870/71. Was Kürzungen manchmal bewirken! Das ist der Emser Depeschenffekt!

Zurück zu *Skull & Bones*. David Pozens Depesche kann Sutton nicht widerlegen, sie liefert nicht ein einziges Gegenargument. Natürlich, der Artikel ist insgesamt weder wissenschaftlich noch ernst formuliert, doch hinter der humorvollen Fassade verbirgt sich dennoch eine ernste Intention, nämlich schlichtweg die Lächerlichmachung aller Aussagen, die in *Skull & Bones* mehr sehen als bloß eine skurrile studentische Verbindung oder allerhöchstens den harmlosen Geheimbund einer Elite-Uni.

Während unter einem begleitenden Bild von George Bush die Frage steht, wo denn nun sein Koks sei, taucht unter dem Titelbild des Sutton-Buches die Frage auf: »Und was hat dieser Typ geschnüffelt?« Und mit einem Schlag wird Sutton trotz all seiner stichhaltigen Argumente zum Narren gemacht. So einfach geht das!

Nicht anders auf der Rumpus-»Society Page« QED – »quod erat demonstrandum – Was zu beweisen war«. Hier amüsiert sich Joshua Gruenspecht: »*Skull and Bones*, oder, *Old World Kids* für die Neue Weltordnung. *Skull and Bones* übernimmt die Weltherrschaft. Als Brutstätte für Freimaurer des 33. Grades, für die Illuminaten, die Warren-Kommission, die CIA, die NSA, die USDA, die IRA, die *Blue Man Group* – S&B plazierte seine Mitglieder langsam in Schlüsselpositionen innerhalb der US-Regierung, um damit einen nahtlosen Machttransfer auf die Vereinten Nationen zu bewirken, wenn der Antichrist ihnen signalisiert, daß die Ära der Hure von Babylon in Reichweite ist. Bones selbst betreibt das größte Drogenschmuggler-Kartell in Amerika, vermittelt Thai-Kindersex-Sklaven gegen Opium und illegale südamerikanische Arbeiter für Kokain. Sie schleusen ihre Gelder in die gewaltige Bankenkörperschaft, die zur einzigen Weltmacht werden wird, organisiert und betrieben von einer Junta ehemaliger Nazis, die immer noch am Leben sind und die Geschäfte im ehemaligen Ostdeutschland führen …« In diesem Stil geht es weiter. Niemand, der diese geballte Ladung ernst nehmen würde. Das Schlimme daran ist, daß die satanistische Überhöhung den Unglauben weiter wachsen läßt und die Vermischung von Faktischem mit den Tatsachen alles gleichsam in die Lächerlichkeit zieht. Typische Desinformation – man verpackt eine Wahrheit am besten zwischen zwei Lügen, um sie zu demolieren. Eine altbekannte Weisheit besagt, daß eine oft wiederholte Lüge schließlich zur scheinbaren Wahrheit wird. Umgekehrt wohl nicht anders. Diejenigen, die S&B gerne als harmlosen Studentenbund präsentieren möchten, listen zunächst einmal sämtliche Anschuldigungen auf, wie sie gegen den Orden angeführt werden. Eine bewährte Praxis, die nicht anders von den *Bayerischen Illuminaten* betrieben wurde, Sie erinnern sich bestimmt.

Alles doch nur halb so wild?

Hier ist nicht der Platz, um die vielfach gewundenen und dunklen Pfade zu verfolgen, auf denen der Bund von *Skull & Bones* seinen globalen Einfluß nimmt. Darüber sind einige Werke veröffentlicht worden, und auch ich habe versucht, dem Thema in einem kompletten Buch gerecht zu werden. Nur soviel: Allein die Tatsache, daß der amerikanische Auslandsgeheimdienst CIA bestens mit Yale-Absolventen und darunter einem Großteil an S&B-Leuten ausstaffiert ist, läßt tief blicken. Sie bilden eine eigene Gruppe innerhalb des Dienstes. Und wenn all die Aktivitäten dennoch harmlos sind, warum werden Autoren, die sich mit »322« auseinandersetzen, nicht nur lächerlich gemacht, sondern auch bedroht?

Selbst Alexa Robbins, die an der Yale-Uni studierte und ebenfalls einem der dortigen Geheimbünde angehört, wurde deutlich eingeschüchtert, als sie ein Buch über *Skull & Bones* zu schreiben begann: *Secrets of the Tomb.* Ihr Werk tendiert dazu, das Thema etwas zu verharmlosen, auch wenn Robbins den Bonesmen eine bedeutsame Verbreitung in hohen politischen Ämtern eingestehen muß. Trotz ihrer gemäßigten Darstellung erklärte ihr ein Bonesman, daß 15 Yale-Junioren sehr, sehr aufgebracht über sie seien, und meinte in zynischem Unterton: »Viel Glück bei Ihrer Karriere«, um daraufhin den Hörer lautstark auf die Gabel zu schmettern. Und warum flog Professor Sutton von zwei amerikanischen Universitäten, nur weil er Nachforschungen über S&B betrieb? Nochmal: Warum dies alles, wenn *Skull & Bones* »nur« ein harmloser studentischer Geheimbund ist? Nur ein Ulk, ein Spiel? Aber wie weit geht dieses Spiel? Bis zur Herrschaft über die Welt?

Mit Blick auf die Geschichte von »322«, die auf den Illuminatenorden gründet, erhellt sich ohne weiteres, daß die globale Herrschaft in Form einer Neuen Weltordnung tatsächlich das erklärte Ziel der geheimen Gesellschaft ist. Wer in diesen Zirkel gewählt wird, erlebt ähnlich wie die Novizen der Illuminaten eine interessante okkult orientierte »Show«. Sie erinnert an die alten Rituale und spielt zur psychologischen Konditionierung eine nicht zu unterschätzende Rolle. Die Neophyten werden in den Orden eingeschworen. Was gelegentlich wie ein studentischer Ulk erscheint, birgt dennoch die Symbolik und Wirkung sehr alter Rituale.

Der »tap night« folgt die Initiation. Der Adept wird in das Tomb von *Skull & Bones* gebracht, um dort sein altes Dasein abzulegen. Er beendet sein Leben als »Barbar«, stirbt den symbolischen Tod und wird neu geboren. Umgeben von den Insignien des Todes und Patriarchen des Ordens legt er sich in einen Sarg, um dort masturbierend seine innersten Geheimnisse an die künftigen Bundesgenossen zu verraten. Die mentale Bindung wächst dadurch enorm, sie schmiedet den erpreßbar gewordenen Newcomer aufs Engste an den Orden.

In derben Sprechchören wird das Ritual der Neophyten begleitet. Immer wieder ist von »Uncle Toby« die Rede, wobei »Toby« den Leiter des Zeremoniells meint. Schließlich ergeht ein bemerkenswerter Befehl an den Einzuweihenden: »Lauf, Neophyt! Finde den Femur!« – Der Femur! Jeder frischgebackene Bonesman soll einen Oberschenkelknochen finden, den größten menschlichen Röhrenknochen. Ein gutes Symbol für die Stärke des Knochenbundes. Doch verbindet sich mit ihm noch etwas anderes. Schon aus der Zeit des 17. Jahrhunderts, also vor der offiziellen Begründung der Freimaurerei im Jahr 1717, sind Gräber von Freimaurern bekannt. Liegt der

Schädel des Toten oberhalb seiner gekreuzten Oberschenkelknochen, so war der Verstorbene ein Meister vom Stuhl, also Vorsitzender der Bruderschaft. Der Femur erinnert zudem an die Geschichte jenes vermutlichen Tempelritters aus Sidon, der eine Dame aus Maraclea liebte. Sie erinnern sich, die Angebete verstarb früh, und der geheimnisvolle Ritter beging noch in der Nacht ihres Begräbnisses seine verwerfliche Leichenschändung, um neun Monate darauf zum einsamen Zeugen einer dämonischen Geburt zu werden. Als er das Grab öffnete, fand er auf gekreuzten Oberschenkelknochen einen Totenschädel, den Kopf seines Kindes. *Skull & Bones*!

So gelangen wir über den 1832 in den USA gegründeten Geheimbund wieder auf alten Pfaden zurück zu den Legenden der Templer. Schon hier finden wir die gleiche Symbolik und die Verehrung von Schädeln, nicht zuletzt auch in Gestalt des mysteriösen Götzen Baphomet.

Auch der reinigende Symboltod mit anschließender Wiedergeburt des Adepten ist ein verbreiteter Ritus, der aus alten Mysterienschulen in Illuminatenverbindungen übernommen wurde. Sehr ähnlich der Szenerie des Tomb von *Skull & Bones* gestaltete sich die Initiation bei bestimmten Graden der italienischen Carbonari.

Mit gefesselten Händen und Füßen liegt der Kandidat in einem Verließ, das seine eigene Seele widerspiegelt. Der Raum ist von Symbolen des Todes überfrachtet, im Hintergrund droht ein Schafott. Ein düsteres Tribunal spricht das Urteil über ihn, und die vorbestimmte Antwort befreit den Adepten vor der Bestrafung. In einem anderen Ritual mußte der Kandidat geloben, sein Leben darzubringen, wenn es galt, Verrat zu strafen. Hier ging es um das tatsächliche Opfer. Von der Zeremonie einer künstlichen Kreuzigung bei der Carbonari-Initiation war ohnehin bereits die Rede. Im alten Ägypten, dem Urgrund vieler Mysterien aus dem Umfeld der Illuminaten und ihrer Erben, spielt der Symboltot eine zentrale Rolle.

Okkulte Traditionen

Genau wie die christliche Religion wirkte die Kultur des Pharaonenreichs auf ein besseres Leben nach dem Tod hin, eine Wiedererwekkung. Osiris war wie Christus oder Lazarus von den Toten auferstanden. Der schon erwähnte Tons Brunés sieht die Große Pyramide von Giseh als Einweihungstempel. Während der Initiation wurde der Neophyt in eine tiefe, todgleiche Trance versetzt. Er begab sich auf eine Reise zu den Göttern, und mit dem Erwachen wurde er zum Wiedergeborenen. Kaum anders beschreibt auch Paul Brunton die Einweihung. Er spricht davon, die Trance sei tatsächlich so tief gewesen, daß der Kandidat physisch leblos war, von einem Toten nicht zu unterscheiden. Doch löste sich im Gegensatz zu einem echten Leichnam die Seele nicht von ihm ab, sondern blieb über ein unsichtbares Band an ihn geheftet. Allein der hellsichtige Initiator habe dieses Band sehen und diese extreme Grenzsituation noch kontrollieren können. Wie ein Ermordeter lag der Initiand in einem verschlossenen Mumiensarg.

Nach Ablauf der für ihn bemessenen Zeit, drei Tage und drei Nächte, begann die Wiedererweckung. Sie spiegelte die Osiris-Mysterien und galt als Beweis, daß es keinen realen Tod gibt. So wird der Tod auch in der altägyptischen Kultur wie auch im Totenbuch zur extremsten Form der Trance. Als Brunton eine Nacht in der Großen Pyramide verbrachte, versetzte ihn eine jener beiden geisterhaften Priestererscheinungen in eine solche todgleiche Trance, so berichtet der ungewöhnliche Schriftsteller. Dadurch will er seine Wiedergeburt erlebt und eben jenen Beweis für das ewige Leben erhalten haben.

Die legendäre Madame Blavatsky sprach vom Schlaf Siloams und bezeichnete damit genau denselben tiefen Trancezustand, in den der Neophyt versetzt wurde – und dies nicht ausschließlich in Ägypten. Auch Aleister Crowley erwähnt Siloam (auch Sialam). Siloam ist ein Begriff, der in okkulten Bruderschaften immer wieder auftritt und sich auf einen kontrollierten Trancezustand bezieht. Das Erwachen wird zur Wiedergeburt, Einweihung und Erleuchtung. Der Blinde wird gewissermaßen sehend. Genau dieses Wunder vollbrachte Jesus am Teich Siloam. »Im Vorübergehen sah er einen Menschen, der von Geburt an blind war«, so steht im Johannes-Evangelium geschrieben (Johannes, 9, 1–12). »Seine Jünger fragten ihn: ›Meister, wer hat gesündigt, dieser oder seine Eltern, daß er blind geboren wurde?‹ Jesus antwortete: ›Weder dieser hat gesündigt noch seine Eltern; sondern die Werke Gottes sollen offenbar werden an ihm. Wir müssen die Werke dessen, der mich sandte, vollbringen, solange es Tag ist; es kommt die Nacht, da niemand zu wirken vermag. Solange ich in der Welt bin, bin ich das Licht der Welt.‹ Nach diesen Worten spuckte er auf die Erde, machte Teig aus dem Speichel, strich ihm den Teig über die Augen und sprach zu ihm: ›Geh hin und wasche dich in dem Teiche Siloam‹ – was übersetzt heißt: Gesandter. Er ging hin, wusch sich und kam sehend zurück.«

Die *Hermetische Brüderschaft von Luxor*, eine elitäre Geheimgesellschaft, weiß von einem britischen Armeeoffizier, in dessen Tagebuch der Name Siloam zum ersten Mal im Sinne einer Trance auftritt. Der Offizier notierte ihn irgendwann im 19. Jahrhundert während seines Aufenthalts in Indien.

Die Brüderschaft von Luxor! Wie sich zeigt, ist sie mit der Hermetischen Brüderschaft des Lichts und folglich auch mit dem O.T.O. verbunden. Und was bedeutet *Luxor*! Jener großartige Tempelbereich hieß im alten Ägypten ganz anders, nämlich »Ipt rsyt«, was »das südliche Heiligtum« bedeutete. Die Araber sprachen von al-uksur, einer »Befestigungsanlage«. Daher stammt der heutige Name Luxor, der seinerseits das lateinische Wörtchen »lux« beinhaltet, was sich bekanntlich als »Licht« übersetzt. Immer wieder geht es um Licht, selbst in vielen der düstersten Geheimgesellschaften. Die entscheidende Frage ist nur, wer dieses Licht bringt. Und hier sind wir schon ganz von selbst bei der nächsten Wortbedeutung. Denn der Licht-Bringer ist niemand anderes als *Luci-fer*. So kann einem schließlich wahrhaft ein Licht aufgehen.

Licht führte den Neophyten auch wieder aus dem Trancezustand ins neue Leben zurück. Nach seiner todgleichen, drei Tage dauernden Ruhephase in einer verborgenen Kammer wurde er im Licht der Sonne erweckt. Nach der alten Lehre war der Sarkophag in der Königskammer der Großen Pyramide ein Taufbecken für die Wiedergeburt. Als der dritte Tag nahte, entfalteten sich geheimnisvolle nächtliche Aktivitäten um den steinernen Sarg. Die okkulten Überlieferungen wissen davon, daß der Neophyt an den Eingang einer Galerie gebracht wurde, um dort zu vorbestimmter Stunde von den Strahlen der aufgehenden Sonne erfaßt zu werden. Die berühmte Große Galerie kann kaum gemeint sein; überhaupt kommt kein offiziell bekannter Gang der Pyramide als dieser Ort in Frage. Wo auch immer er noch verborgen sein mag, dort sollte der Neophyt zu neuem Leben erwachen und von Osiris wie auch von Thoth, dem Gott der Weisheit, in die Mysterien eingeweiht werden – am dritten Tage auferstanden von den Toten.

So besitzt also der symbolische Tod mit der anschließenden Wiedergeburt eine sehr alte Tradition. Dies alles spielt letztlich in die ungewöhnlichen Rituale der Bonesmen hinein und fügt sich auch nahtlos in den Ewigkeitsanspruch solcher Bündnisse.

Auch die Knochenleute müssen sich in einen Sarg legen, streifen ihr altes Dasein ab und werden erleuchtet wiedergeboren. Im Grunde erweisen sich die Vorgänge im S&B-Tomb als fahler Abklatsch der altägyptischen Einweihungsriten.

Okkulte Elemente und esoterische Gedanken finden sich bald ohne Ausnahme in den Reihen der Macht-Elite. Vorwiegend dienen sie der nachhaltigen Konditionierung. Selbst in unserer Zeit spielen sich hier unglaubliche Rituale ab. Kaum zu glauben, aber wahr. Machtstreben und Okkultismus, sie bilden seit langem eine enge Liaison. Adam Weishaupts unselige Mixtur wurde zu »Dippel's Öl« der Weltgeschichte oder auch einem monströsen Mischwesen, das erst Jahrzehnte später zu vollem Leben erwachte. Denn die ursprünglichen Illuminaten erlebten ihre Wiedergeburt im zweiten Orden, genannt *Skull & Bones* oder *Orden 322*. Er stieg wie ein Phönix aus der Asche, um ein neues, weit verzweigtes und dennoch wieder sehr gut verborgenes Geschlecht zu gründen. So wurde aus den »Illuminaten« schließlich jene komplexe Hypermacht, die heute vor allem im angelsächsischen Raum gerne unter dem Begriff der »Illuminati« zusammengefaßt wird.

8. Die neuen Lichtbringer

Eine ungewöhnliche Frau

Helena P. von Hahn hatte ein bewegtes Leben hinter sich, als sie im Alter von nicht einmal 60 Jahren verstarb. Nie war ihr Dasein in gewöhnlichen Bahnen verlaufen. Schon ihre Kindheit wurde von seltsamen Ereignissen geprägt, die sie offenbar durch ihr eigenes Wesen magisch anzog.

Geboren wurde Helena als Tochter einer russischen Adelsfamilie. Ihr Vater diente in der berittenen Artillerie und stammte vom mecklenburgischen Grafen Rottenstern-Hahn ab. Die Mutter feierte Erfolge als Autorin, die sich für unterdrückte Frauen im Zarenreich einsetzte, und galt als die russische George Sand. Die kleine Helena von Hahn, die 1831 geboren wurde, entwickelte sich bald zu einem sehr schwierigen Kind, das schlafwandelte, häufig hysterische Ausbrüche und Wutanfälle bekam und sich schon früh von allem Geheimnisvollen zutiefst angezogen fühlte. Als Vierjährige lauschte sie fasziniert den Geschichten über die Russalkas, grünhaarige Flußnymphen, die zwischen knorrigen Weiden ihr Unwesen trieben und ihre Opfer zu Tode kitzelten. Helena soll damals einen zehn Jahre älteren Jungen mit diesen Geschichten so erschreckt haben, daß er voller Angst davonlief und erst nach Wochen von Fischern tot am Flußufer gefunden wurde. Helena glaubte noch viel später, sie habe ihre Schutzkräfte von dem Jungen abgezogen und ihn den Russalkas ausgeliefert. Wiederholt sprach sie davon, schon im Alter von vier Jahren einen Mord begangen zu haben.

Sensibel, hoch stimmungsabhängig und anfällig für alle Mysterien dieser Welt, wuchs Helena genau in jenen Landstrichen auf, die von Sagen und Legenden um Geister und Kobolde nur so wimmelten, und so saugte sie das Übersinnliche geradezu seit frühester Kindheit in sich auf. Sie terrorisierte ihre Familie jahrelang mit heftigsten Temperamentsausbrüchen, so daß sich vor allem die Mutter größte Sorgen machte, wohin sich der Charakter dieses Mädchens dereinst noch entwickeln sollte. Helena war gerade zwölf, als ihre Mutter starb − nur 28-jährig. Auf dem Totenbett meinte sie:

»Nun, vielleicht ist es das Beste, daß ich nun sterbe, dann bleibt mir wenigstens erspart zu sehen, was Helena noch befällt.« Deutlicher ließ sich das kaum sagen. Ihre Tochter leugnete später, die Mutter überhaupt gekannt zu haben. Sie sei angeblich verstorben, als sie noch ein Kleinkind war. Warum Helena das behauptete, bleibt letztlich eine unbeantwortete Frage. Ihre erste kurze Affäre hatte sie im Alter von 16 Jahren, und die entwickelte sich gleich mit einem echten Prinzen, Alexander Galitzin. Was beide zusammengeführt hatte, war vor allem das gemeinsame Interesse am Okkulten. Bald aber ließ der Prinz sie sitzen. Noch nicht einmal 17 geworden, heiratete sie einen russischen General, der sehr viel älter war als sie. Helena sagte, er sei schon über siebzig Jahre alt gewesen. Das kann nicht ganz stimmen, denn er überlebte sie. Jedenfalls war der Altersunterschied eklatant genug, um die ehelichen Bande sehr bald wieder zu lösen. Nach spätestens drei Monaten war Schluß. Die folgenden Jahre im Leben der jungen Frau sind schwer zu rekonstruieren.

Helena P. von Hahn.

Mit ziemlich großer Gewißheit begab sie sich auf ausgedehnte Reisen, lernte im Orient weise Männer kennen, Priester, Magier und Asketen, um in alte esoterische und okkulte Lehren eingeweiht zu werden. In Konstantinopel schließt sie Bekanntschaft mit der russischen Gräfin Kisselew, mit der sie ihre Reise gemeinsam fortsetzt, zunächst nach Ägypten. Während des Aufenthalts in Kairo trifft sie auf einen alten koptischen Magier, bei dem sie einige Monate bleibt und studiert.

Als sie nach Rußland zurückkehrt, beeindruckt sie die intellektuellen Kreise, die sich für ihre schon immer vorhandenen paranormalen Fähigkeiten interessierten, so heißt es. Nach verschiedenen Affären wird gegen Anfang der 1860er Jahre der Sohn Yuri geboren, für den sich allerdings keiner der potentiellen Väter »zuständig« fühlt. Das Kind ist mit einem Geburtsfehler behaftet und kränkelt ständig. Als es im Alter von fünf Jahren stirbt, bricht für

Helena eine Welt zusammen, und ihr Glaube an den Gott der russisch-orthodoxen Kirche stirbt mit dem Sohn. Weitaus stärker hingezogen fühlt sie sich zu den alten indischen Lehren. Schon in frühen Tagen, so behauptet sie, begleitete sie die Gestalt eines schlanken Hindu, der immer wieder in ihrem Leben auftauchte. Er sei es auch gewesen, der ihr auftrug, nach Nordamerika zu gehen. Im Juli 1873 trifft Helena in New York ein. Um ihr Leben zu bestreiten, arbeitet sie in einer Textilfabrik. Doch fühlt sie sich zu weit Höherem berufen und versucht, als Medium bekannt zu werden. In dieser Zeit lebt sie mit drei Journalisten in einer Wohngemeinschaft zusammen. Über Nacht scheinen unerklärliche Dinge zu geschehen. Schwarzweiß-Fotografien werden offenbar durch Geisterhand zu Farbbildern. Die Aufnahmen liegen in einer Schachtel, die am nächsten Morgen unberührt zu sein scheint, doch sind die Fotos nunmehr alle koloriert.

Eines Nachts allerdings gehen die drei Mitbewohner der Sache auf den Grundr – und beobachten Helena, wie sie sich mit Wasserfarben und Pinsel bewaffnet an den Bildern zu schaffen macht. Sie wollte den Geistern wohl Nachhilfe erteilen. Nicht immer schienen also die Aktivitäten der Spiritistin so ganz astrein gewesen zu sein, jener Frau, die im September 1875 zusammen mit ihrem engen Freund Henry Steele Olcott die legendäre *Theosophische Gesellschaft* gründete und unter dem Familiennamen des alten Generals, den sie mit 17 für kurze Zeit heiratete, weltberühmt werden sollte: Helena Petrovna Blavatsky.

In diesem Buch war ab und an bereits die Rede von ihr. Eine wahrhaft schillernde, rastlose Persönlichkeit, die zahlreiche alte Geheimlehren studierte und das okkulte Leben des 19. Jahrhunderts maßgeblich mitbestimmte. Ihre Werke – wie *Die entschleierte Isis* oder *Die geheime Doktrin* – beeinflußten nahezu jeden mystischen Zirkel und nahezu jede verborgene Gesellschaft jener Tage. Und sie wirken bis in die Gegenwart hinein. Wieviele Erfahrungen der »Madame Blavatsky« wirklich stattgefunden haben, wird sich kaum noch klären lassen. Ihr Leben scheint ein Taumelzustand zwischen Diesseitigem und Jenseitigem gewesen zu sein, zwischen banalen Realitäten und unglaublichen Ereignissen bis hin zu spirituellen Erweckungen.

Von der Pike auf

Was stimmte tatsächlich und was war Fiktion? Kämpfte die Blavastky als Mann verkleidet wirklich in der Armee Garibaldis, um in der Schlacht von Mentana verletzt zu werden? Gehörte sie tatsächlich den italienischen Illuminaten an, den Carbonari? War sie weiblicher Freimaurer? Hielt sie sich schon in früher Jugend in Tibet auf, um später wieder dort hinzugelangen? Diktierte der Meister Dwal Khul ihr Hauptwerk über die geheime Doktrin? Wurde sie zusammen mit Olcott in die *Große Weiße Bruderschaft* von Tibet aufgenommen?

Madame Blavatsky und Henry Steele Olcott

Ihre Gegner werfen ihr Betrug, Drogenkonsum und Verbreitung von rassistischem Gedankengut vor. Nicht ganz unbegründet. 1903 veröffentlichte Madame Blavatsky eine Art Rassenlehre, in der sie zwischen »höheren intellektuellen Rassen« und »niederen Rassen« unterscheidet, zu denen sie die »Australneger« zählt. Besonders aus heutiger Sicht erscheinen derartige Differenzierungen sehr bedenklich.

Beeinflußt wurde das aus Rußland stammende Medium in seinem Dasein durch viele kulturelle und vor allem okkulte Strömungen, die oft auch eine Vorbildfunktion für den Illuminatismus besaßen. Seien es die Carbonari, die altägyptischen Weisheiten oder auch die Lehren der *Großen Weißen Bruderschaft*. Wer verbarg sich dahinter? In Briefen an ihre Schwester enthüllte »die Blavatsky«, es handele sich dabei um den Codenamen für die Rosenkreuzer, deren

Ideen bekanntlich ebenfalls von Weishaupt aufgegriffen worden waren. Beeinflußt wurde sie nicht zuletzt aber auch von einem der umstrittensten und mysteriösesten Männer jener Zeit: General und Hochgradfreimaurer Albert Pike. Einigen gilt er als humanitärer Idealist und Allroundgenie, für andere allerdings ist er die Inkarnation des Bösen und Top-Illuminat schlechthin.

Albert Pike wurde am 29. Dezember 1809 in der US-Ostküstenstadt Boston, Massachusetts, geboren. Er stammte aus einfachen Verhältnissen, doch seine Eltern setzten alles daran, ihrem Sohn eine hervorragende Ausbildung angedeihen zu lassen. Eigenen biographischen Schilderungen zufolge besuchte Albert Pike ab 1825 die Harvard-Universität. Um sein Studium selbst weiter finanzieren zu können, unterrichtete er zunächst an einer Grundschule in Newbury. In einem Newsletter der *Smithsonian Associates* wird allerdings darauf hingewiesen, daß keine Aufzeichnungen über seinen Besuch an der Harvard-Universität existieren. So scheint er das meiste Wissen im Selbststudium erworben zu haben.

Pike beherrschte sechzehn Sprachen in Wort und Schrift, erkundete auf Trappermärschen mehrere US-Bundesstaaten und schrieb sogar Gedichte. Der Anfang desselben Jahres geborene, doch viel früher verstorbene Edgar Allan Poe rühmte Pike als bedeutendsten klassischen Dichter Amerikas. Das Sprachgenie betätigte sich außerdem als Verfasser von Essays, als Historiker, als Jurist, Philosoph, Redner, Militär-Commander und auf unzähligen anderen Gebieten – auch im privateren Umfeld. Hier glänzte er einigen Berichten zufolge als humorvoller Gastgeber, hervorragender Sänger und ausgezeichneter Tänzer. Was konnte er eigentlich nicht?

Niemand kann Pike wohl gänzlich absprechen, ein außergewöhnlicher und vielseitig begabter Mensch gewesen zu sein. Nur sagt das alles noch nicht unbedingt viel über seine menschlichen Qualitäten und die wahren Absichten, die er

Der kontroverse Albert Pike – humanitäres Genie oder Satan in Menschengestalt?

mit seiner Tätigkeit verfolgte. Auf Fotografien, die Pike in seinen späten Jahren zeigen, erscheint der schwer übergewichtige Mann mit seinem wallenden, schlohweißen Haar wie der Allmächtige selbst – oder der Leibhaftige gar? Unfraglich eine beeindruckende Persönlichkeit, die ganz bestimmt kein Hehl aus ihrem Selbstbewußtsein macht, wie sie dort auf dem dunklen, massiven Stuhl thront, die rechte Hand locker über die Lehne hängend. Unter den buschigen Augenbrauen dringt der Blick des Wissenden hervor, kritisch, zynisch und triumphierend, kryptisch und gleichzeitig doch verblüffend klar. Dieser Mann ist jemand, der sein Werk bereits für die Zukunft vollbracht hat und sich dessen auch vollends bewußt ist. Trotz all der Gelassenheit in der Haltung scheint noch eine immense Energie in dem Greis zu schlummern, ähnlich einer betagten Raubkatze, die entspannt im Schatten ruht, dennoch aber jederzeit sprungbereit ist.

Pike in späten Jahren

Albert Pike erscheint bald wie eine Allegorie des geheimen Wissens um die großen Dinge der Welt. Sein unheilvoll wirkender Ausdruck scheint geradezu ein Spiegel der Verachtung zu sein.

Ein Detail fällt vielleicht erst auf den zweiten Blick auf, wenn der Betrachter sich ausgiebig, aber vergebens um Zwiesprache mit jenem Orakel bemüht hat. Dann allerdings tritt dieses Detail um so markanter hervor: ein seltsamer Anhänger auf dem Bauch des Gelehrten. Der silberne Gegenstand hängt an einer langen Kette herab, er ähnelt einem modernen Tresorschlüssel, mehrere Querbalken kreuzen einen Längsstab. Es ist das Zeichen Baphomets. Albert Pike war auch praktizierender Okkultist. Er hatte die verschiedensten Riten und Kulte studiert, wußte über die alten Mysterien bestens Bescheid und kannte die Untiefen der menschlichen Psyche. Für Pike galt Baphomet in der Tradition der Templer als der »elementare Stoff des großen Werkes« und der »feurige Körper des heiligen Geistes« – ein leichter Widerschein des illuminatischen Feuerkultes der Parsen, der hier aufflackert.

Gerüchte um »KKK«

Ein gewisser Hyman Isaac Long soll im Jahr 1801 eine Statue Baphomets nach Charleston, South Carolina, gebracht haben, um genau hier den *Alten und Angenommenen Schottischen Ritus* der Freimaurerei einzurichten. Genau wie auch Bagdad, liegt Charleston ziemlich genau auf dem dreiunddreißigsten Breitengrad. Deshalb soll Long diese Stadt ausgewählt haben, denn auch der höchste Grad des Schottischen Ritus ist der 33. Später war Pike *Souveräner Groß-meister* des *Ancient and Accepted Scottish Rite* und hielt das höchste Amt der nordamerikanischen Freimaurerei von 1859 bis zu seinem Tod im Jahr 1891 inne. So wurde er sehr deutlich schon als der »quintessentielle Freimaurer« des 19. Jahrhunderts bezeichnet und war in offenbar wirklich jeder freimaurerischen Körperschaft reprä-sentiert.

Ähnlich wie die im selben Jahr verstorbene Madame Blavatsky äußerte sich auch Pike in verschiedenen Schriften auf rassistische Weise. So kursieren auch Behauptungen, General Albert Pike habe den berühmt-berüchtigten *Ku Klux Klan* gegründet, der auf brutale Weise gegen die Schwarzen im US-amerikanischen Süden vorging. Andere sagen, er zähle zwar nicht zu den Gründern, sei aber ein hochrangiges Mitglied der Klansmen gewesen. Für die erste Be-hauptung liegen keine Beweise vor. Belegt ist lediglich, daß der »Klan« ursprünglich am Heiligabend 1865 in dem verschlafenen Städtchen Pulaski, Tennessee, gegründet wurde – von sechs jungen Soldaten, die möglicherweise nicht einmal ahnten, was für eine Lawine sie lostreten sollten.

Die Gründer hießen Calvin E. Jones, Frank O. McCord, Richard R. Reed, John B. Kennedy, John C. Lester und James R. Crowe. Später schrieb Lester ein kleines Buch über den Klan, das der Historiker Walter Lynwood Fleming im Jahr 1905 neu herausgab. Er verfaßte ein ausführliches Vorwort mit einer Liste federführender Mitglieder des KKK. Auf Seite 19 befinden sich Abbildungen, die »Einige Klansmen« zeigen, so die Überschrift. Insgesamt sind hier sieben Personen wiedergegeben, sechs Fotos sind um die größere, siebente Illustration angeordnet. Dieses zentrale Bild, eine Feder-zeichnung, zeigt Albert Pike in der Kluft des Schottischen Ritus.

Dies läßt nur einen Schluß zu: Pike muß definitiv ein bedeutsames Mitglied des ominösen Klans gewesen sein. Dr. Fleming bezieht sich vor allem auf den Mitbegründer James R. Crowe als Quelle und verfaßte im Laufe der Zeit selbst vier Werke, zwei Artikel und seine Doktorarbeit über den Ku Klux Klan. Er sollte also wissen, wovon er sprach. Andererseits existieren kaum weitere Berichte über Pike als Klansman, die nicht auf Dr. Fleming gründen. Wenn der schwergewichtige General also wirklich Mitglied des Klans war, was auch seiner rassistischen Haltung gut entsprochen hätte, dann vermochte er diese Zugehörigkeit geschickt zu verbergen. Doch im Kryptischen war Pike ohnehin Meister. Die Großloge von British Columbia und Yukon enthält sich in dieser Frage einer eindeutigen Meinung:»Man hat Behauptungen aufgestellt, daß Albert Pike ein hochrangiges Mitglied des *Ku Klux Klans* war. Dies ist eine Behauptung, die sich weder bekräftigen noch widerlegen läßt. Nachforschungen nach Quellen aus erster Hand werden zeigen, daß es kein solches Material aus primären Quellen gibt.«

Ausnahmen bestätigen die Regel

In den USA erinnern heute noch verschiedene Landmarken und Stätten an Albert Pike. Der *Albert Pike Highway* führt von Hot Springs in Arkansas nach Colorado Springs im gleichnamigen Bundesstaat Colorado, wo auch der *Pike National Park* liegt. Im Tempel des *Supreme Council 33°*, genau 13 Häuserblöcke vom Weißen Haus entfernt, befindet sich der *Albert Pike Memorial Room* als Gedenkstätte an den offenbar so vielseitigen wie geheimnisvollen Mann.

Die von freimaurerischen Symbolen ohnehin überfrachtete US-Hauptstadt beheimatet auch den weltgrößten Obelisken, das knapp 170 Meter hohe *Washington Monument*. Es gilt gleichzeitig als das größte Denkmal der Freimaurerei und wurde im Jahr 1884 fertiggestellt, also noch zu Lebzeiten von Albert Pike. Für die endgültige Ausführung zeichnete das *US Army Corps of Engineers* verantwortlich. Der eingebauten Dampf-Fahrstuhl zur aluminiumbekrönten Spitze durfte nur von Männern benutzt werden, für Frau-

187

Oben: Im riesigen Tempel des Supreme Council 33°, genau 13 Häuserblöcke vom Weißen Haus in Washington entfernt, befindet sich auch die Gedenkstätte für Albert Pike.

Links: Der größe Obelisk der Welt – das Washington Monument *erweist sich mit einer Höhe von rund 170 Metern als mächtigstes Denkmal der Freimaurerei.*

en sei er zu gefährlich, sagte man. Wollten sie die Aussicht auf die Stadt Washington genießen, mußten sie deshalb per pedes über die 898 Stufen hochsteigen. Für viele war das zuviel des Guten, und manche segneten auf dem Weg nach oben das Zeitliche ...

Was aber sollten auch Frauen auf einem Monument der Freimaurerei, die als Bruderschaft ausschließlich von Männern beherrscht wird? Nun, ganz stimmt das nicht, es gab auch Ausnahmen. Das aus dem Jahr 1693 stammende *York Manuskript Nummer 4* der Loge von York nennt zur Aufnahme in den Bund beide Geschlechter, was späteren Freimaurern einige Erklärungsprobleme bereitete. In der Realität wurden Frauen nur in sehr seltenen Ausnahmefällen in Logen aufgenommen, so Lady Elizabeth Aldworth zu Beginn des 18. Jahrhunderts. Der Vorgang läßt sich aber eher umständebedingt und als Familienangelegenheit erklären.

Lady Aldworth

Jedenfalls wäre von daher prinzipiell auch nicht ganz undenkbar, daß Madame Blavatsky den Freimaurern angehörte. In ihrer Schrift *Isis Unveilled* erklärte sie allerdings ausdrücklich, die »regulären Grade« in keiner der *westlichen* Maurerlogen angenommen zu haben, ganz zu schweigen von einem 33. Grad. Doch Albert Pike hatte dennoch deutlich Einfluß auf sie genommen.

Drei große Kriege

Obwohl Pike selbst nie einen direkten Bezug zu den Illuminaten herstellte, stand er dennoch sowohl ideell als auch personell eng mit dem Illuminatismus in Verbindung. In seinem über 850 Seiten starken Hauptwerk *Morals and Dogma* spricht er eindeutig von einer systematischen, alles kontrollierenden Kraft, mittels derer »die jahrhundertelang geplante Revolution zu marschieren« beginnt. Ähnlich wie Weishaupt glaubte auch Pike, ein einziges Gehirn an der Spitze könne die Welt lenken.

Aus einem mittlerweile berühmten Briefwechsel mit dem italienischen Illuminaten Guiseppe Mazzini, der als Carbonari und Mafiosi eine bedeutsame Rolle spielte, gehen die verschwörerischen Gedanken ziemlich klar hervor. Der Ton erinnert eindrucksvoll an die Schriften Adam Weishaupts. Am 22. Januar 1870 schrieb Mazzini an den amerikanischen General:»Wir müssen allen Verbänden gestatten, wie bisher weiterzuexistieren, mit ihren Systemen, ihren zentralen Organisationen und den verschiedenen Arten der Korrespondenz zwischen hohen Graden derselben Riten, in ihren ursprünglichen Organisationsformen. Aber wir müssen einen Super-Ritus schaffen, der unbekannt bleiben soll und in den wir die Maurer hoher Grade nach unserer Wahl berufen werden. Aus Rücksicht auf unsere Mitbrüder müssen sich diese Männer der strengsten Geheimhaltung unterwerfen. Mit diesem obersten Ritus werden wir das gesamte Freimaurertum regieren; er wird die internationale Zentrale werden, die um so mächtiger ist, weil seine Leitung unbekannt sein wird.« Leider sind kaum weitere Dokumente aus dem Schriftwechsel zwischen Mazzini und Pike einsehbar. Wie es den Anschein hat, erlitten die Archive auch eine Art»Briefschwund«. So geschehen zumindest in der Bibliothek des *British Museum* zu London. Dort war zeitweilig ein Brief einsehbar, den Pike am 15. August 1871 an Mazzini geschrieben hatte. In diesem Text erläutert Pike seine Pläne zu drei Weltkriegen. Der vielzitierten Vision Pikes zufolge»werden wir (im ersten dieser Kriege) die Nihilisten und die Atheisten loslassen; wir werden einen gewaltigen gesellschaftlichen Zusammenbruch provozieren, der in seinem ganzen Schrecken den Nationen die Auswirkungen von absolutem Atheismus, dem Ursprung der Grausamkeit und der blutigsten Unruhen klar vor Augen führen wird. Dann werden die Bürger – gezwungen, sich gegen die Minderheit der Revolutionäre zur Wehr zu setzen – jene Zerstörer der Zivilisation ausrotten, und die Mehrheit der Menschen wird, gottgläubig wie sie ist, nach der Enttäuschung durch das Christentum und daher ohne Kompaß, besorgt nach einem neuen Ideal Ausschau halten, ohne jedoch zu wissen, wen oder was sie anbeten soll. Dann ist sie reif, das reine Licht durch die weltweite Verkündigung der reinen Lehre Luzifers zu empfangen, die endlich an die Öffentlichkeit gebracht werden kann. Sie wird auf die allgemeine reaktionäre Bewegung, die aus der gleichzeitigen Vernichtung von Christentum und Atheismus hervorgehen wird, erfolgen.«

Dieses Schriftstück verschwand später auf mysteriöse Weise aus den Archiven des Britischen Museums. Die wenigen Zeilen spiegeln einen teuflischen Plan wider, der in seinen Ansprüchen bemerkenswerte Ähnlichkeit zu den illuminatischen Gedanken des Adam Weishaupt besitzt, ebenso zur elitären und menschenverachtenden Philosophie von *Skull & Bones*.

Im Prinzip läuft immer wieder alles darauf hinaus, Zwietracht zu säen und eigenen Profit daraus zu ernten. Hier bewahrheitet sich auf gefährlichste Weise das altbekannte Sprichwort: »Wenn zwei sich streiten, freut sich der Dritte.« – Hegel pur also: These und Antithese prallen aufeinander, aus dem Konflikt geht die Synthese als Lösung hervor. Die reale Welt ist komplexer, doch auch hier funktioniert die Methode, die über Jahrhunderte hinweg bis ins Detail raffiniert ausgeklügelt wurde.

In großen Kriegen reiben sich die verschiedensten Kräfte bis zur völligen Vernichtung gegenseitig auf. Nur diejenigen, die steuernd im Hintergrund stehen, gehen mit Gewinn aus dem Chaos hervor. Wenn Elend und Leid die gesamte Welt heimsuchen, ist es für die »Lichtbringer« ein Leichtes, als Erlöser zu erscheinen, denen man sich willenlos, weil entkräftet anvertraut. Vielleicht kann uns nur dieses Wissen um die tieferen Hintergründe, um eine durchdachte und wirksame, wenn auch nicht perfekt umsetzbare Verschwörung vor Schlimmeren in der Zukunft bewahren. Glücklicherweise läßt sich das Weltgeschehen nicht mechanistisch steuern, die Zukunft ist für niemanden eine festgeschriebene Größe. Niemand ist in der Lage, alle Faktoren zu überblicken und künftige Entwicklungen voll und ganz zu prognostizieren oder zu bestimmen. Nicht einmal Albert Pike konnte das. Weit gekommen ist er jedoch allemal. Die großen politischen Entscheidungen und ihre Folgen wie auch die hinter ihnen stehenden alten Pläne haben demonstriert, wie weitreichend der Lauf der Dinge auf unserem Planeten von einigen wenigen Personen gesteuert werden kann. Es ist meist nur eine Handvoll Menschen, die ganze Völker ins Verderben stürzen.

Geheimnisvolle Dokumente

Die Visionen des Albert Pike zielten darauf ab, die souveränen Nationen aufzulösen und eine *Neue Weltordnung* einzuführen. Die zermürbten Massen würden durch das große Vernichtungswerk endlich begreifen, daß ein globaler Friede nur durch eine globale Regierung zu erreichen sei.

Um die 1840er Jahre trat Mordechai Marx Levy in den *Bund der Gerechten* ein, einem späteren Zweig des Illuminatismus. Der aus Trier stammende und unter dem Namen Karl Marx weltbekannte Levy wurde in Paris schließlich Diktator jenes Bündnisses. 1847 verfaßte er in höherem Auftrag das berühmte *Kommunistische Manifest*, aus dem nicht nur Marxisten, sondern auch Nationalsozialisten später ihr Gedankengut beziehen sollten. Hegel nochmals pur eben. Das Manifest enthält im Grunde nichts Neues. Es arbeitet die Thesen Weishaupts und Hegels wie auch ihrer Nachfolger auf. Jeder aufgeschlossene Historiker gibt das zu. Der Kontext ist lange genug bekannt.

In seinem Werk über geheime Gesellschaften schrieb der schon erwähnte Georg Schuster 1905 ebenfalls über das Manifest:»In schwerfälliger Hegelscher Sprache und Terminologie verfasst, verurteilt es in der rücksichtslosesten Art, die den modernen Weltverbesserern eigen ist, die kapitalistische Produktionsweise.« Schuster war sich wohl nicht bewußt, daß diese Verurteilung zur illuminatischen Spielvariante der Hegel-Philosophie zählte.

In jenen Tagen, als er sein umfangreiches Buch über die Geheimbünde veröffentlichte, wurden sehr ungewöhnliche Dokumente bekannt, die eine ungeheuerliche Weltverschwörung aufzudecken schienen. Vor allem in Rußland zirkulierten diese geheimnisvollen Papiere, ohne daß ihre Quelle nur annähernd ausgemacht werden konnte. Und selbst heute ist trotz zahlreicher Hypothesen immer noch unbekannt, woher die *Protokolle der Weisen von Zion* wirklich stammen. Der allgemeine Tenor lautet, daß es sich bei ihnen um eine abstruse Fälschung handelt, die lediglich dem Zweck diente, das Judentum einer bösartigen globalen Verschwörung zu bezichtigen. Die Texte sollten angeblich den Beweis für diese Umtriebe liefern, doch niemand, der die Protokolle liest, wird noch von einem jüdischen Ursprung ausgehen. Die Unterlagen wurden diesbezüglich definitiv manipuliert. Sind sie nun eine Fälschung oder nicht? Zum einen Teil sind sie eine geradezu teuflische Fälschung, zum anderen Teil enthalten sie einen geradezu teuflischen Plan. Und rückblickend haben sich die Inhalte in den letzten Jahrzehnten auf erschreckende Weise bestätigt, so sehr, daß es durchaus wert ist, den Protokollen mehr als nur flüchtige Aufmerksamkeit zu schenken, völlig unabhängig von jener einen maßgeblichen Manipulation. Ihr Inhalt nämlich ist Illuminatismus reinsten Wassers, die Übereinstimmungen mit den Ideen Weishaupts und Pikes sind nicht zu übersehen, ebensowenig wie die Übereinstimmungen mit dem Lauf der Weltgeschichte.

Die Protokolle führen uns genau das vor Augen, was die Nachfolger Weishaupts, die neuen Illuminati und ihr zentrales Organ namens *Skull & Bones* als vermeintliche Weltelite anstreben und in vielfacher Hinsicht auch schon durchgesetzt haben. Die gesamte große Politik kann als Beispiel für die hinterhältige Methodik gelten, wie sie in den Protokollen ans Licht kommt. Eine bezeichnende Passage lautet:»In unserem Dienst stehen Leute aller Anschauungen und Richtungen: Monarchisten, Liberale, Demokraten, Sozialisten, Kommunisten und allerhand Utopisten.

In die Geheimbünde treten mit besonderer Vorliebe Abenteurer, Schwindler, Streber und überhaupt Leute ein, die ein weites Gewissen haben und von Natur leichtsinnig veranlagt sind. Es kann uns nicht schwerfallen, diese Kreise für uns zu gewinnen und unseren Zwecken dienstbar zu machen. Wenn die Welt von Unruhen geplagt wird, so heißt das, daß wir diese Unruhen hervorrufen mußten, um das allzu feste Gefüge der Staaten zu zerstören. Kommt es irgendwo zu einer Verschwörung, so steht an der Spitze derselben sicher kein anderer als einer unserer treuesten Diener. Es versteht sich von selbst, daß wir allein und sonst niemand die Tätigkeit der Freimaurerlogen leiten. Wir allein wissen, welchem Zweck sie zusteuern, wir allein kennen den Endzweck jeder Handlung ...

Solange wir die verantwortlichen Staatsstellen noch unbedenklich unseren illuministischen Brüdern anvertrauen können, werden wir sie nur solchen Persönlichkeiten geben, deren Vergangenheit und Charakter für sie bürgt. Keine Zeitung und kein Buch wird ohne unsere Vorprüfung erscheinen dürfen. Dieses Ziel wird von uns teilweise schon jetzt dadurch erreicht, daß die Neuigkeiten aus aller Welt in einigen wenigen Nachrichtenämtern zusammenströmen, dort bearbeitet und dann den einzelnen Schriftleitungen, Behörden usw. übermittelt werden ... Es ist uns schon jetzt gelungen, die Gedankenwelt der Gesellschaft in einer Weise zu beherrschen, daß fast alle Menschen die Weltereignisse durch die bunten Gläser der Brillen ansehen, die wir ihnen aufgesetzt haben.

An die dritte Stelle werden wir unsere scheinbare Gegnerschaft setzen, die mindestens ein Blatt unterhalten muß, das äußerlich in schärfsten Gegensatz zu uns treten wird. Unsere wirklichen Gegner werden diesen scheinbaren Widerspruch für echt halten; sie werden in den Leuten, von denen er ausgeht, ihre Gesinnungsgenossen sehen und sich ihnen – also uns – offenbaren.« Wenn man diese Abschnitte liest, die erstaunlich modern klingen, kann einem schnell mulmig werden. Wer soll wem noch trauen können? Kein Wunder, daß so mancher im Angesicht dieser perfiden, aber unfraglich sehr effektiven Konzepte schnell in Verfolgungswahn verfällt. Jeder von uns muß dennoch sein Leben bestreiten und versuchen, auf dem Boden der Tatsachen zu bleiben –»normal« zu leben. Doch das Wissen um derartige Hintergründe und die Existenz solcher Ideen sollte uns zumindest die Augen leicht öffnen, womit wir zu rechnen haben. Es geht sicherlich nicht darum, hinter jedem unscheinbaren Passanten einen getarnten Illuminaten zu vermuten. Eine erhöhte Aufmerksamkeit ist allerdings schon angebracht. Warum finden bestimmte politische Ereignisse in ungewöhnlicher Chronologie statt? Wann und wo tauchen bedeutsame Meldungen nur kurzzeitig auf, um gleich wieder in der Versenkung zu verschwinden? Wieso werden wichtige Fragen partout nicht gestellt? Warum wird Unwichtiges breitgetreten? Eine gesunde Skepsis gegenüber dem, was uns der berühmte »Mainstream« so präsentiert, all jene seriösen und anerkannten Medien, Geschichtskenner, Werbefachleute, Wissenschaftler, Meinungsmacher, Bildungsinstitute, wer auch immer, eine wirklich gesunde Skepsis gegenüber dieser Flut, die uns Tag für Tag überwältigt, ist mit Sicherheit angebracht.

Die Zeit der offenen Bruderschaft

Beinahe erschreckend aktuell nimmt sich folgende Passage der Protokolle aus:»Sobald ein Staat es wagt, uns Widerstand zu leisten, müssen wir in der Lage sein, seine Nachbarn zum Krieg gegen ihn zu veranlassen. Wollen aber auch die Nachbarn gemeinsame Sache mit ihm machen und gegen uns vorgehen, so müssen wir den Weltkrieg entfesseln.« – Hätten diese Worte nicht beinahe genausogut auch von einem US-amerikanischen Präsidenten der jüngsten Geschichte stammen können?

»Die vielen Kriege, ununterbrochenen Aufstände und zwecklosen Staatsumwälzungen, zu denen wir sie veranlaßt haben, um die Grundlagen ihres staatlichen Lebens zu unterwühlen, werden bis dahin allen Völkern derart zuwider sein, daß sie von uns jede Knechtschaft erdulden werden, um nur nicht von neuem in die Greuel des Krieges und Aufruhrs zu verfallen«, so prophezeien die anonymen Illuminaten und fahren fort:»Um dieses von uns gewünschte Ergebnis zu erreichen, werden wir für die Wahl solcher Präsidenten sorgen, deren Vergangenheit irgendeinen dunklen Punkt, irgendein ›Panama‹ aufweist.

Dann haben wir sie ganz in unserer Hand, dann sind sie blinde Werkzeuge unseres Willens« – dies ist das typische Erpreßbarkeitsprinzip! Nicht umsonst sollen die Neophyten bei okkulten Einweihungszeremonien ihre innersten Geheimnisse preisgeben.

Am Ende steht ein neuer Anfang, ein neues Zeitalter und eine neue Weltordnung:»Wenn die Zeit unserer offenen Bruderschaft kommt, da wir ihre Segnungen verkünden können, werden wir alle Gesetzmäßigkeiten wieder herstellen … Der Hauptzug, der durch sie hindurchgehen wird, ist die Unterwerfung unter unsere Anordnungen, und dieser Grundsatz wird unerbittlich durchgeführt werden … Um uneingeschränkt herrschen zu können, muß die Geldmacht das ausschließliche Recht für jede Tätigkeit in Handel und Gewerbe erringen. Unsere Hände sind schon am Werk, um diesen Plan in der ganzen Welt zu verwirklichen … An die Stelle der jetzigen Herrscher werden wir ein Schreckgespenst setzen, das sich ›überstaatliche Verwaltung‹ nennen wird. Wie Zangen werden seine Arme nach allen Richtungen ausgestreckt sein und eine so gewaltige

Macht darstellen, daß sich alle Völker unserer Herrschaft beugen werden. An allen Ecken und Enden führten die Worte ›Freiheit, Gleichheit, Brüderlichkeit‹ mit Hilfe unserer geheimen Gesellschaften unseren Reihen Riesenmengen zu, die unsere Fahnen zum Sieg trugen. Selbst die Verständigen und Klugen haben den inneren Widerspruch dieser Worte nicht erkannt. Sie haben sich nicht gesagt, daß es in der Natur keine Gleichheit, keine Freiheit geben kann. Die ganze Natur beruht auf der Ungleichheit der Kräfte, der Eigenschaften des Besonderen ...

Wir verstehen es so: Freiheit ist das Recht, das zu tun, was das Gesetz erlaubt. Eine solche Auslegung des Begriffes gibt die Freiheit vollständig in unsere Hand, da wir die ganze Gesetzgebung beherrschen und nach unserem Belieben Gesetze einführen und aufheben werden.«

Als Triebkraft von Verschwörungen, sprich: zahlreicher gesteuerter Weltereignisse und politischer Entwicklungen, erweist sich laut den Protokollen immer »einer unserer getreuesten Diener«. So förderten die Illuminaten auch zahlreiche wesentliche gegensätzliche Strömungen, damit es auf der Welt nur ja nicht langweilig werde. Franklin D. Roosevelts Vorfahr Clinton Roosevelt und die Medienleute Horace Greeley und Charles Dana kümmerten sich um die finanzielle Förderung von Karl Marx; Wladimir Iljitsch Lenin wurde von den internationalen Bankern gefördert, Leon Bronstein (»Trotzki«) vom damaligen US-Präsidenten Woodrow Wilson.

Leon Bronstein (»Trotzki«)

Der Revolutionsführer traf am 13. Januar 1917 mit seiner Familie in New York ein, führte dort ein luxuriöses Leben und schrieb einige Jahre später für das berühmte *Council on Foreign Relations*. Diese Organisation in der Peripherie von *Skull & Bones* gilt als Prägestätte amerikanischer Politiker. Präsident Wilson, der unter ständiger Kontrolle des geheimnisvollen »Colonel« Edward Mandell House stand, versorgte Trotzki mit einem US-Paß inklusive russischem Einreisevisum.

Bestens vorbereitet war auch die Reise von Lenin, der im April 1917 mit 32 Angehörigen des revolutionären Lagers per Bahn quer durch Europa nach Petrograd unterwegs war, um dort mit Trotzki den endgültigen Umsturz herbeizuführen. Der unterwanderte deutsche Geheimdienst organisierte und finanzierte die Aktion, ohne daß der Kaiser einen Schimmer davon hatte. In späteren Jahren machten die USA geheime Geschäfte mit nationalsozialistischen Firmen ebenso wie mit den Sowjets.

Die Schriften Weishaupts, die Gedanken Pikes oder die *Protokolle der Weisen von Zion* könnten allesamt einer einzigen Person entstammen. Rückblickend erscheint es keineswegs undenkbar, daß die Französische Revolution ebenfalls ein Kind des Illuminatismus war, der eine kontinuierliche Tradition an Umstürzen aufweist. Die Tendenzen, wohin die Welt nach aller Möglichkeit steuern sollte, waren schon lange festgelegt. Auch die russische Revolution besitzt eine lange Geschichte. Ziel war die Abschaffung der herrschenden Klasse, des Adels. Aus dem illuministischen Blickwinkel heraus ging es dabei allerdings nicht um die Befreiung der Bevölkerung aus einer untragbar gewordenen Knechtschaft. Vielmehr sollte der viel zu national denkende Hochadel als Macht verschwinden, da er der Weltregierung im Weg stand.

Wenn Kaiser Karl V. im 16. Jahrhundert davon träumte, seine Regentschaft auf die Welt auszudehnen, wenn große Adelshäuser ihr Imperium durch Kolonien möglichst weit ausdehnen wollten, so lagen die Ziele meist dennoch auseinander. Außerdem zeichneten sich im Hintergrund andere Mächte ab, die sich als die eigentliche Welt-Elite legitimiert sahen.

Kaiser Karl V. träumte vom Welt-Imperium.

Attentäter am Werk

Als in Rußland Zar Nikolaus II. und seine Familie hingerichtet wurden, war die Revolution vollendet. Schon sein Großvater, Alexander II., der 1855 auf den Thron gelangte, wurde ermordet. Auch dessen Sohn Alexander III. wäre beinahe einem Attentat zum Opfer gefallen. In den Geschichtsbüchern wird das Bahnunglück von Borki, das sich am 17. Oktober 1888 zutrug, meist als ein Unfall bezeichnet. Angeblich entgleiste der kaiserliche Zug wegen technischen Versagens bei zu hohem Tempo. Die Vermutung, daß hier jemand nachgeholfen hat, wird nur selten geäußert. Mein Urgroßvater Michael von Zichy war Zeuge der Ereignisse. Seine Schilderung belegt, daß es sich in Wirklichkeit um ein Attentat handelte.

Zar Alexander III. – Gemälde von Ivan Kramskoy

Seit Anfang 1848 hielt sich Zichy in St. Petersburg auf und unterrichtete die Großfürstin Katharina. Mit nur kurzer Unterbrechung nahm er über lange Jahre hinweg die Stellung des »Kunstmalers seiner Majestät des Zaren« ein. Insgesamt war er Hofmaler von vier Zaren, darunter Alexander III.

Michael von Zichy, der einer der ältesten europäischen Adelsfamilien entstammte, stand trotz seiner Position auf der Seite der einfachen und armen Bevölkerung. Viele seiner persönlichen Aussagen und vor allem Gemälde spiegeln diese Haltung sehr deutlich wider. In seinem Gemälde *Waffen der Dämonen*, das später den Titel *Triumph des Dämons der Vernichtung* erhalten sollte, prangert er die Kriegssucht der Herrscher seiner Zeit an und nimmt dabei seinen Arbeitgeber, den Zaren, nicht aus.

Ursprünglich für die Pariser Weltausstellung geplant, war eine offizielle Präsentation des Werkes nach Auffassung der Veranstalter und der Botschafter ein Ding der Unmöglickeit. Womöglich würden die gekrönten Häupter unter den Besuchern sich sogar selbst darauf wiedererkennen. Der Eklat wäre perfekt gewesen! Ohnehin schon entwickelte sich aus der ganzen Angelegenheit ein echter Skandal. Ein konservativ eingestelltes Mitglied der eigenen Familie stellte sich sogar ganz besonders entschieden gegen das Ansinnen von Michael von Zichy, der seinerseits dann jedoch einen gesonderten Ausstellungsort fand, an dem viele tausend Besucher das Gemälde bewundern konnten.

Das Gemälde Triumph des Dämons der Vernichtung von M. von Zichy

Das Attentat auf Alexander III. lag noch nicht lange zurück, als der Pianist Géza Graf Zichy seinen Cousin in Petersburg besuchte, der ihm die Ereignisse fast noch ofenwarm schildern konnte. Géza schrieb in seinen Memoiren: »Nachdem wir die Familien Galitzin, Kutusof, Obolenski, Dolgoruki und andere aufgesucht hatten, eilte ich zu meinem Vetter, dem berühmten Hofmaler Michael Zichy, der mich freundlichst empfing. Er war eben im Begriffe, die Eisenbahnkatastrophe von Borki in schauderhaft schönen Aquarellen festzuhalten. Die kaiserliche Familie war unterwegs gewesen, und Zichy hatte dem Zaren gegenüber im Kupee beim Frühstück gesessen.

Plötzlich hatte der tatarische Diener, der gerade servierte, einen grotesken Sprung wie ein Clown ausgeführt. Er blickte unverwandt auf seine Silberschüssel, machte noch einen zweiten Sprung, und unmittelbar darauf hörte man ein unheimliches Knistern und Krachen. Zichy fühlte, daß er nach vorwärts fiel. Eine furchtbare, betäubende Detonation folgte, die Schüssel flog in das Gesicht Zichys und schlug ihm zwei Zähne aus. Dann war finstre Nacht, und Zichy, der die Besinnung verloren hatte, kam erst wieder zu sich, als er mit dem Kopf unter dem herabgestürzten Dach des Waggons lag. Ein eisiges Kältegefühl durchrieselte ihm die Glieder. Sein Körper lag nämlich außerhalb des schützenden Daches im Schnee und Kot. Dieses Dach hatte die ganze kaiserliche Familie gerettet. Der erste, der die Besinnung erlangte, war der Kronprinz, heute der ermordete Zar Nikolaus II. Er kroch auf allen Vieren gegen das Ende des Daches hin und rief: ›Mir nach! Mir nach! Hier ist Licht!‹ Die ganze kaiserliche Familie war unversehrt. Nach Zichys Schilderung war es ein ergreifendes Bild, als der Zar seine Lieben umarmte und dann Gott auf seinen Knien für die wundersame Rettung dankte. Die ganze Familie suchte nun die Toten und Verwundeten auf, spendete Trost und pflegte die Verletzten, bis der Rettungszug eintraf.«

Aus den Schilderungen geht eindeutig hervor, daß die Zarenfamilie knapp einem Bombenattentat entging. Beinahe also wäre Nikolaus II. schon damals ums Leben gekommen, als er gerade 20 Jahre alt war. Sein Vater erlitt bei dem Anschlag schwerere Verletzungen, die seinen frühen Tod zur Folge haben sollten. Er starb nur knapp sechs Jahre nach dem Attentat. Noch hatte er das 50. Lebensjahr nicht erreicht.

In Gedenken an die Katastrophe und die wundersame Rettung der Zarenfamilie ließen die Regenten eine über zwei Tonnen schwere Glocke gießen, die einige Jahre später nach San Francisco gebracht wurde. Dort hing sie im Turm der *Holy Trinity Orthodox Cathedral*. Mitte April 1906 baute man sie wegen Restaurationsarbeiten ab. Als die Stadt wenige Tage später durch das große Erdbeben verwüstet wurde, blieb die Glocke unversehrt. So wurde auch ihr eine wundersame Rettung zuteil.

Mein Urgroßvater war zu jener Zeit bereits seit rund sechs Wochen tot. Er sollte die großen Umwälzungen, die schon lange in

Vorbereitung waren, nicht mehr in ihrer ganzen Tragweite erleben. Tatsächlich bahnte sich ein globales Erdbeben an, das schließlich im Ersten Weltkrieg gipfelte – oder sollte man vielleicht vom Ersten Pikeschen Krieg sprechen?

Um die Jahrhundertwende brodelt es an allen Ecken und Enden. Die Angst geht um, die Angst vor den Nihilisten, jenen russischen Intellektuellen, von denen seit 1870 zunehmend Anarchie ausging. Verschiedene neue Geheimbünde entstehen, die einen Umsturz durch Terror herbeiführen wollen. Zu ihnen zählen *Land und Freiheit*, *Volkswille* oder später die nihilistische Liga *Verbrüderung des Blutes* in Warschau.

Es war die Zeit, in der Pike und Mazzini ihren aufschlußreichen Briefwechsel führten. Wie schrieb Albert Pike damals:»Im ersten dieser Kriege werden wir die Nihilisten und die Atheisten loslassen.« Das geschah auch. Während seines Aufenthaltes in St. Peterburg vernahm auch Géza Zichy, der in der Musikgeschichte als der erste einarmige Pianist bekannt wurde und sich 1889 auf Konzertreise befand, düstere Berichte über die allgegenwärtigen Umtriebe der Nihilisten:»Nach einigen Tagen begegnete ich Sophie Menter, der Lieblingsschülerin Liszts. Sie war damals schwer herzleidend und fühlte sich in der kalten Luft Petersburgs relativ am wohlsten. Von ihr erfuhr ich, daß sie einige Wochen vor meiner Ankunft dem Anitschkov-Palais gegenüber im *Hotel Zentral* gewohnt hatte. Ihre Nachbarn waren höchst unruhige Gäste gewesen, die die ganze Nacht hindurch hämmerten, in Mörser stießen, überhaupt einen Höllenlärm vollführten. Als sich die Pianistin beim Hotelier beschwerte, verweigerte dieser jede Einmischung und erklärte nur, die Gäste seien sehr gut zahlende Photographen, die ihr Atelier einrichteten. Da kam zufällig ein russischer Oberst zu Besuch, dem die Menter ihr Leid klagte. Er ging sogleich zu den unruhigen Gästen hinüber, kam aber mit totenbleichem Antlitz bald zurück und stotterte: ›Verlassen Sie sofort das Hotel, Ihre Nachbarn sind Nihilisten und fertigen Bomben an!‹ Einige Minuten darauf war das Tor abgesperrt. Die Herren Photographen wurden gefesselt, und am nächsten Tag existierte kein *Hotel Zentral* in Petersburg mehr.«

Eine unglaubliche Doktrin

In jenem Jahr 1889 saß Albert Pike kränkelnd in Washington und bereitete eine Rede für eine Versammlung des *Supreme Council* in Paris vor. Im Laufe von Jahrzehnten hatte Pike seine »luziferische Doktrin« ausgearbeitet, die er nun den 23 Höchsten Räten der Welt mitteilen wollte.

Das große Treffen fand am 14. Juli 1889 statt, auf den Tag genau hundert Jahre nach dem Sturm auf die Bastille. Aufgrund des schlechten Gesundheitszustandes entschloß sich Pike, die Reise nach Frankreich nicht anzutreten, und übermittelte einen Brief, der in Paris vorgelesen werden sollte. Als sein Inhalt später auch öffentlich bekannt wurde, folgten heftigste Auseinandersetzungen ob der Echtheit dieses Schriftstücks. Die ersten Zitate fanden sich bei dem Autoren Abel Clarin de la Rive. In der englischen Freimaurer-Zeitschrift *The Freemason* nahm man am 19. Januar 1935 auf das Schreiben Bezug. Neben anderen geht vor allem die englische Autorin Edith Starr Miller, besser bekannt als Lady Queenborough, auf den so kontroversen Text ein.

Lady Queenborough

Die Enthüllungen des Briefes sind mehr als erstaunlich:

»Was wir der Menge sagen müssen, ist – Wir verehren einen Gott, doch ist es ein Gott, den man ohne Aberglauben anbetet. Euch, den Souveränen Großen Generalinspektoren [des 33. Grades], sagen wir dieses, was ihr gegenüber den Brüdern des 32., 31. und 30. Grades wiederholen sollt – Die Maurer-Religion sollte von uns allen, die wir Eingeweihte in die hohen Grade sind, in der Reinheit der Luziferischen Doktrin bewahrt werden. Wäre Luzifer nicht Gott, würde dann Adonay, der Gott der Christen, dessen Taten seine Grausamkeit, Verschlagenheit und seinen Menschenhaß, sein Barbarentum und seine Ablehnung der Wissenschaft belegen, würde also Adonay wie auch seine Priester ihn dann verleumden? Ja, Luzifer ist Gott, und leider ist Adonay ebenfalls Gott. Denn das ewige Gesetz lautet, daß kein Licht ohne Schatten existiert, keine

Schönheit ohne Hässlichkeit, Weiß nicht ohne Schwarz, da das Absolute nur in Form zweier Gottheiten existieren kann: Die Dunkelheit dient dem Licht als sein Hintergrund, so wie die Statue eines Sockels bedarf und die Lokomotive einer Bremse. Nach analoger und universeller Dynamik kann man sich nur an das anlehnen, was widersteht. So wird das Universum von zwei Kräften ausbalanciert, die sein Gleichgewicht bewahren – die Kraft der Anziehung und diejenige der Abstoßung. Diese beiden Kräfte existieren in Physik, Philosophie und Religion. Und die wissenschaftliche Realität des göttlichen Dualismus wird durch die Phänomene von Polarität und durch das universelle Gesetz von Sympathie und Antipathie demonstriert. Dies ist der Grund, warum die intelligenten Schüler von Zarathustra wie, nach ihnen, die Gnostiker, die Manichäer und die Templer das System eines ewigen Kampfes der göttlichen Prinzipien als das einzige logische Konzept der Metaphysik zugestanden haben. Man kann nicht daran glauben, daß die eine Kraft der anderen unterlegen sei. So ist die Doktrin des Satanismus eine Häresie; und die wahre und reine philosophische Religion ist der Glaube an Luzifer, dem Adonay Ebenbürtigen. Doch Luzifer, Gott des Lichts und Gott des Guten, kämpft für die Menschlichkeit gegen Adonay, den Gott der Dunkelheit und des Bösen.«

Ein wirklich erstaunlicher Text, der einen Sturm der Entrüstung nach sich zog. Dieser Sturm tobte von beiden Seiten. Die Freimaurer bezeichneten den Brief als eine glatte Fälschung, ihre Gegner sprachen von einer »luziferischen Verschwörung«, hinter der die Illuminaten stecken. Immerhin, Luzifer, der Lichtbringer, steht den Erleuchteten bereits im Namen recht nahe.

Bald trat ein Autor namens Marie-Joseph Gabriel Antoine Jogand-Pagés auf, der wohl auch der besseren Lesbarkeit halber unter dem Pseudonym Léo Taxil schrieb. Er erklärte, den höchsten und geheimsten Maurerorden enthüllt zu haben, der sich der Teufelsanbetung hingebe: den *Palladium Orden*. Taxil berichtete von der Hohepriesterin Diane Vaughan, die nach ihrer Konvertierung

Der dubiose Léo Taxil

zum Christentum ihr Schweigen über diesen verborgensten Orden gebrochen habe. – Was war von alldem zu halten?

Am 19. April 1897 bekannte Léo Taxil auf einer öffentlichen Konferenz in Paris, er habe bereits über Jahre hinweg einen gewaltigen Schwindel ausgeheckt, der bislang jeden zu täuschen vermochte. Damit erschien plötzlich auch der luziferische Brief des Albert Pike buchstäblich in einem anderen Licht, denn auch dieser Text wurde als Elaborat Taxils entlarvt – so heißt es. Immerhin hatte sich Taxil bereits so manche Geschichte einfallen lassen, an der überhaupt nichts dran war. Doch einige glauben eher an ein erzwungenes, inszeniertes Geständnis. Immerhin umfaßt es 13 000 Wörter und erreicht damit den Umfang eines kleineren Buches. Trotzdem soll es komplett und unmittelbar während der Konferenz mitgeschrieben worden sein. Das Transkript gibt die Aussagen, Ausrufe und Fragen einzelner Anwesender präzise wieder, wobei einige Wortwechsel eine pathetische Steife aufweisen, die auf manchen Leser konstruiert wirkt. So scheinen die Aufzeichnungen eher einem schlechten Theaterstück zu ähneln als einer authenischen Debatte. Doch als Beweis kann eine derartige Mutmaßung natürlich nicht gelten. Mit anderen Worten, der »Fall Taxil« bleibt offen. Allerdings decken sich einige Aussagen aus jener umstrittenen Doktrin von 1889 mit früheren Worten Pikes. Wie schrieb er 1871 an Mazzini? »… die Mehrheit der Menschen wird, gottgläubig wie sie ist, nach der Enttäuschung durch das Christentum und daher ohne Kompaß, besorgt nach einem neuen Ideal Ausschau halten, ohne jedoch zu wissen, wen oder was sie anbeten soll. Dann ist sie reif, das reine Licht durch die weltweite Verkündigung der reinen Lehre Luzifers zu empfangen, die endlich an die Öffentlichkeit gebracht werden kann. Sie wird auf die allgemeine reaktionäre Bewegung, die aus der gleichzeitigen Vernichtung von Christentum und Atheismus hervorgehen wird, erfolgen.«

Verwirrspiel der Macht

Auch andere Texte Pikes spielen in diese Richtung und lassen die unbewiesenen Aussagen vom 14. Juli 1889 nicht undenkbar erscheinen. Der obskure General ist nicht der einzige Hochgrad-Freimaurer, von dem solche Äußerungen bekannt sind. So erklärt beispielsweise Manley P. Hall in seinem Werk *The Lost Keys of Freemasonry*: »Die schäumenden Energien Luzifers sind in seinen Händen«, nämlich den Händen des Freimaurers ...

Wohlgemerkt, es soll hier keineswegs darum gehen, »die Freimaurer« schlecht zu reden oder die »Freimaurerei« generell zu verteufeln; schließlich erweist sie sich als viel zu komplex, als daß man sie als homogenes Ganzes verstehen könnte.

Es geht auch nicht darum, die Freimaurerei als solche in ein schlechtes Licht zu rücken, denn unbestritten gibt es zahlreiche Freimaurer, die sich in voller Überzeugung höchsten humanitären Idealen widmen.

Wohl zu den besten gegenwärtigen Beispielen zählt der Logenbruder Karl-Heinz Böhm, der seine erfolgreiche Schauspieler-Karriere schlagartig aufgegeben hat und mit seiner Aktion *Menschen für Menschen* seit 1981 unermüdlich echte humanitäre Hilfe leistet. »Es ist mir wichtig hinzuweisen«, so erklärte Böhm im Jahr 2003, »daß die Idee MENSCHEN FÜR MENSCHEN aus der grundsätzlichen Idee unserer Bruderschaft gewachsen ist. Es ist ein sehr rauer Stein der Armut, an dem ich seit fast 22 Jahren in Äthiopien arbeite, und der Weg war manchmal sicher sehr steinig, aber ich werde ihn bestimmt so lange weitergehen, bis ich eines Tages wieder in die Natur zurückgehe.« Ähnlich engagierte sich jahrzehntelang der heute hochbetagte Arzt und Freimaurer Dr. Theodor Binder in Südamerika.

Es wäre also absolut vermessen, einem Menschen nur deshalb ablehnend zu begegnen, weil er Freimaurer ist, und genauso wäre es verfehlt, »die Freimaurerei« pauschal zu attackieren, ohne Unterscheidungen zu treffen. Gerade, weil in diesem Buch immer wieder auch von »den Freimaurern« die Rede ist, soll auf die grundsätzlich nicht zulässige Vereinfachung hingewiesen sein. Die Realität ist eben weitaus komplexer, und zuletzt steht immer der Einzelne für seine Taten und Pläne ein, gleich hinter welchem Namen er sich verbirgt. Allerdings darf nicht vergessen werden, daß die meisten Freimaurer schlichtweg wegen des Gradsystems ganz ähnlich den Illuminaten des Adam Weishaupt bei allem guten Willen nicht wissen können, welche Ziele im höchsten Grad auf die Fahne geschrieben stehen. Ebenso erweist sich, daß die Schnittmenge zwischen angelsächsischer Hochgradfreimaurerei, Hochfinanz und höchsten politischen Ebenen nicht gerade klein ist. Und von diesen Bereichen geht zweifelsfrei ein enormer Druck des Machtstrebens aus, von hier findet eine wesentliche Unterwanderung der USA und damit auch der gesamten Gesellschaft statt. Interessant ist, daß einige bedeutende Freimaurer, wie schon Friedrich Ludwig Schröder im 18. Jahrhundert, die Hochgrade ablehnten.

Humanitäre Ideale werden auf dem Toplevel von Finanz und Politik – auch völlig unabhängig von freimaurerischen Hintergründen – weitgehend nur als Deckmantel verwendet, um die eigentlichen und düsteren Ziele mit dem blendensten Zahnpastaweiß zu übertünchen. Im Grunde führt uns das schon wieder sehr nah an die ursprünglichen illuminatischen Prinzipien von Doppelmoral und Geheimniskrämerei heran. Die meisten Illuminaten der niedrigen Grade waren fest davon überzeugt, sich für ehrbare Ziele einzusetzen, nur Weishaupt wußte, was wirklich »Sache« war. Wir müssen offenbar nur die Namen austauschen – Weishaupt gegen Pike – , um wieder mit einer sehr ähnlichen Situation konfrontiert zu sein. Wieder thronte ein zweifelhafter Weltverbesserer als Allmächtiger an der Spitze eines undurchschaubaren Systems!

Wie sich immer deutlicher zeigt, sind im Grunde sehr viele Einzelpersonen, Gruppierungen, Geheimgesellschaften und sogar Gesellschaftsverbände mehr oder minder unwissentlich zu Opfern der illuministischen Pläne geworden. Die vorausgehenden Seiten sind voller Beispiele dafür. Das Problem bei dieser Verschwörung ist ihre extreme Vielschichtigkeit, ihre Verwobenheit und ihr zwiebelschalenartiger Aufbau nach dem Gradsystem.

Jede »Untereinheit« des Illuminatismus, wie sie nun heißen mag, ob CFR, Bilderberger, Trilaterale Kommission, *Skull & Bones* etc., besitzt ihre Schalenstruktur mit einem äußeren, inneren und innersten Zirkel. Das Problem bei dieser Verschwörung ist ihre bereits erlangte Macht und Verbreitung. Im Grunde ist sie bereits seit so langer Zeit zu einem extrem verbreiteten Aspekt unserer Gesellschaft geworden, daß sie als solche paradoxerweise schon gar nicht mehr auffällt.

Das Problem dieser Verschwörung ist auch, daß sie nach wie vor als Weishauptsches Chamäleon existiert, nach dem alten Leitsatz, nie unter dem eigenen Namen aufzutreten, sich stets in ein neues Kleid zu hüllen und sogar völlig gegensätzliche Positionen zu beziehen. Nicht zuletzt heiligt der Zweck heute mehr denn je die Mittel. Was heißt: Zeitgenossen, die sich – wodurch auch immer – als Sandkorn im Getriebe erwiesen haben, werden durch alle zu Gebote stehenden Methoden unschädlich gemacht. Die unauffälligste und schnellste Methode ist selbstredend die beste. Sie wird den Umständen entsprechend gewählt und schließt von Einschüchterung, Diskreditierung oder Diffamierung bis hin zu finanziellem Ruin, vermeintlichem Selbstmord und perfektem Mord alles ein. Ja, den perfekten Mord, den gibt es sehr wohl. Ansonsten werden Beweise beseitigt, wichtige Schriftstücke verschwinden, völlig gleich, wie gut sie gesichert worden sind. Die Unterwanderung macht's möglich. Was im Geheimen heranwächst, was lange unentdeckt bleibt, wirkt sich am Ende meist mit einem erschreckenden Paukenschlag aus. Nicht anders war es auch mit der ursprünglich von amerikanischer Seite aus geförderten russischen Revolution.

Die Mystiker der Zaren

Immer stärker zog sich die Schlinge um das Zarentum zusammen. Die Geheimpolizei agierte auf zahlreichen Ebenen, Geheimbünde mit illuministischen Wurzeln traten ins Sein. 1902 entstand in Südrußland eine geheime *Verbrüderung des Schwarzen Schädels* – wieder die mystische Kopfsymbolik! Nur hinter vorgehaltener Hand und mit angstvollen Blicken sprach man bald von diesem gespenstischen Bund. Seine Angehörigen erhielten die bedeutungsvollen griechischen Buchstaben Alpha und Omega in die linke Fußsohle eingebrannt.

In den folgenden Jahren schürten die verschwiegenen Bündnisse das Feuer, im Herbst 1905 kam es schließlich zu größeren Unruhen, und man beorderte einen geheimnisvollen Mann nach St. Petersburg: Dr. Gérard Analect Vincent Encausse, genannt »Papus«. Der gebürtige Spanier gehörte verschiedenen geheimen Orden aus dem

Kreis des Illuminatismus an, agierte zeitweilig für die *Theosophische Gesellschaft* in Frankreich, hielt das Amt eines »neokatharischen Bischofs« inne und begründete den Martinistenorden neu. Ursprünglich war dieser die Schöpfung von Marquis de Saint-Martin sowie Don Martines de Pasquales de la Tour, der interessanterweise in Paris auch die *Illuminés* ins Leben rief. Diese Ereignisse spielten sich im 18. Jahrhundert ab. Die Martinisten arbeiteten mit Hochgradmaurern zusammen, und auch Papus als Großmeister des wiedererstandenen Ordens ließ Freimaurer des *Alten und Angenommenen Schottischen Ritus* zu, sofern sie mindestens den 18. Grad erlangt hatten. Dr. Encausse äußerte sich gegenüber der gewöhnlichen Freimaurerei ziemlich abfällig. Wie er bemerkte, lag das Wissen eines Martinisten bereits im allerersten Grad über dem der gesamten Freimaurerei.

Was wußte der höchste Martinist »Papus« dann über die Pläne zur russischen Revolution? Immerhin war sie mindestens genauso minutiös geplant wie die große Französische Revolution. Durch seine Verbindung zu verschiedensten eingeweihten Kreisen, darunter auch geheimdienstlichen, sowie auch durch seine eigenen undurchsichtigen Aktivitäten war Papus über Vorgänge informiert, von denen der Zar nicht einmal eine leise Ahnung hatte.

Am Zarenhof waren in jenen Tagen ohnehin einige sehr mysteriöse Gestalten unterwegs. Okkultisten und Spiritisten rannten bei Großfürstin Alexandra Fjodorowna, der gebürtigen Prinzessin Alix von Hessen, gleichsam offene Türen ein. Sie, die Gemahlin des Zaren, schenkte den Mystikern oft ihr gesamtes Vertrauen und ihre ganze Hoffnung. Das lag auch an der Krankheit ihres Sohnes Alexej. Denn Alexandra klammerte sich an jeden Strohhalm, der hier Linderung oder gar Heilung versprach.

Aus Frankreich ist schon ein gewisser Philippe Vachod an den Hof gekommen, ein Spiritist und dubioser Seelenarzt, der bald nur noch »Monsieur Philippe« genannt wird. Möglicherweise fühlt er sich in jenem abergläubischen Umfeld zu sicher, jedenfalls sorgt er am Hofe für kleinere und größere Skandale, die sogar in einer eingebildeten neuerlichen Schwangerschaft der Zarin gipfeln. Als sie jedoch vergeblich auf den Thronfolger wartet und bereits geraume Zeit Umstandskleidung trägt, wird selbst ihr die Scharlatanerie endlich zu bunt. Die höfischen Tage des Monsieur Philippe sind gezählt, nun muß er das Land verlassen. Bevor Vachod seinen Hut nimmt, spricht er noch eine Prophezeiung aus: »Ein anderer wird kommen, der meinen Platz einnimmt!« – ob nun Vorwurf, Drohung oder einfache Feststellung, die Worte des in Ungnade gefallenen Spiritisten sollen sich bewahrheiten.

Im Herbst 1906 bittet ein sibirischer Bauer bei der Zarenfamilie um Audienz. Der sonderliche Mann mit den langen dunklen Haaren, die nahtlos in den wild wuchernden Bart übergehen, erscheint in einer Art Mönchskluft. Zwei Großfürstinnen, die schon Monsieur Philippe an den Hof gebracht hatten, hegen nun Interesse, diesen einfachen Mann aus der sibirischen Abgeschiedenheit in den engeren Kreis der Zarenfamilie einzuführen. Sein Name ist Grigorij Jefimowitsch Rasputin. Sehr bald gelingt es ihm, das Vertrauen von Alexandra zu gewinnen. Der geheimnisvolle »Mönch« gibt sich als Mystiker, Heiler und Hypnotiseur aus, und Alexandra hofft, daß Rasputin ihrem kranken Sohn Alexej helfen kann.

Woher Rasputin sein Wissen bezog, bleibt verschwommen. Einige Autoren sind der Ansicht, er habe Kontakt zu orientalischen Geheimbünden gepflegt. Rasputin stand auch in enger Verbindung mit Papus, so daß sich der Kreis hier schließt.

Mönch und Heiler am Hof des Zaren: Rasputin

Genau genommen war der mysteriöse Bauer bereits im Herbst 1905 zu einer kurzen Audienz am Zarenhof erschienen, doch erst ab 1906 trat er öfter in Erscheinung. Sachte und dennoch beharrlich bewerkstelligte er seinen offenbar konsequent gehegten Plan, eine zuletzt sehr wesentliche Rolle am Hof zu spielen. Papus seinerseits versuchte, politische Entscheidungen durch spiritistische Sitzungen zu beeinflussen.

Genau in jener Zeit, als auch Rasputin einen ersten Vorstoß wagte, erschien Papus auf der Bildfläche. In Moskau loderte das Feuer einer ersten Revolution, Vandalismus und Mord standen auf der Tagesordnung. Angeblich soll Papus in jenen Tagen zusammen mit dem Zarenpaar eine seiner Séancen abgehalten haben, in der er den Geist des so früh verstorbenen Alexander III. hervorbeschwor. Er sollte seinem Sohn als unfehlbare Stimme aus dem Jenseits den besten Weg für die Zukunft offenbaren. Tatsächlich habe der Verstorbene geantwortet und dringend geraten, die antizaristische Freiheitsbewegung im Keime zu ersticken. Der Geist Alexanders warnte angeblich auch vor einer weit größeren Revolution, die bald kommen werde. Dem in illuministische Pläne eingeweihten Papus war wohl bewußt, wovon er den verstorbenen Zaren künden ließ.

Tod den Reformern!

Die revolutionäre Bewegung mit aller Gewalt zu unterdrücken, hätte nur noch größere Aufstände mit sich gebracht und Wasser auf die Mühlen der Umstürzler geschüttet. Genau deshalb »übermittelte« Papus einen solch abstrusen Ratschlag. Schon seltsam, immer dann, wenn der Zarenhof neue Reformen einführte, schoben geheimnisvolle Kräfte aus dem Untergrund gewaltsam einen Riegel vor.

Alexander II. schaffte im Jahr 1861 die Leibeigenschaft ab, um die sozialen Gegensätze zu mildern. Prompt wurde er ermordet und der Reformprozeß stockte. Die Slavistin Dr. Elisabeth Heresch bringt den Sachverhalt in ihrer Alexej-Biographie auf den Punkt, wenn sie sagt:»Das Attentat gegen diesen sogenannten ›Befreier-Zar‹ kann im übrigen als Beispiel dafür gelten, daß es Anarchisten und Revolutionären in Rußland nicht um die Verbesserung der Zustände ging, sondern um die Zerstörung des Zarismus an sich. Diesen Personenkreisen war daher jede Reformtätigkeit eher unwillkommen, denn sie entzog ihnen den Boden für ihre oppositionelle Agitation. Das wird auch Zar Nikolaus bald zu spüren bekommen, als einer seiner Minister das abgebrochene Reformwerk von Alexander II. wieder aufnehmen und weiterführen und dadurch eben jenen Anarchisten zum Opfer fallen wird, deren regierungsfeindlicher Agitation er den Wind aus den Segeln nimmt.«

Jener Minister ist Premier Pjotr A. Stolypin. Nach der Revolution von 1905 beauftragt ihn Nikolaus II., Reformen durchzuführen, den russischen Bauern neue Rechte einzuräumen und sie zu unterstützen. Landreformen und finanzielle Hilfen sollen ihnen zu mehr Eigenständigkeit verhelfen, das Bildungswesen soll erneuert werden, Kranken- und Unfallversicherungen für finanzielle Ausgleiche bei Notfällen sorgen. Sogar revolutionäre Zeitungen dürfen legal verbreitet werden. Die »Stolypin-Verfassung« mit ihren weitreichenden Reformen kommt den Umstürzlern überhaupt nicht gelegen. Ihre Umsetzung würde ihnen jegliche Grundlage entziehen. Also mußte Stolypin beseitigt werden. Ein erster Anschlag mißlang, forderte aber dennoch das Leben einiger Menschen, und auch die Kinder des Politikers wurden verletzt.

Anfang September 1911 befindet sich der Zar mit einigen Familieangehörigen sowie Stolypin und mehreren Offizieren auf einer Galavorstellung der Kiewer Oper. Plötzlich ein lauter Knall, unmittelbar darauf noch einer, Schreie hallen durch den Saal. Als der Zar in die Richtung des Lärms blickt, sieht er Stolypin totenbleich in seiner Loge stehen. Blutend sinkt der Minister in seinen Sessel und beginnt, sich unter Schock langsam den Rock aufzuknöpfen. Der Attentäter ist noch in der Nähe und wird sofort gefaßt – ein Anwalt und Doppelagent namens Dmitrij G. Bogrow. Sein Opfer Stolypin stirbt einige Tage nach dem Anschlag. Dessen Mörder wäre in der Lage gewesen, auch den Zaren selbst zu erschießen. Warum also tötete er den Premierminister?

Gerade zu jener Zeit, in der Nikolaus II. Reformen anstrengte, um die Lage in der Bevölkerung zu verbessern, hätte sein Tod den Umstürzlern eher zu schaffen machen können. Und Stolypins Programm wäre dennoch nicht aufgehalten worden. So wurde der Zar nicht zum Märtyrer, und die Wurzel des momentanen »Übels« war augenblicklich beseitigt.

Rasputin scheint von den Plänen gewußt zu haben. Er war am Tag des bevorstehenden Attentats eigens nach Kiew gereist, und befand sich in der Menge, als die Zarenfamilie der Stadt im geschmückten Wagen ihre Aufwartung machte. Stolypin befand sich in der kaiserlichen Gefolgschaft. Wie besessen schrie plötzlich Rasputin: »Der Tod! Ich sehe den Tod hinter ihm! Etwas Schreckliches wird passieren!« und deutete aufgeregt auf den Minister. Der zwielichtige Heilige wollte mit dieser vermeintlichen Vision wohl seine Hellsichtigkeit zeigen. Ihm selbst blieben übrigens noch fünf Jahre.

Das Doppelleben des Mystikers war zwischenzeitlich immer offenkundiger geworden. Abends schlüpfte er aus seiner Kutte in Gewänder aus Samt und Seide, um sich dem Nachtleben der russischen Metropolen hinzugeben. Reich war der sibirische Exzentriker längst, und so konnte er sich alles leisten. Rasputins Macht wuchs mit der Zeit so stark an, daß man seinen Einfluß auf die Zarenfamilie schließlich als Ursache für den bevorstehenden Zusammenbruch Rußlands ansah. Tatsächlich maßt sich der eher nur zum Schein Heilige sogar an, die Besetzung politischer und kirchlicher Ämter zu manipulieren. Rasputin kennt die ehernen Regeln, seine Macht durch Doppelmoral, Lügen und Erpressung zu mehren. Doch das Ende naht. Im Dezember 1916 wird er schließlich von Fürst Felix Jusupow ermordet. Es ist das gleiche Jahr, in dem auch Papus stirbt.

Der Plan wird ausgeführt

Während jener bemerkenswerten Séance von 1905, in der Papus den Geist Alexanders III. befragt, vermittelt der Okkultist einige erstaunliche Fakten über die Zukunft. Wie schon erwähnt prophezeit er eine weit größere Revolution und orakelt, er könne diese Katastrophe zwar bannen, doch nur solange, bis er selbst den irdischen Schauplatz verläßt. Wollte Papus sich damit eine wirksame Lebensversicherung schaffen? Wie auch immer, seine Voraussage sollte sich bewahrheiten. Ob das Zufall oder Notwendigkeit war, wird sich kaum mehr klären lassen. Möglicherweise konnte er die Kräfte im Hintergrund tatsächlich steuern, allerdings weniger auf transzendental-esoterischem Wege, sondern weit mehr durch seine geheimbündlerischen Beziehungen und Einblicke. Er selbst hatte den Martinistenorden neu ins Leben gerufen. Nicht zuletzt über Rasputin hatte er auch mit den sufischen Kreisen des Orient in Kontakt gestanden.

Der Sufismus oder ursprünglich »tasawwuf« entstand vor über tausend Jahren im Zweistromland, der Region des heutigen Irak. Der Name rührt von den Gewändern der islamischen Asketen her, die sich in Wolle (arabisch: suf) kleideten. In der Lehre des Sufismus sehen einige Fachleute den zum inneren Wesen gerichteten Islam und eine stufenweise mystische Vereinigung mit Gott. Die eigentlichen Wurzeln dieser alten Lehre gehen auf die Gnostiker und Manichäer zurück, ähnlich wie die Assassinen des Hassan-i-Sabbah, ihres erleuchteten Großmeisters und »Alten vom Berge«. Damit geraten wir auch wieder zu den Anfängen des templerischen Gedankenguts.

Sehr viel später beriefen sich dann mehr oder weniger legitime Nachfolger der Templer auf den Sufismus, so auch die vom Illuminatentum durchdrungene »Bruderschaft des Lichts«, ihrerseits in den *Ordo Templi Orientis* mündend. Das Wissen der Geheimbünde war auch für Geheimdienstler von großem Interesse, nicht selten mischten sich die beiden »Stilrichtungen« der Verschwiegenheit personell gut durch.

Im Umfeld jener Zirkel, die von Papus frequentiert wurden, bewegte sich auch der Chef des serbischen Geheimdienstes – Dragutin Dimitrijević, der unter dem Codenamen *Apis* gleichzeitig als Chef der geheimen Organisation *Vereinigung oder Tod* wie auch des Geheimbundes *Schwarze Hand* aktiv war. In diesem Kreis entstanden die Pläne zur Ermordung des österreichischen Thronfolgerpaares in Sarajewo, die zum Ausbruch des Ersten Weltkriegs führte. Der ehemalige russische Premierminister Graf Sergej Witte erklärte schlichtweg: »Dieser Krieg ist Wahnsinn!«

Die Erben des Illuminatismus arbeiteten gezielt auf gewaltige Umstürze hin. Und manche Prophezeiungen mochten von geheimen Quellen zu schon länger bestehenden Plänen zurückgehen.

Lenin, der von illuministischen Kreisen als Anführer des Umsturzes in Rußland auserkoren worden war, mußte sich beeilen. Die Zeiger der großen Uhr jener Verschwörung standen bereits auf fünf vor zwölf für die Umsetzung der revolutionären Pläne. Denn auch nach dem Tod Stolypins waren etliche seiner Reformen in die Tat umgesetzt worden, und so wurde das Volk immer zufriedener, träger und kampfesmüder.

Im Februar 1917 ist es soweit, die große Revolution nimmt ihren Anfang, das letzte Kapitel in der Chronologie des Zarenreichs wird von einer tödlichen Macht geschrieben.

Im März 1917 dankt Nikolaus II. ab, weitere Unruhen erfassen das Land. Die große Oktoberrevolution zerschlägt schließlich auch eine provisorische Regierung, und mit der Ermordung der Zarenfamilie am 16. Juli 1918 ist die alte Ära auf grausame Weise zu Ende gegangen, um Platz für eine neue Ordnung zu schaffen. Diese Geschichte kennt jeder.

Die Auslöschung der kaiserlichen Familie Romanow erfolgte allerdings nicht allein aus bestialischer Eigenmächtigkeit einiger Sowjetkommissare heraus, sondern durch eindeutigen Befehl von der obersten Spitze. Trotzki wußte offenbar nichts davon, daß die gesamte Familie ermordet worden war. Im Gespräch mit Jakow Swerdlow, der zu den Mitgliedern der ersten Sowjetregierung zählte, fragte er: »Was, alle?« und Swerdlow erwiderte: »Iljitsch [Lenin] und ich haben das beschlossen.«

Lenin wäre nie zum erfolgreichen Revolutionsführer geworden, hätten ihn nicht die internationalen Bankiers unterstützt. 1891 hatte der vom Haus Rothschild geförderte britische Magnat Cecil Rhodes etliche Eingeweihte in sogenannten Roundtable-Gruppen um sich geschart, mit dem Vorbild der Tafelrunde König Arturs und den Illuminaten-Plänen einer neuen Weltordnung im Hinterkopf. Die »Gespräche am runden Tisch« sind geradezu zum geflügelten Wort geworden.

Die Zarenfamilie im Jahre 1910. Acht Jahre später wurden die Romanows ausgelöscht.

Wie in fast allen geheimen Gesellschaften und Organisationen exisiert auch hier ein innerer harter Kern und eine Peripherie »dienstbarer Geister«, die im Grunde nur Zuträger oder Ausführende des zentralen Gehirns sind. Der englische Botschafter Sir George Buchanan zählte zu den Roundtablern und stellte den Revolutionären 21 Millionen Rubel zur Verfügung. Außerdem flossen weitere Gelder von großen amerikanischen Firmen auf die Konten der Revolutionäre.

In seinem Buch *Wall Street and the Bolshevik Revolution* führt Antony Sutton zahlreiche Beispiele dafür auf, wie die amerikanische Hochfinanz die Revolution kräftigst förderte: »Diese Hilfeleistung bestand vorwiegend in Bargeld, Waffen und Munition sowie diplomatischer Unterstützung in London und Washington, D.C.«, so führt er aus. Und zudem erweist sich als sehr aufschlußreich, daß zahlreiche Mitglieder des Ordens von *Skull & Bones* mit diesen Transaktionen in Verbindung standen. Als Schaltzentrale nennt Antony Sutton das Equitable Trust Building, 120 Broadway in New York – jener Stadt, in der Leon Trotzki bestens aufgehoben war. Diese Adresse bezeichnet den Sitz des Harriman-Imperiums, das eng mit dem *Orden 322* verbunden ist.

Viele Wege führen zu den Erben der Illuminaten und »322«. Wie die Tentakel eines Kraken scheinen sich seine Ableger um den Globus zu schlingen, sichtbar und unsichtbar zugleich. Doch dieser Krake besitzt Tausende von Gliedern. Versuchen wir noch ein wenig in den tiefen Gewässern der jüngeren Geschichte zu fischen, um zumindest einige Organe dieses Geschöpfs freizulegen.

9. Wie man die Welt in Atem hält

Die unsichtbare Regierung

Eine der berühmtesten Entführungen des 20. Jahrhunderts ereignet sich am 1. März 1932 im amerikanischen Städtchen Hopewell, New Jersey. Mitten in der Nacht wird der zweijährige Sohn des legendären Atlantikfliegers Charles Augustus Lindbergh, Jr. aus seinem Kinderzimmer verschleppt. Keine Spur von den Tätern, außer einer Notiz mit der Forderung von 50 000 Dollar Lösegeld. Die Familie zögert nicht lange, sondern zahlt die gesamte Summe in Form von Goldzertifikaten. Die Übergabe findet zu nächtlicher Stunde auf einem Friedhof in der Bronx statt, doch keine Spur von dem Kind. Der Sohn der Lindberghs wird trotz der Zahlung zwei Monate später tot in den Wäldern von Hopewell aufgefunden.

Der Fall Lindbergh ging durch alle Medien, vor allem der Prozeß um den 1934 angeklagten deutschstämmigen Bruno Hauptmann führte zu einer beinahe hysterischen Berichterstattung. Hauptmann hatte Zertifikate aus dem erpreßten Fundus ausgeben wollen und war dadurch aufgeflogen. Viele Indizien belasteten ihn schwer, und 1936 endete sein Leben auf dem elektrischen Stuhl.

Um die tragische Lindbergh-Entführung ranken sich viele Spekulationen. Manche munkelten sogar, daß eine Gruppe mächtiger Personen die Familie Lindbergh für einen späten Racheakt auserkoren

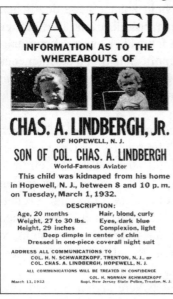

Polizeichef Col. H. Norman Schwarzkopf, Vater des später durch den Golfkrieg berühmt gewordenen Generals, gab diese Suchmeldung zehn Tage nach der Entführung des Lindbergh-Sohnes heraus.

hatte, was zwar nicht undenkbar, aber doch etwas weit hergeholt zu sein scheint. Tatsache allerdings ist, daß der Vater des berühmten Fliegers, Charles Augustus Lindbergh, Sr., sich einige Feinde in den höchsten Reihen der US-Politik schuf.

Lindberg Senior wurde 1859 in Schweden geboren und kam bereits als Kind in den US-Bundesstaat Minnesota. Er wurde Jurist und Mitglied der republikanischen Partei. Schon sehr bald enthüllte sich ihm das unwürdige Spiel der Macht, all jene Ränke, Winkelzüge und Machenschaften der skrupellosen Elite. Als er begann, diese Methoden anzuprangern, als er das gewaltige industrielle Netzwerk ins Kreuzfeuer nahm und versuchte, verschiedene Reformen sogar unter Einsatz eigener finanzieller Mittel in Gang zu bringen, schlug ihm ein kräftiger Wind entgegen.

Lindbergh hatte zuviel riskiert. Nicht zuletzt seine deutlichen Worte zur Kriegspropaganda und Finanzpolitik trugen ihm heftige Gegnerschaft ein. Lindbergh, der zehn Jahre als Kongreßabgeordneter wirkte, wurde regelrecht verunglimpft. Sein 1917 erschienenes Buch *Why is Your Country at War?* (*Warum befindet sich Dein Land im Krieg?*) wurde systematisch unterdrückt und führte zum Ende seiner politischen Karriere.

Die Kriegsprofiteure in Form riesiger Konzerne ließen sich nicht so leicht am Zeug flicken. Die Führungsriege erweist sich bei näherem Hinsehen als eng verknüpft mit jenen 20 bis 30 einflußreichsten Familien der Staaten, wie sie auch immer wieder in den Mitgliedslisten von *Skull & Bones* als moderne Illuminati erscheinen. Und ähnlich wie beim einst so einflußreichen europäischen Adel betrieb die amerikanische Geldaristokratie eine intensive Heiratspolitik, um die Bande zwischen den einzelnen Magnatenhäusern noch zu festigen.

Sie waren es auch, die 1907 in den Vereinigten Staaten eine künstliche Wirtschaftspanik heraufbeschworen, worauf bald ein kontrollierendes staatliches Organ gefordert wurde, um die ökonomische Stabilität für die Zukunft zu sichern. In geheimen Absprachen entstand daraufhin die angeblich staatliche *Federal Reserve* als zentrales und mächtiges Banksystem. Ein Kontrollorgan erster Ordnung.

Dort, wo die Erben Weishaupts aktiv werden, sind sie stets

darum bemüht, große Zusammenschlüsse unter ihrer Ägide zu bewirken, um letztlich zu schaffen, was bekanntlich auf jeder Dollarnote festgeschrieben ist:»Die Neuordnung der Zeiten« –»Novus ordo seclorum«, was sich gleichsam als die *Neue Weltordnung* darstellt, die gesamte Welt in den Händen einiger Mächtiger.

Diese Puppenspieler halten die unsichtbaren Fäden des Weltgeschehens in den Händen, jonglieren mit politischen Krisenherden und wirtschaftlichen Fluktuationen. Murmelspiel mit der Weltkugel, Real-Life-Monopoly, der ultimative Kick fürs elitäre Ego!

Lindbergh betrachtete die Entwicklungen mit größter Sorge und schrieb 1913 hinsichtlich der Unterzeichnung jenes Federal Reserve Act:»Dieser Vorgang etabliert den gigantischsten Trust auf Erden … Wenn der Präsident diesen Akt unterschreibt, wird die unsichtbare Regierung der Geldmacht … ihre Rechtmäßigkeit erlangen.« Die Folgen umreißt Lindbergh klar. Einige seiner Bemerkungen wiederzugeben genügt völlig, um die Lage zu begreifen:»Das neue Gesetz wird Inflation erzeugen, wann immer der Trust Inflation wünscht … Von nun an wird man Depressionen wissenschaftlich erzeugen … Durch dieses Bank- und Währungsgesetz wird das übelste Legislativverbrechen aller Zeiten verübt.« Noch deutlicher hätte Lindbergh seine Bedenken kaum formulieren können. Die»Fed« wirkte schon durch ihren Namen wie ein staatliches Organ, doch befand sie sich von Anfang an in den Händen der privaten Hochfinanz. Sie steht ihrerseits natürlich ohnehin als regelnde Kraft allmächtig hinter der Politik, aus deren Reihen durchaus ab und zu auch Proteste laut wurden.

Diese Rufe verhallten allerdings schnell und einsam im weiten Kosmos der Weltenlenker. Der Abgeordnete John William Patman sprach besorgt von zwei Regierungen, der offiziellen und derjenigen des Geldes, die unabhängig und unkontrolliert wirkt. Auch andere Kenner der Materie erhoben ihre Stimmen. Nur, die *Federal Reserve* machte dennoch unerschütterlich ihren Weg und existiert bis heute, wo Alan Greenspan ihr oberster Repräsentant ist. Schon sein Gesichtsausdruck beeinflußt die Börsen, so scheint es. Tatsächlich reagiert die Weltwirtschaft sofort auf die kleinsten Äußerungen des mächtigen Fed-Chefs. So muß es wohl sein, leider. Darin bestand das Ziel der Fed-Begründer. Sie wollten die totale Kontrolle.

Machtgier

Präsident William Howard Taft, US-Präsident und – wie sein Vater Alphonso Taft und zahlreiche andere Familienangehöriger – Mitglied des Ordens von *Skull & Bones*, zeigte sich manchmal unangepaßt und ging eigene, unerwünschte Wege. So stellte er sich gegen das Fed-System. Daher kümmerte sich der Orden um einen neuen, formbareren Präsidenten: Woodrow Wilson. Zwar war auch ihm klar, was sich hinter den Kulissen abspielte und wer die Fäden wirklich in der Hand hielt, doch die Geschichte zeigt, daß Wilson seinen ursprünglichen Widerstand nicht lange durchsetzen konnte. Aus welchen Gründen das geschah, sei dahingestellt, vielleicht war er in gewisse Abhängigkeiten geraten. Allein schon seine Wahl zum Präsidenten bestand in einer Manipulation durch den Orden. Der sehr eng mit »322« verbundene Großfinanzier John P. Morgan unterstützte eine Kampagne für einen dritten Kandidaten – Theodore Roosevelt – und mittels der dadurch erfolgten Stimmaufteilung auf zwei republikanische Kandidaten reichten 42 Prozent für eine Mehrheit Wilsons. Morgan hatte also das Prinzip »Teile und herrsche!« wieder erfolgreich eingesetzt. Fortan wurde dem frischgebackenen US-Präsidenten ein schattenhafter Berater als ständiger Begleiter zur Seite gestellt, der schon kurz erwähnte »Ehren-Colonel« Edward Mandell House, der nie im Militär gedient hatte. Diese präsidentielle Gouvernante verfolgte jeden Schritt des »mächtigsten Mannes« der Welt, der genau wußte, daß er im Grunde nur eine gefesselte Marionette war.

1913 wurde die *Federal Reserve* geboren, und 1913 wurde Wilson neuer Präsident. Noch im ersten Jahr seines hohen Amtes stellte er fest: »Einige der größten Männer in den Vereinigten Staaten, auf den Gebieten von Handel und Produktion, haben Angst vor etwas. Sie wissen, daß es irgendwo dort eine Macht gibt, so organisiert, so subtil, so wachsam, so verknüpft, so kom-

Ewiger Schatten und alter ego von Präsident Wilson: »Colonel« Edward Mandell House

plett, so durchdringend, daß sie deren Verdammung besser nie anders als hauchend leise aussprechen.« Auch Wilson war zum Opfer dieser Macht geworden, das war ihm bewußt. Es ist schon beängstigend, wie abhängig selbst die scheinbar mächtigsten Politiker der Welt von einer so unsichtbaren wie undurchsichtigen Gewalt werden können, deren Macht und Einfluß sich in ihrer extremen Geheimhaltung manifestieren konnte. Völlig abseits aller Öffentlichkeit wuchs sie zu jenem gefährlichen Wesen heran, im Nährboden der Dunkelheit. Die Geheimhaltung ihrer Aktivitäten ließ sie so unfaßbar stark gedeihen. Nur dadurch konnte ihr weltweites Netzwerk unter der Oberfläche dieses Planeten so undurchdringlich werden, daß kritische Äußerungen und Nachweise für ihre verbrecherische Aktivität als blanke Verschwörungstheorie abgekanzelt werden. So weit ist es schon gekommen! Wieder einmal lautet das Stichwort: Unterwanderung.

US-Präsidenten werden in ihre Ämter gesetzt, sie kommen und gehen. Sie müssen die Politik, wie sie von ganz anderen Kräften bestimmt und kontrolliert wird, an die Öffentlichkeit verkaufen, oft unter Vorgabe völlig anderer Beweggründe. Die Präsidenten sind die sichtbaren Sprecher einer unsichtbaren Macht, die in ihrer gesamten Struktur und Philosophie sehr deutlich an die Illuminaten Adam Weishaupts erinnert. Der Zweck heiligt auch hier die Mittel.

Daß der Lauf der Geschichte sich nicht nachhaltig beeinflussen läßt, ist schlichtweg eine Mär. Seit Jahrhunderten erlebt die Welt gelenkte Ereignisse. Wenige Personen, die an die Macht gelangen, können den gesamten Planeten in tiefstes Unglück stürzen. Einzelne bringen ganze Völker in Verruf, und immer sind es selbstredend die Extreme, die am deutlichsten und meist unangenehmsten auffallen. Jeder kennt sie, leider.

Die Weltgeschichte ist Kriegsgeschichte, und die Kriegsgeschichte ist eine Geschichte des Größenwahns. Wieviele Kriege waren nichts als Wahn? Wieviele waren keiner? Es ist der Wahnsinn, der die Geschichte schreibt. Wer ein Geschichtswerk aufschlägt, und wenn es zig Bände sind, wer darin willkürlich eine Seite wählt, wird immer einen Text finden, in dem es gerade um Eroberungen, Feldzüge, Kriege, Mord und Totschlag geht – und um Macht.

Leid und Elend beherrschen die Geschichte dieses Planeten

keineswegs allein wegen elementarer Not. Und warum? Weil die Geschichte großteils von Geisteskranken geschrieben wird. Jede Epoche, jedes Jahrhundert kennt sie: Individuen, die getrieben von unstillbarer Machtgier alles tun, um sich unsterblich zu machen, indem sie möglichst viele Menschen ins Verderben und in den Tod reißen.

Ob Ramses II., Alexander der Große, Cäsar, Napoleon Bonaparte, wie auch immer sie hießen, die Liste ließe sich beliebig fortsetzen, ebenso in der jüngsten Zeit. Jeder kennt diese »Favoriten«! Es sind Wölfe der Geschichte, die jedes Maß verloren haben. Die in vielen Fällen überraschend stark okkult orientierte Macht-Elite ergeht sich zuweilen sogar in Ritualmord und kommt ungestraft davon. Welch ein Kick für's Ego, alles zu dürfen!

Hinter den »Großen« standen oft wesentlich unscheinbarere Figuren oder Gruppierungen, die dafür sorgten, daß alte Interessen niemals zu kurz kommen würden. Nicht anders bei den amerikanischen Präsidenten mit Blick auf den Illuminatismus.

Im Würgegriff der »Illuminati«

Schon in jener Zeit, als die amerikanischen Kolonien sich um die Unabhängigkeit bemühten, gab es von Europa aus Bemühungen, das Finanzsystem in der Neuen Welt zu kontrollieren. Die internationalen Banker verliehen gewaltige Geldmengen an Regierungen und gewannen dadurch politische Macht. Die Kolonien in Amerika gaben allerdings ihr eigenes Geld heraus und waren zumindest in dieser Hinsicht unabhängig. Das war um 1770. Dann machten ihnen die internationalen Banker einen Strich durch die Rechnung. Beim König von England ging durch das Haus Rothschild die Petition ein, den Kolonien ihre finanzielle Unabhängigkeit zu nehmen. Sie sollten nur noch Geld gegen Zinsleistung über die Bank von England ausleihen. Da Rothschild die englischen Truppen mit hohen finanziellen Zuwendungen unterstützt hatte, willigte der britische König George III. ein. Auf diese Weise gerieten die Kolonien unter enormen Druck. So schnell kommt es zu Abhängigkeiten. Und das betraf auch die englische Krone.

Ziemlich genau zu jener Zeit, im Jahr 1770, äußerte der englische Premierminister Sir William Pitt, Earl of Chatham, eine bemerkenswerte Feststellung: »Es gibt etwas hinter dem Thron, das mächtiger ist als der König selbst.« Diese Worte kamen also nicht von ungefähr. Und der Earl mußte es ohnehin wissen. Immerhin nannte man ihn den »dritten Baumeister des britischen Weltreichs nach Cromwell und Wilhelm III.«. Die Art der Formulierung könnte fast an die Freimaurerei denken lassen, doch Sir William Pitt war kein Angehöriger der Bruderschaft. Interessant aber sind die frühen Einflüsse der Hochfinanz auf die Neue Welt. Die Vorgänge zu jener Zeit waren allerdings weitaus verwobener, sie würden ohne weiteres ein eigenes Buch füllen.

Amerika hatte sich in den folgenden Jahren voll und ganz gegen den Illuminatismus und mit der Unabhängigkeitserklärung auf eigene Füße gestellt. Liegt darin der Grund, daß Weishaupt seinen Orden genau im selben Jahr gründete, in dem die 13 Kolonien sich von England abkoppelten und die USA gründeten? Sollte damit ein Gegengewicht geschaffen werden, eine Kraft, welche die USA bald infiltrieren und wieder in den Würgegriff der internationalen Banker bekommen würde? Beweisen läßt sich das nicht. Vielmehr erscheint die Synchronizität der Ereignisse zufällig zu sein. Doch bekanntlich kann der Schein nachhaltig trügen.

Sehr fantasievoll allerdings ist die gelegentlich zu lesende Idee, George Washington sei in Wirklichkeit Adam Weishaupt gewesen. Die Porträts zeigen angeblich dieselbe Person. Doch, ähneln sich nicht viele Porträts aus jener Zeit verblüffend? Bei nahezu identischer Kleidung und Haartracht verblassen natürlich die persönlichen Züge. Außerdem wirft diese Spekulation viel zu viele Fragen auf. Denn wenn Washington durch Weishaupt ausgetauscht worden wäre, hätte es irgendeinen »Bruch« in der Biographie geben müssen. Der Deutsche Adam Weishaupt wäre wohl kaum in der Lage gewesen, die Rolle des ersten amerikanischen Präsidenten selbst nach langen Vorbereitungen wirklich perfekt zu spielen. Das dürfte dann wohl auch für den Begründer des »Perfectibilisten«-Bundes zuviel gewesen sein. Wohin verschwand zudem der echte Washington? Und wer übernahm dann Weishaupts Part in Deutschland? Die Tatsachen sind unfaßbar genug, ein Rollentausch Weishaupt-Washington war über-

Der erste Präsident der Vereinigten Staaten von Amerika, George Washington

haupt nicht notwendig. Es gab andere Möglichkeiten, die Infiltration schrittweise durchzusetzen, und Weishaupt hatte seinerseits in Deutschland genug zu tun.

Spätestens seit der Gründung von *Skull & Bones* im Jahr 1832 bestand eine hervorragende, verborgene und zentrale Kontrollinstanz mit illuministischen Wurzeln in den USA. Zwei Arten von Familien, die sich im Kern des neuen Ordens finden, bestimmten von nun an den Lauf der Dinge sehr wesentlich mit: einmal die sehr alten Familien, die zu Zeiten der *Mayflower* an die Ostküste kamen, also gegen 1630. Wer sich von den ersten Anfängen an die Spitze hocharbeitete, galt gleichsam als amerikanischer Aristokrat. Die zweite Gruppe von Familien konstituiert sich aus den Superreichen, die es innerhalb der letzten 150 Jahre geschafft haben, den höchsten Gipfel des Geldes zu erklimmen – Clans wie die Rockefellers oder die Vanderbilts. Nicht alle Familienmitglieder sind in die große Kabale verstrickt, einige haben nichts damit zu tun. Andere tauchen nicht nur in der Peripherie auf, sondern im Kern mehrerer Organisationen. Da ich über diese Zusammenhänge bereits in den beiden »Vorläufern« zu diesem Buch geschrieben habe, will ich das Thema hier nicht vertiefen. Der innerste Zirkel des Ordens jedenfalls manifestiert sich personell in vielen anderen Organisationen.

Vor allem die bestimmenden Köpfe hinter den Großbankiers lassen sich bei ihren geheimen Aktionen nicht ins Handwerk pfuschen. Schon Lincoln soll deshalb erschossen worden sein, weil seine Finanzpolitik den Plänen der eigentlich herrschenden Schicht diametral entgegengesetzt war. Nicht anders auch bei John F. Kennedy, so heißt es. Denn seine Intention war, die Kontrolle über den amerikanischen Dollar wieder in die Hände der US-amerikanischen Regierung zu lenken. Das paßte den Kräften nicht, die auch den Fed ins Leben gerufen hatten. Kennedy hatte einen schweren Fehler

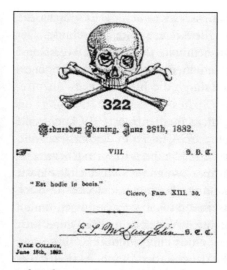

Ankündigung einer Zeremonie des Ordens Skull & Bones genau 50 Jahre nach dessen Gründung durch Russell und Taft

begangen. Und noch einen, und dann war da noch ... Tatsächlich gab es sehr viele (Hinter-) Gründe für das Attentat. Auch die Bonesmen mußten ein gediegenes Interesse am Tod des 35. US-Präsidenten haben, der nach der mißglückten CIA-Aktion gegen Kuba endgültig die Nase vom Auslandsgeheimdienst voll hatte und ihn in tausend Stücke zersprengen wollte. Hier hatte er die Rechung allerdings ohne den Wirt gemacht. »Yalies« bilden in der CIA eine eigene »Fraktion«, und von ihnen zählen viele zu den Bonesmen. Ihre Kontrollfunktion, die sie auf US-Präsidenten ausüben, ist in ihrer Kontinuität nicht zu unterschätzen. Averell Harriman war einer der bedeutendsten »Knochenmänner« und Großkapitalisten. Mit seinem Imperium hatte er sogar den Eisernen Vorhang »perforiert« und tätigte einträgliche Geschäfte mit den Sowjets. Prescott Bush, Großvater des letzten »Bush-Präsidenten«, arbeitete vier Jahrzehnte lang für den Harriman-Konzern und unterstützte während dieser Zeit die Errichtung des Hitlerreichs. Auch solche schier unglaublichen Transaktionen lassen die Geister Weishaupts und Hegels wieder wach werden. Bonesman Averell Harriman fungierte als Berater der US-Präsidenten Roosevelt, Truman, Kennedy, Johnson, Nixon und Carter. Und Harriman war keineswegs der einzige knochige Präsidentenberater. Im Jahr 1917 hatte sich im übrigen eine große Zahl von *Skull&Bones*-infiltrierten Firmen um die Harriman-Zentrale am 120 Broadway in New York geschart. Neben der *Sinclair Gulf Group*, der *Guggenheim Exploration, Stetson Jennings & Russell*, der *American International Corporation*, dem *Soviet Bureau*, der *J. P. Morgan Firm*, der *Guaranty Trust Corporation*, der *Anglo-Russian Chamber of Commerce* und anderen, finden sich hier auch der *Bankers Club* und die *Federal Reserve Bank*. Eine interessante Mischung. Der Orden hat sich ohnehin bis zum heutigen Tag an die ewige Regel gehalten, stets unter anderen Namen und mit vielen Gesichtern aufzutreten sowie einen »Marsch durch die Institutionen« anzutreten.

In jenem ganz besonders schicksalhaften Jahr 1917 kochte die russische Revolution über, und die USA traten in den Ersten Weltkrieg ein, wiederum eine Entwicklung, die ihren Ursprung bereits im Jahr 1915 genommen hatte. Damals ereignete sich die rätselhafte Versenkung des Ozeanliners *Lusitania* durch ein deutsches U-Boot. Viele Details im Ablauf der rätselhaften Katastrophe lassen darauf schließen, daß sich diese Geschichte in Wahrheit nicht so geradlinig beschreiben läßt und »Der Orden« eine hintergründige Rolle spielte. Mit dem Ende des Ersten Weltkrieges, der durch Aktionen der Illuminati provoziert wurde, waren die Vorbereitungen für den nächsten großen Akt der Weltgeschichte schon im Gange.

Wege zum Olymp der Macht

Edward Mandell House, glühender Verfechter der »Einen Welt«, initiierte die Gründung des unvergleichlichen *Council on Foreign Relations*, CFR. Dieser »Rat für auswärtige Beziehungen« ist weder eine Geheimgesellschaft noch ein Geheimbund, sondern stellt sich in seinem Magazin *Foreign Affairs* und im Internet offen dar. Allerdings trägt das überraschend vielfältige Themenspektrum von *Foreign Affairs* und auch die gesamte Philosophie des CFR bei näherem Hinsehen unverkennbar illuministische Züge.

Das Emblem des Council on Foreign Relations *(CFR)*

Als Schlagwort für den CFR muß der »Pluralismus« herhalten, weshalb Gedankengut verschiedenster politischer Strömungen in *Foreign Affairs* einfließt, wiederum mit entsprechend breitem Autorenspektrum. Doch wen soll das wundern? Denn der CFR steht in der

Peripherie von *Skull & Bones*, der Machtzentrale modernen Illuminatismus. Seit dem Jahr 1966 gehört auch jeder Direktor des US-Auslandsgeheimdienstes CIA dem *Council on Foreign Relations* an, der seinen Sitz in New York hat und sich zu einer der mächtigsten Politikerschulen entwickelt hat. Trotz aller Vielschichtigkeit wird der CFR zum Nadelöhr für all jene, die in den Olymp der Macht-Elite aufsteigen wollen. Hier lernt man Konformität und daß es letzten Ende völlig gleich ist, welcher Partei man angehört. Die große Politik muß davon völlig unberührt ihren schon lange festgelegten Lauf nehmen.

Im *Council on Foreign Relations*, der ungefähr 4000 Mitglieder zählt, finden sich zahlreiche große Namen aus den verschiedensten Gebieten des öffentlichen und weniger öffentlichen Lebens. In die Reihen des CFR werden nicht nur für eine politische Karriere aussichtsreiche Personen aufgenommen, sondern auch bedeutende Geschäftsleute, Medienvertreter und Wissenschaftler. Damit läßt sich natürlich gut renommieren. Allerdings kommt man selbst mit hervorragenden Qualifikationen nicht so leicht in diese Kreise hinein, die nicht umsonst zur Elite rechnen. Ein bewährtes Mitglied des CFR muß den Kandidaten schriftlich für eine Aufnahme empfehlen, mindestens zwei weitere Mitglieder haben sich dem Vorschlag anzuschließen. Zur Zeit sind rund vier bis fünf unterstützende Schreiben erforderlich. Wer das 34. Lebensjahr überschritten hat, wird nicht mehr aufgenommen. Wenn die Empfehlungen eingegangen sind, wird von einer der Öffentlichkeit unbekannten Führungsgruppe entschieden, ob dem Ansinnen stattgegeben wird. Überhaupt gibt es wie in jeder der »illuministischen« Gruppen eine große Peripherie und einen inneren Zirkel, der genau weiß, worum sich's eigentlich dreht. Hier wird wiederum über die Weichenstellung der großen Politik beraten – natürlich ganz und gar unter Ausschluß der Öffentlichkeit. Dennoch zeigen die Entscheidungen des Establishment, wohin der Kurs steuern soll. Ganz klar: Aus zahlreichen Äußerungen und Aktionen erweist sich das Ziel des CFR als deckungsgleich mit den Ideen der Illuminaten. Es ist und bleibt die große Superregierung, die über allem steht, auch über den Interessen der Vereinigten Staaten von Amerika: Nicht umsonst meinte der CFR-Insider Carroll Quigley, der später vom Saulus zum Paulus wurde: »Die nationalen

Grenzen sollen ausgelöscht werden!«Wunderbar, warum auch nicht? Wenn die Grenzen fallen, herrscht die große Einheit, alle Menschen sind Brüder, wo sollte dann noch Krieg ausbrechen? Eine raffiniert naive Vision, so möchte man sprechen. Jedermann dürfte sonnenklar sein, wie unrealistisch eine derlei schöne Idee ist. Kulturelle Unterschiede, religiöse Traditionen, Sprachen, all die Charakteristika der Völker sind viel zu stark ausgeprägt und individuell gewachsen. Niemals könnten sie auf friedlichem Wege zu einer »Weltnation« verschmolzen werden! Den berühmten »American Way of Life« unser aller Welt als »una sancta« aufzubürden, würde in ungeahnten Massenmord ausarten. Die Glorie eines Global-Amerika? Nichts als eine Fast-Food-Fantasie weltfremder Elitisten, dennoch stockgefährlich. Es ist ein altes Problem der durch ihre Sonderstellung von den Problemen des »einfachen Volkes« völlig abgekoppelten Führungsschicht. Ihre Repräsentanten sind der Weltrealität entrückt.

Als man der französischen Königin Marie-Antoinette dereinst berichtete, die Bevölkerung leide an Hunger und habe kein Brot mehr, erwiderte sie verständnislos:»Dann sollen sie doch Kuchen essen!« Nicht viel anders verhält es sich auch heute noch. Die von allem meist extrem abgeschotteten oberen Kreise kennen das echte Leben nicht und haben den Bezug zu der Welt verloren, die sie regieren!

Viele humanitäre Stiftungen entstanden nur zu einem Zweck, nämlich dem legalen Entzug finanzieller Mittel vor steuerlichen Zugriffen. Die durch derart philanthropische Aktionen erzielte Steigerung des Ansehens eines Finanztycoons und seines Imperiums war außerdem ein netter Nebeneffekt. Für Rockefeller & Co. eine altbewährte Methode. Ansonsten arbeiten die wirklich Großen ständig daran, ihre Macht und ihren Einfluß zu mehren, wo immer das möglich ist.

Bei den Illuminaten, den »Skulls« und andernorts zeigt sich sehr deutlich, daß man die Skrupellosigkeit zum Prinzip erhebt – denn schon lange gilt als Erfolgsrezept:»Der Zweck heiligt die Mittel.« So darf die gesamte verbrecherische Tonleiter von Betrug, Sabotage, Unterwanderung, Denunziation, Verfolgung, Bedrohung, Einschüchterung und Mord auf und ab gespielt werden, um eben jenen Zweck auch sicher zu erreichen. Ohne düstere Machenschaften geht es eben nicht, wenn man nach oben will, und nicht umsonst hüllen sich die Riten der Eliten oftmals in schwärzesten Mummenschanz.

Der innere Zirkel

In der Nähe des »Gehörnten« scheinen sich die obersten Zehntausend am wohlsten zu fühlen. Alte Mysterienkulte und okkulte Handlungen reichen hier bis in die Gegenwart hinein, wie wir gesehen haben. Ob bei mittelalterlichen Bünden, ob beim *Ku Klux Klan*, den Bonesmen oder auch im Kreis des *Bohemian Club*, immer wieder tauchen sie auf, die geheimnisvollen Gestalten, die sich in Kapuzengewänder kleiden und Riten um Tod und Feuer exerzieren.

Jener *Bohemian Club* trifft sich alljährlich im Sommer, um im innersten Zirkel sexuellen Ausschweifungen bis hin zum Menschenopfer zu frönen. Mitten in den Wäldern Nordkaliforniens weist das mit einem Totenschädel verzierte Eingangsportal auf ein weitläufiges, abgesperrtes Gelände, den Bohemian Grove. Der alte Parsenkult lebt im Grove bei der »Cremation of Care« in modernisierter Form auf, der symbolischen Verbrennung aller Sorgen dieser Welt. Doch sind es die Sorgen der Elite, nicht diejenigen der Weltbevölkerung, die hier den virtuellen Tod sterben.

Während undurchsichtiger Zeremonien beten die mächtigsten Männer der Vereinigten Staaten die gewaltige Skulptur einer Eule an und erholen sich in der Einsamkeit der Natur mit teils Abscheu erregenden Spielen. Nur wenige Bohemians des inneren Zirkels sind in solche Aktivitäten involviert, der Rest weiß davon wiederum nichts. In den wenigsten Fällen können Nachweise geführt werden, Menschen verschwinden, doch die Ermittlungen führen ins Nichts. Und nur wenige Zeugen konnten berichten, noch weniger haben vor Gericht aussagen können. Andere müssen aus Angst, verfolgt und aufgegriffen zu werden, untertauchen. Wilde Verschwörungstheorie? Natürlich, die Zusammenfassung solcher Vorgänge läßt den »Emser Depescheneffekt« wieder aufleben, doch wer sich mit den vorliegenden Informationen näher befaßt, wird aus dem Staunen nicht herauskommen – eigentlich sollte man sagen: wird aus dem Entsetzen nicht herauskommen.

Doch das alles rechnet schon wieder zu einem anderen Themenkreis. Eine Elite gleich welcher Art jedenfalls würde sich selbst ad absurdum führen, wollte sie nicht einen engen Kreis bilden, eine Gruppe von besonderen Menschen, die unter sich bleiben wollen. Nicht anders beim CFR, der allerdings erstaunlich viele Mitglieder zählt. Wie gesagt, es sind etliche tausend.

Im Gegensatz zu *Skull & Bones* und anderen sehr geheimen Bündnissen erreicht der CFR nicht den gleichen elitären Status. Seine innersten Gefilde allerdings decken sich personell mit den Kerngruppen vieler anderer Organe des mächtigen »Kraken«, der unsere Welt in den vielfachen Tentakelgriff nimmt. Es würde nun die Lektüre bald zur Qual machen, sämtliche Organe aufzuzählen und zu beweisen, daß diese personellen Übereinstimmungen zu Haufe vorkommen. Hier soll der Hinweis genügen, daß vor allem auch aus dem Umfeld der beiden Regierungen »Bush I« und »Bush II« so manch notorische Figur in diesen geheimsten Machtzentren aufscheint, dazu die Führungsspitze gigantischer Konzerne und Organisationen im militärisch-industriellen-geheimdienstlichen Komplex.

Kampf als Naturzustand

Neben der kontinuierlichen »Stammreihe« der CIA-Chefs finden sich auch zahlreiche US-Außenminister im *Council on Foreign Relations* wieder, natürlich auch der altgediente Colin Powell. Ebenso bekannte Namen sind James E. Baker, William und McGeorge Bundy – ihrerseits auch sehr berühmte Bonesmen – Jimmy Carter, Bill Clinton, Richard »Dick« Cheney, Paul Wolfowitz, Henry Kissinger, Zbigniew Brzezinski oder David Rockefeller, um nur einige zu nennen. Nicht fehlen dürfen auch der sinistre Richard Perle und Fed-König Alan Greenspan. Ebenso zum CFR gehört Condoleezza Rice, Beraterin von Bush Junior in Angelegenheiten der Nationalen Sicherheit. Sie erscheint als eine der geheimnisvollen Intelligenzen im Hintergrund George W. Bushs. Schon in jungen Jahren stieg sie sehr steil auf, stand der Stanford-University vor, um anschließend an die in so manch geheimnisvolle Aktivität involvierte *Hoover-Institution* zu wechseln. Sie zählt zu den Mitbegründern des *Center for a New Generation*, ist im Vorstand des Ölkonzerns *Chevron* sowie der *Hewlett*-Stiftung anzutreffen und wirkt im internationalen Rat des J.-P.-Morgan-Konzerns mit, jenes Morgan, der Wilson 1913 ins Präsidentenamt manövrierte und für die hintertriebensten Aktionen der Geschichte bekannt ist. Jenes Morgan, der sein Imperium durch Betrug aufbaute und im engen Umfeld mit dem Bones-Komplex steht.

Condoleezza Rice ihrerseits darf ebenfalls als eine der ganz »Ausgeschlafenen« gelten. Schon mit 15 kam sie an die Universität und schloß dort im Alter von nur 19 Jahren im Fach »Politische Wissenschaften« ab. Sie hatte bei Professor Joseph Korbel (der ursprünglich Körbel hieß) studiert. Korbel war 1939 aus Böhmen in die USA emigriert, seine Tochter Madeleine Albright wurde CFR-Mitglied und unter Clinton Außenministerin der USA.

Zu den aggressivsten Kräften unter Bush Junior zählt der sicherheitspolitische Berater Richard Perle. Sein schmucker Name taucht beinahe in jeder machtvollen US-Organisation auf, sei es nun im CFR, den 1954 begründeten Bilderbergern oder in »Denkfabriken« wie dem *American Enterprise Institute*, dem *National Security Advisory Council*, dem *Project for the New American Century* und nicht zuletzt natürlich dem *Defense Policy Board*, Perles geistigem Kind. Wegen seines harten Nuklearkurses hatte sich der omnipräsente Mann den Beinamen »Prinz der Finsternis« zugezogen. Für ihn war ganz klar, daß der Irak unbedingt angegriffen und Saddam gleichsam »herausgeschnitten« werden mußte. Und nur einen Tag nach Nine-Eleven, dem 11. September 2001, war der Krieg gegen den Irak im *Defense Policy Board* des Richard Perle eine beschlossene Sache. Die Philosophie des politischen Tausendsassas entspricht den illuminatischen Bones-Methoden aufs Gefährlichste. Sie entspricht damit auch der Hegelschen Dialektik beinahe aufs Wort, denn Perle sieht im Kampf den »Naturzustand zwischen den Staaten«.

Der Führungselite fiel es immer leicht, neue Gegner zu finden. Die entsprechenden Fronten aufzubauen, um den »Motor der Geschichte« voranzutreiben, erforderte natürlich Raffinesse, doch blickten die Illuminati dabei auf eine lange Tradition zurück. Richard

Perle ähnelt in seiner politischen Konstitution dem Finanzminister Franklin D. Roosevelts, jenem Henry Morgenthau, der den nach ihm benannten Plan zur Zerstückelung Deutschlands austüftelte. Selbst Kriegsminister Henry Lewis Stimson wandte sich 1944 gegen dieses Vorhaben. Und Stimson war nicht gerade ein zart besaiteter Mensch. 1888 in den *Orden 322* gewählt, diente er unter fünf US-Präsidenten in hohen Ämtern, vor allem als Kriegsminister. Er war es, der den Abwurf der Atombomben über Japan befahl. Daß Stimson sich gegen den Morgenthau-Plan äußerte, besagt nicht unbedingt, daß er auch gegen ihn war. Die Weishauptsche Regel der doppelten Zunge konnte nämlich zur Anfachung politischer Debatten geeignet sein. Gleichwie, Henry L. Stimson war an manch düsterem Spiel beteiligt, das die Welt erschütterte. Am Anfang seiner bestialischen Aktion gegen Japan stand ein provoziertes Kriegsereignis, bei dem 2476 Amerikaner den Tod fanden. Für ein höheres Ziel, versteht sich. Bekanntlich ist es ja stets der Zweck, der – ja, genau: die Mittel heiligt ...

Das Amerikanische Jahrhundert

Franklin D. Roosevelt hatte im Jahr 1933 das Amt des US-Präsidenten übernommen und sollte es zwölf Jahre lang innehaben – den längsten überhaupt möglichen Zeitraum. Und nicht allein deshalb gilt »FDR« als der bedeutendste Präsident der Vereinigten Staaten. Er hatte die USA in eine echte Supermacht verwandelt.

1941 schrieb Medienzar und Bonesman Henry L. Luce: »1919 bot sich uns eine goldene Chance, die Führung der Welt zu übernehmen, aber wir haben das nicht begriffen. Doch ist uns diese Chance weiterhin erhalten geblieben. Mit unser aller Unterstützung muß unter Roosevelt gelingen, was unter Wilson mißlang. Jeder einzelne von uns ist im höchsten Maße dazu aufgerufen, zur Schaffung des Amerikanischen Jahrhunderts beizutragen.« Die Worte des Henry Luce, der von seinen Knochenkollegen den bezeichnenden Ordensnamen *Baal* erhielt, sollten sehr bald in die Tat umgesetzt werden.

Am 7. Dezember 1941 griffen die Japaner bekanntlich den US-Stützpunkt Pearl Harbour vor Hawaii an, was den Tod von knapp zweieinhalbtausend Männern, Frauen und Kindern zur Folge hatte. Werften und Docks bleiben unversehrt, doch die Pazifik-Flotte wird handlungsunfähig. Nach diesem Erstschlag ergeht von FDR die Kriegserklärung an Japan.

Angriff auf Pearl Harbour – hausgemacht!

Da die Deutschen zusammen mit Italien und Japan am 27. September 1940 einen gegenseitigen Hilfspakt abgeschlossen hatten, konnten die USA nun auch Deutschland ins Visier nehmen. Was aber spielte sich im Geschehen um Pearl Harbour wirklich ab? Mit dieser Frage hat sich der Journalist Robert B. Stinnett beinahe zwei Jahrzehnte lang beschäftigt. Stinnett, der unter Bush in der Marine diente, erhielt 1995 über das »Gesetz zur Informationsfreiheit« beweiskräftige Dokumente dafür, daß »Pearl Harbour« von Amerika selbst provoziert wurde. Der Angriff auf die Insel Oahu, auf der sich der Stützpunkt befand, erfolgte auch keineswegs überraschend für die USA. Doch wie stand es um die tatsächlichen Vorgänge?

Im Jahr 1940 war die Bewegung *America First* bereits sehr mächtig geworden. Sie trat vehement für eine Nichteinmischungs-Politik der USA ein, stand also in krassem Widerspruch zur offiziellen Verfahrensweise – man könnte sie »Illuminaten-Doktrin« nennen. Federführend bei *America First* war Charles Lindbergh, der Pilot der legendären *Spirit of St. Louis.* Wie schon der Vater, so machte sich nun auch der Sohn ziemlich unbeliebt bei der Macht-Elite. Ein Großteil der US-Bevölkerung befürwortete die Lindbergh-Bewegung. Rund 80 Prozent sollen sie unterstützt haben. Roosevelt sah den Zeitpunkt für gekommen an, sich um einen massiven Stimmungsumschwung kümmern zu müssen. Außerdem ging es nun endlich darum, die üble Saat zu ernten, die in Europa aufgegangen war.

Durch gleichzeitige heimliche Förderung von Nationalsozialismus und Kommunismus hatten die »Illuminati« zwei gewaltige Gegenpole geschaffen. In Hegels schizophrenem Weltbild also These und Antithese. Der Zweite Weltkrieg sollte nun auf die große Synthese weiter hinwirken – die Weltregierung. Die USA mußten also ihren Kriegseintritt forcieren. Das hatte unter anderem Luce erkannt, das wußte auch Stimson, und das war ebenso der Gedanke von Präsident Roosevelt.

Die starke militärische Präsenz der Amerikaner auf dem vorgeschobenen Posten bei Hawaii wirkte als ständiger Reiz auf Japan. Mit der Zeit wurde dieser Druck erhöht, gleichzeitig verfolgte der US-Geheimdienst die asiatischen Aktivitäten sehr genau. Im Gegensatz zu früheren Vermutungen zeigen die mittlerweile ans Licht gekommenen Informationen, daß es auf keiner Seite und zu keinem Zeitpunkt je Funkstille gab. Die Amerikaner wußten genau, was ihre so willkommenen Gegner vorhatten, sie wußten, daß die Japaner einen Angriff auf Pearl Harbour planten.

Nur zehn Tage nachdem Deutschland, Italien und Japan ihren gegenseitigen Hilfspakt geschlossen hatten, kam dem Marineoffizier Arthur McCollum eine schicksalhafte Idee. Er sah die Gunst der Stunde für gekommen, Japan zu provozieren und damit letztlich den Eintritt der USA in den Krieg zu bewirken. Das Büro des Marinegeheimdienstes (*Office of Naval Intelligence*, ONI) schlug in dem verborgenen Plan acht auf Japan gerichtete Provokationen vor. Der Kernaspekt dabei war die Aufrechterhaltung der starken Militärpräsenz auf Oahu.

Pearl Harbour sollte zu einer Art Mausefalle werden, mit Japan als Maus und den amerikanischen Soldaten als Käse. Wie Stinnett berichtet, bestellte der Präsident schon am nächsten Tag den Flottenadmiral James O. Richardson ins *Oval Office*, um ihm die verschwörerischen Ideen vorzustellen. Richardson war entsetzt und geriet mit FDR in eine erhitzte Debatte, er würde seine Leute niemals einer solchen Situation aussetzen.

Als sich der Admiral gegen den Plan stellte, wurde er sofort gefeuert und durch zwei andere geeignetere Militärs ersetzt: Konter-Admiral Husband E. Kimmel sollte die Flotte vor Hawaii kommandieren, während Walter Short die Armee befehligen durfte. Beide wurden zunächst im Dienstrang befördert, dann nach Pearl Harbour.

Über ein Jahr hatte man nunmehr auf die Pearl-Harbour-Katastrophe hingearbeitet. Viele Details waren minutiös geplant. Sämtliche Entwicklungen auf japanischer Seite blieben fortwährend im Visier der Amerikaner, die ihre Aktion daraufhin wieder entsprechend anpaßten, wenn es die Situation erforderte. Doch der Verlauf an sich erwies sich als logische und vorhersehbare Folge von Ereignissen, die in den großen Angriff vom 7. Dezember mündeten. Allerdings hatte man Kimmel und Short natürlich längst vom geheimdienstlichen Informationsstrom abgekoppelt. Die Leute auf Pearl Harbour waren die wirklich ahnungslosen Opfer der Tragödie. Und natürlich die US-Bevölkerung. Später enthob man Kimmel und Short ihrer Ämter und beschuldigte sie, den Angriff nicht abgewehrt zu haben.

Pearl Harbour traumatisierte die Vereinigten Staaten. Unmittelbar nach dem Angriff standen die Amerikaner geschlossen und felsenfest hinter ihrem Präsidenten. Millionen Freiwillige wollten in den Krieg ziehen, und »America First«, dieser Slogan, erhielt nun eine völlig andere Bedeutung.

Geheimbund USA

»Die Geschichte wiederholt sich« – ein oft nutzlos wiederholter Satz. Denn trotzdem erinnern sich viele zu selten an das, was bereits vor Jahren, Jahrzehnten oder gar Jahrhunderten auf sehr ähnliche Weise geschah. Und so ist schnell von Verschwörungstheorie die

Rede, wenn einige Leute die vermeintlich unglaubhafte Behauptung aufstellen, die USA hätten längst von den Anschlägen von Nine-Eleven gewußt. Doch, haben sie, und zwischenzeitlich sind hier wirklich genügend gute Argumente vorgelegt worden. Genau wie Pearl Harbour wurde auch hier die Attacke zugelassen, längst schon adlerscharf sehenden, manchmal taktisch wegschielenden Auges.

Die Illuminati beherrschen eben alle Regeln der Kunst, sich den Rest der Welt zum Opfer zu machen und sogar Terrorismus sehr effektiv als Mittel weiteren Machtgewinns einzusetzen.

Angriff auf World Trade Center und Pentagon – hausgemacht!

Was folgte auf den 11. September? Eine neue wirksame Traumatisierung Amerikas. Der Kampfeswille war durch Tausende toter US-Bürger wieder zum Leben erweckt worden. Genau darin bestand das Ziel der teuflischen »Aktion«. Und wieder resultierte aus dem Unheil noch mehr Unheil, Bonesman George Bush erlangte seine »staatsmännische Reife« mit der Maxime »War on Terror«, Nine-Eleven legalisierte einen illegalen Krieg der Weltpolizei.

Die amerikanische Bevölkerung zählt genau wie alle anderen zu den Opfern der hemmungs- und grenzenlosen Machtpolitik der Illuminaten. Amerikaner werden im Interesse eines One-World-Government, das als monströser Superstaat alle nationalen Individualitäten verschlingen will, von jener verbrecherischen Macht-Elite genauso wie die übrigen Menschen zu Tausenden oder, wenn nötig, sogar millionenfach geopfert, um das eine große Ziel zu erreichen. Die Amerikaner sind keineswegs die Übeltäter dieser Erde, es sind die »Illuminati«, diese Handvoll überaus einflußreicher Menschen, die mit der Welt spielen. So kann ich nur unterstreichen, was der Politologe Markus Zimmermann gleich im Vorwort zu seinem sehr lesenswerten Band *Die wahren Machthaber in Washington* zum Ausdruck bringt: »Die USA den Amerikanern! Und der Rest der Welt den Völkern des Restes der Welt! Dies ist auch im Interesse der sympathischen US-amerikanischen Bevölkerungsmehrheit zu wünschen. Sie darf man nicht mit gewissen Dunkelmännern gleichsetzen. Ein gütiges Schicksal möge die Bürger der USA in ihrer Gesamtheit davor bewahren, daß sie die Zeche bezahlen müssen für Maßlosigkeit und Gier einiger ›Fürsten der Finsternis‹«. Dem bleibt nur hinzuzufügen: »Möge das Schicksal auch uns davor bewahren!«

Doch die Verschwörung setzt sich fort. Die Illuminati arbeiten heute wie eh und je weiter an ihrem Masterplan. Die alten Weishauptschen Methoden, die in modernen Geheimdiensten vervollkommnet wurden, sorgen für schlimmste Vorfälle, wie sie 2003 auch aus dem infamen Abu-Ghraib-Gefängnis in Bagdad bekannt wurden. Die brutalen Folterungen irakischer Kriegsgefangener waren nicht allein das Werk einiger sadistischer Soldaten wie Lynndie England. Vielmehr erfolgten die unmenschlichen Aktionen auf höheren Befehl. Sie waren so ausgelegt, daß ihre Ausführung sämtliche Tabus des islamischen Glaubens verletzte, die Inhaftierten komplett zermürben und ihren Willen brechen sollte.

Major General Antonio M. Taguba verfaßte einen 53-seitigen Bericht, der ursprünglich nicht für die Öffentlichkeit bestimmt war. Taguba führt die Folterungen und die dahinterstehende Methodik auf und stellt klar, wer gewissermaßen im Mittelfeld von Abu Ghraib spielte. Zu den dominierenden Kräften zählten CIA-Leute, der Militärgeheimdienst, Sprachexperten und Verhörspezialisten privater Kontraktoren des US-Verteidigungsministeriums. »Großartige Arbeit, wir erhalten nun positive Ergebnisse und Informationen«, notierte einer der Beteiligten, Sergeant Frederick. Auch General Janis

Karpinski, einziger weiblicher Kommandant im Kriegsgebiet und Leiterin von Abu Ghraib, erklärte eindeutig, die Befehle zur Folter seien aus hohen Kreisen gegeben worden. Als die ersten Fotos aus dem Horror-Gefängnis an die Öffentlichkeit gelangten, reagierte George W. Bush mit einigen keineswegs entschuldigenden, sondern schlichtweg ausweichenden Bemerkungen. Der Präsident erklärte, daß die Aktionen einiger weniger nicht repräsentativ für das Verhalten des gesamten US-Militärs seien. Der Taguba-Bericht und andere Untersuchungen zeigen aber, daß höchste Stellen beteiligt waren. Und das ist wohl mehr als bedenklich. Auf erschreckende Weise lösen sich in einigen US-Grauzonen sämtliche Menschenrechte im Interesse einer über allem stehenden Macht sehr plötzlich in Nichts auf.

Auf Guantanamo Bay, Kuba, haben die USA einen weiteren »rechtsfreien« Raum geschaffen – in Form einer strengstens abgeschotteten Marinebasis mit Gefängnis. Rund 660 Häftlinge aus 42 Nationen sitzen hier ein, ohne daß ihnen je ein Prozeß gemacht wurde. Die USA nehmen sie alle unter dem Kunstbegriff »illegale Kämpfer« von der Genfer Konvention aus. Die Supermacht behält sich vor, ihre eigene Auffassung von Recht und Gerechtigkeit zur Anwendung zu bringen, und setzt sich über internationales Recht hinweg. Die Supermacht behält sich sogar vor, die Gefangenen im Geheimen zu verurteilen und die Beweise ebenfalls geheim zu halten. Sie behält sich vor, jede Berufung abzulehnen und die Gefangenen in speziell konstruierten Kammern auf Guantanamo Bay hinzurichten, so erklärt David Lethbridge vom *Bethune Institute for Anti-Fascist Studies*.

Wie weit sind die USA noch vom Wesen eines übermächtigen Geheimbundes entfernt? Die menschenverachtende Vorgehensweise erinnert doch allzusehr an jene umstrittenen *Protokolle der Weisen von Zion*, von denen bereits die Rede war. Sie haben zwar nichts mit Zion zu tun, doch spiegelt die Weltgeschichte die in den Texten enthaltenen Pläne deutlich wieder.

Es ist an der Zeit, sich einige Sätze noch einmal in Erinnerung zu rufen: »Wir verstehen es so: Freiheit ist das Recht, das zu tun, was das Gesetz erlaubt. Eine solche Auslegung des Begriffes gibt die Freiheit vollständig in unsere Hand, da wir die ganze Gesetzgebung beherrschen und nach unserem Belieben Gesetze einführen und aufheben werden.« Guantanamo Bay ist eines der Paradebeispiele dafür, daß diese mehr denn zweifelhafte Philosophie schon längst in die Praxis umgesetzt wurde. Unter den Inhaftierten befinden sich auch Kinder, die als »feindliche Kämpfer« eingestuft werden sowie als »äußerst gefährliche Menschen, die laut eigener Aussage bereits getötet haben und wieder töten werden«.

Todesstrafe für Kinder?

Mindestens vier Jungen im Alter von 13 bis 15 Jahren werden auf unbestimmte Zeit in Guantanamo festgehalten. Wie es heißt, kamen sie nach »Nine-Eleven« und der darauf folgenden US-Invasion in Afghanistan in Haft. Sie werden getrennt von den erwachsenen Häftlingen in einem besonders gut bewachten Areal festgehalten, »in völlig abstoßender Weise und gegen die Grundprinzipien der Menschenrechte«, so stellt Angela Wright von *Amnesty International* fest. Weitere Jugendliche zwischen 16 und 18 Jahren werden in der üblichen Haft gehalten, militärische Vertreter lehnen die Preisgabe jeglicher Informationen über Gefangene dieser Alterklasse kategorisch ab.

Zu einem der jüngsten Häftlinge versuchen kanadische Behörden schon seit langem Zugang zu erhalten – bislang ohne jede Chance. Der Kanadier Omar al-Khadr wurde während Kampfhandlungen in Afghanistan aufgegriffen, als er 15 war. Gegen ihn wird der Vorwurf erhoben, einen amerikanischen Soldaten getötet zu haben. Wesentlich aber ist, daß Khadr minderjährig und kanadischer Staatsangehöriger ist. Er darf dem Schutz seines Heimatstaates nicht entzogen werden.

David Lethbridge bringt es in einem Appell zur Befreiung von Khadr und der anderen Minderjährigen auf den Punkt: »Guantanamo ist ein Konzentrationslager. Wenn nicht ein massiver öffentlicher und internationaler Aufschrei erfolgt, wird es bald ein Todeslager werden ... Und genau die hohe Intensität von Rassismus, wie er der US-amerikanischen Bestrafungsmaschinerie innewohnt, weist auch auf die innere Logik zwischen Auschwitz und Guantanamo. Auschwitz lag nicht auf deutschem Boden; Guantanamo nicht auf US-amerikanischem Boden. Die übelsten und mörderischsten Lager der Nazis befanden sich jenseits des direkten Sichtkreises der deutschen Bevölkerung, genau wie Guantanamo Bay ausreichend weit jenseits des Horizonts für amerikanische Augen liegt. Ein Schleier der Heimlichkeit hängt über dem Camp, genau wie 1943 in Deutschland auch. Jeder weiß, was vor sich geht, und doch weiß keiner, was geschieht – bis auf die eine Tatsache: daß diejenigen, die hinter die Tore gebracht werden, nie wieder zurückkehren.«

Das ursprüngliche Lager »Camp X-Ray« besteht aus in Reihe aufgebauten Gefängniskäfigen, während das neue »Camp Delta«, in dem auch Khadr isoliert untergebracht wurde, als feste Struktur errichtet wurde. Ende April 2002 kamen die ersten Gefangenen in diesen auf 612 »Einheiten« ausgelegten Komplex. Auf Guantanamo gibt es etliche weitere Lager. Der innere Turm von »Camp 4« wird zynischerweise als »Liberty Tower« bezeichnet, der »Freiheitsturm«. Als letzte Einheit errichteten die Streitkräfte das 31 Millionen Dollar teure »Camp 5«, das Guantanamo im Mai 2004 »öffnete«.

Daß Schwerverbrecher sicher in Gewahrsam genommen werden müssen, steht außer Frage. Doch das ist die eine Seite der Medaille. Die andere aber schimmert in mehr als fragwürdigem Licht: Menschen aller internationaler Grundrechte zu entheben und geheime Aburteilungen vorzunehmen. Genau dies geschieht auf Guantanamo Bay sogar mit Minderjährigen. Und niemand will sich dazu äußern.

Auf einer Pressekonferenz im Pentagon kam es am 6. September 2002 zu folgendem aufschlußreichen Wortwechsel zwischen der Sprecherin Victoria Clarke und einem Journalisten:

Frage: »Was können Sie uns über den Fall des Omar al-Khadr sagen? Er ist jener kanadisch-pakistanische Teenager, der in Verbindung mit der Ermordung eines US-Soldaten von der Bagram-Basis [Afghanistan, Anm. d. Verf.] gebracht wurde. Wissen Sie, ob man ihm Kontakt mit kanadischen Behördenvertreter gewähren wird? Und wie wird der Fall weiterverfolgt?«

Clarke: »Wir sprechen nicht über einzelne Gefangene.«

Frage: »Überhaupt keine Informationen?«

Clarke: »Nein. Mm-mm.«

Es ist höchste Zeit, öffentlichen Druck auszuüben, dazu ruft auch die Organisation *Amnesty International* (http://www.amnesty.ca/realsecurity/Afghanistan2.php) dringend auf. Wohin entwickeln sich die USA noch? Eine kleine, extrem einflußreiche Gruppe hat die totale Kontrolle in der Hand.

Die Angst-Nation

»Krieg gegen den Terror« lautet das allmächtige Zauberwort, mit dem sich Tür und Tor für jede noch so verbrecherische US-Aktion öffnen. Dabei greift das Bones-Prinzip auch bei Saddam und bin Laden. Beide wurden zunächst von den USA stark gemacht, um schließlich zu Personifikationen Satans zu mutieren. Doch auch »Nine-Eleven« wäre nie geschehen, hätten nicht höchste Kreise die Katastrophe zugelassen. Sie war einfach nötig, um Amerika wieder einmal kräftig zu traumatisieren.

Ohnehin wird den Amerikanern ständig Angst gemacht. Immerzu drohen ihnen andere, neue Gefahren, gegen die sie sich verbünden müssen. Die Filmindustrie arbeitet kräftig an diesem Wahn mit, vom Atom-Terroristen bis zum Zyklon, von der Killertomate bis zur Überrübe. Zur Bedrohung kann natürlich auch die eigene Bevölkerung werden.

Mit dem »Civil Disturbance Plan 55-2« und der »Operation Garden Plot« soll allerdings im Bedarfsfall schnell wieder Ruhe und Ordnung hergestellt werden. Denn sofort wird CIDCON-1 aktiv – hinter dem Kürzel verbergen sich Kontrolloperationen gegen »zivile Störungen«. Dabei arbeiten Armee, Marine, Air Force, FBI und andere Behörden zusammen, um abweichlerischen Aktivitäten gegen die bestehende Regierung und zersetzerischen Elementen tatkräftig entgegenzuwirken. Die beachtliche Maschinerie, die hierfür parat steht, scheint auf einen Bürgerkrieg zurechtgeschnitten.

Rechnen die USA mit einem derartigen Umschwung im Inneren? Daß ein Staat Sicherheitsvorkehrungen treffen muß, ist klar. Leider geben die nachgewiesenermaßen verbrecherischen Aktionen jener übermächtigen Elitisten genügend Grund zu Skepsis und Besorgnis. Die so freien USA werden zunehmend mit gut abgestimmten Kontrollorganen ausstaffiert, die den Schritt zur *totalen* Kontrolle vielleicht doch allzusehr erleichtern könnten.

Ein Feind von außen aber stärkt im Inneren. Natürlich gibt es echten Terrorismus, doch genauso gibt es eben den hausgemachten Terrorismus, jenen Feind in den eigenen Reihen. So spricht der Autor Paul Joseph Watson treffend vom »elite-gesponserten Terrorismus«. Eine Aktion wie »Nine-Eleven« wäre unmöglich komplett »von außen« realisierbar gewesen ohne weitreichende Hilfe »von innen«. Die Geschichte hat außerdem gezeigt, daß die Elite-Verbrecher keinerlei Skrupel kennen, Menschenleben zu opfern. Davon sind auch Amerikaner keineswegs ausgenommen – diese Tatsache steht nicht erst seit Pearl Harbour fest. Für die illuminierten Weltenlenker, die schon Weltkriege angezettelt und Abermillionen in den Tod gerissen haben, sind ein paar tausend Opfer nicht der Rede wert. Nur der »Verwendungszweck« muß stimmen. Dessen aber sind sich die großen Planer sicher. Und die beiden Türme des World Trade Center hätten wegen Asbestproblemen ohnehin höchst kostenintensiv renoviert werden müssen. Sie abreißen zu lassen, war die billigste und praktischste Lösung – manche sprechen von subventioniertem Abriß. Mit »Nine-Eleven« fand sich zudem eine Lösung, die mehrere Zwecke erfüllte. Von den Profiteuren des 11. September 2001 müssen wir hier gar nicht erst zu reden beginnen.

Wenigstens hat die allgemeine Skepsis gegenüber der offiziellen Darstellung der Ereignisse mittlerweile deutlich zugenommen. Schließlich gab es auch innerhalb der Regierung Druck, vor allem als US-Terrorberater Richard Clarke den Vorwurf äußerte, man habe längst von den bevorstehenden Anschlägen gewußt und dennoch nichts unternommen. So gerieten auch Präsident Bush und natürlich seine Sicherheitsberaterin zunehmend unter Beschuß, vor allem auch CIA-Chef George Tenet, der massive Versäumnisse einräumte und zurücktrat. Die ganze Situation glich einem neuen Pearl Harbour. Und das war es auch, nur anders, als dieser Vergleich von offizieller Seite gezogen wird.

Zum Schweigen gebracht

Wir leben in einer Welt, deren Lauf von einer erleuchteten Machtelite in zunehmendem Maße gesteuert wird. Viele Bereiche des öffentlichen Lebens stehen unter der Kontrolle des »Mainstream«. Er bestimmt unterschwellig, was gelehrt und was geglaubt wird. Wichtig ist in erster Linie das, was man nicht sagt. So gehen wesentliche Meldungen in den großen Medien oft unter, während Unwichtiges genauso oft für Schlagzeilen sorgt.

Bücher, die sich mit der *Neuen Weltordnung* befassen, zählen nach wie vor zur Randliteratur bestenfalls skurriler Paranoiker. Doch eine Kontrolle der Medien entspricht einer Kontrolle der Meinungen. Nicht umsonst ist von Meinungsmachern die Rede. Jede Veröffentlichung beeinflußt Meinungen bis zu einem gewissen Grade – um so mehr, je größer die Verbreitung des Mediums ist.

Im Jahr 1915 wurde Archibald McLeish in den Orden von *Skull & Bones* aufgenommen. Er wurde zum ersten Direktor der *Nieman Foundation for Journalism*. Diese Stiftung vergab schon Auszeichnungen an Hunderte fähiger und gleichzeitig auch »geeigneter« Journalisten, deren Arbeiten sich gut ins gewünschte Bild fügen. Der Fonds befand sich also in der vorteilhaften Lage, auf diese Weise sehr genau die Richtung für die Medien festzulegen. Wer ins Schema paßte, machte Karriere. Im Gegensatz zum totalitären System gingen die Gesinnungs-Navigatoren allerdings geschickter vor und ließen auch kritische Stimmen ohne weiteres zu – solange sie »intern« dennoch linientreu blieben. Das alte Illuminatenprinzip also. Themen aber, die überhaupt nicht ins Konzept passen, werden definitiv totgeschwiegen.

Nicht nur totgeschwiegen, sondern auch beseitigt werden heute wie seit altersher diejenigen, welche als Insider zuviel wissen oder anderweitig gefährlich werden könnten. Nicht selten ereignen sich regelrechte Todesserien, von denen die Öffentlichkeit im Normalfall ebenfalls herzlich wenig mitbekommt. Seit den Anschlägen vom 11. September 2001 und der vergeblichen Suche nach biochemischen Waffenarsenalen im Irak geht eine mysteriöse Todesserie unter Mikrobiologen um. Einige hätten zu gefährlichen Zeugen werden können, eben weil sie bei Waffeninspektionen nichts sahen!

Auch Anwälte und Journalisten, die den Machenschaften der Mächtigen und Superreichen auf der Spur waren, sind häufig eines ungewöhnlichen Todes gestorben. Die Elite will unter sich bleiben. Auch in Rußland etabliert sich eine eigene Schicht, von der das »gemeine Volk« möglichst wenig mitbekommen soll.

So sind seit dem Zerfall der Sowjetunion ungefähr 200 Journalisten unter zumindest seltsamen Umständen ums Leben gekommen. Zuvor mußten sich diejenigen Sorgen machen, die offen gegen das kommunistische System schrieben. Einer von ihnen war der Bulgare Georgie Markov. Er hatte seine Heimat bereits verlassen und lebte in London, als die Entscheidung fiel, ihn zu beseitigen. Am 7. September 1977, seinem Geburtstag, mußte Markov eine doppelte Schicht beim BBC ableisten. Nachdem er den ersten Part hinter sich hatte, fuhr er nach Hause, um sich ein wenig auszuruhen. Anschließend ging er zurück zur Arbeit. Den letzten Teil des Weges legte er dabei immer mit dem Bus zurück. Als er in der Schlange stand, spürte er einen stechenden Schmerz in der Hüfte. Er drehte sich um und sah, wie ein Mann ihm den Rücken zuwandte, sich bückte und einen Regenschirm aufhob. Dann entschuldigte der Fremde sich bei ihm und eilte zu einem Taxi. Offenbar hatte er Markov im Gedränge versehentlich mit der Schirmspitze gerammt. Im Laufe des Tages fühlte sich der Journalist zunehmend schlechter, er bekam hohes Fieber und mußte nach einer schrecklichen Nacht ins Krankenhaus eingeliefert werden, wo er am 11. September starb.

Bei der Autopsie fanden die Londoner Ärzte eine kleine Metallkugel, die zwei Öffnungen besaß. Sie steckte in der entzündeten Hüftwunde. Wie sich herausstellte, war in dieser Kugel das schon im alten Ägypten wohlbekannte Gift Rizin enthalten. Ein KGB-Agent hatte einen Spezial-Regenschirm auf Markov gerichtet, um ihm die tödliche Substanz zu injizieren. Was nach einem typischen James-Bond-Gag klingt, fand tatsächlich statt. Das KGB-Labor, in dem jener mörderische Schirm entwickelt wurde, ist als »Die Kammer« bekannt.

Nach der Auflösung der Sowjetunion müssen Enthüllungsjournalisten in Rußland vor anderen Kräften bangen. Am 9. Juli 2004 wurde der Amerikaner Paul Klebnikov auf offener Straße ermordet. Er war Chefredakteur der russischen Ausgabe des *Forbes-*

Magazins und schnüffelte schon lange im Sumpf der russischen Elite herum. Machtmißbrauch und Korruption waren seine Themen. Sie bleiben wirklich globale und stets aktuelle Themen, sie füllen die Geschichtsbücher dieser Welt.

»Der Illuminat ist tot – Es lebe der Illuminat!«

Hinter jeder Idee steht ein Mensch. Traurigerweise verhält sich die Menschlichkeit eines Vorhabens meist umgekehrt proportional zur Macht seines geistigen Vaters. Diejenigen, die bis in die Spitzen von Wirtschaft und Politik aufgestiegen sind, fühlen sich schon Göttern gleich. Was sie im Geheimen erwägen und unternehmen, ist selten für den Rest der Welt von Vorteil. Viele der Mächtigen sind ohnehin nur deshalb in die höchsten Ämter gelangt, weil sie einer alten Elite entstammen, der nur ihr eigenes Wohl am Herzen liegt. Sie hat sich vor allem in den USA manifestiert, im unscheinbaren, winzigen *Orden 322*, dem Erben der gescheiterten deutschen Illuminaten. Wohin steuert nun der Orden und seine Macht? Wohin steuern die USA und damit auch die Welt?

Der von der Schattenregierung getriggerte Terror wird zur Triebfeder des dualistischen Kampfgeistes, um diese permanente Bedrohung jederzeit als Rechtfertigung für militärische Offensiven anführen zu können. Die wiederum deutlich koordinierten Terrorattacken, wie sie seit Sommer 2004 in Rußland reihenweise ausgeführt werden, sind der nächste Schritt. Wieder fokussieren sich die Blicke zunehmend in Richtung der moslemischen Welt. Noch einmal: Die Vorgänge lassen sich nicht pauschal als Akt der Illuminaten interpretieren. Das tatsächliche Kräftespiel ist komplexer. Allerdings geht ein wesentlicher Druck von Seiten der mächtigen Hintermänner aus, starke Impulse, wie sie auch nötig waren, um die Attacken auf das World Trade Center und das Pentagon überhaupt erst möglich werden zu lassen. Die Logistik alter Verschwörungen, wie sie auch im Falle der Zarenmorde oder bei Pearl Harbour zur Anwendung kam, diese Logistik ist hochaktuell. Im Geheimen sind die großen Pläne schon sehr lange aufgezeichnet und sollen konsequent und mit allen zu Gebote stehenden Mitteln zum Zweck der Weltregierung umgesetzt werden. Je mehr Menschen erkennen, wie stark die sogenannten historischen Abläufe auf dieser Welt von einigen wenigen gesteuert werden, desto größer sind die Chancen, dieser Entwicklung noch entgegenzuwirken. Diese Wenigen, die unsere Welt beherrschen, müßten sie zunächst einmal als gewöhnliche Menschen kennenlernen. Sie haben das Leben über dem Herrschen verlernt, ihnen entgeht, daß der Mensch seine Daseinsberechtigung vor allem in der Menschlichkeit erhält und daß der Wert eines Menschen sich zu allerletzt durch seine Macht oder seinen Reichtum ausdrückt.

Die Individuen verschwimmen für jene Pseudo-Elite zu manipulierbaren Massen, Erfüllungsgehilfen auf dem Weg zur globalen Kontrolle.

Ziemlich paradox: Da zielt eine Handvoll von Machtfetischisten auf die Herrschaft über die gesamte Menschheit ab, schätzt aber genau diesen »Gegenstand« ihrer Begierde besonders gering. Falsch! Es sind ja nicht die Menschen, die zählen, es sind die Einfluß-Sphären, es sind Länder, Rohstoffe!

Die großen Weltstrategen sind im Prinzip nicht über den Status von Kindern hinausgekommen, die sich mit Monopoly die Zeit vertreiben. Der Name des Spiels wurde ihr Programm, sie zielen stets auf eine Monopolstellung.

Schon dem alten John D. Rockefeller war Konkurrenz verhaßt, und er wußte sie zu bekämpfen. Manchmal belebt sie natürlich auch das Geschäft und erweist sich in alter Illuminatenmanier als besonders trickreich, wenn sie nur zum Schein besteht. Wir vergleichen verschiedene Produkte unterschiedlicher Hersteller und kaufen doch beim selben Konzern ein. Wir wählen zwischen Politikern verschiedener Parteien, und doch steht ein einheitliches großes Programm dahinter.

Bestes Beispiel: die Wahl vom November 2004. Der durch Heirat mit der *Heinz*-Ketchup-Erbin zum reichsten Mann des US-Kongresses avancierte John F. Kerry gegen George W. Bush. So unterschiedlich die beiden sein mögen, eins haben sie gemeinsam: Beide sind Patriarchen von *Skull & Bones*.

Der moderne Illuminatismus hat mit seiner altbewährten Doppelmoral wieder eine Illusion geschaffen. Es spielt in Wirklichkeit keine Rolle, wer Präsident ist, ob Bush oder Kerry. Denn ihre Wurzeln führen gemeinsam zu den Erben der Illuminaten. Bonesman gegen Bonesman. Sie erscheinen als die geheimen Gewinner, nach dem Motto: »Der Illuminat ist tot, es lebe der Illuminat!« Doch nichts lebt ewig, und selbst die subtilsten Machenschaften kommen schließlich ans Licht der Wahrheit. Diese Erleuchtung scheint den Irrlichtern unserer Welt noch nicht gekommen zu sein.

Literatur

Dieses Verzeichnis beschränkt sich auf eine enge Auswahl wesentlicher Buchveröffentlichungen zum Thema und verwandten Bereichen. Es stellt jedoch keine systematische Referenz oder Wertung dar.

AAGW (Hrsg.): *Illuminaten*, AAGW, Sinzheim 2001.

Brier, Robert: *Zauber und Magie im Alten Ägypten*, Ullstein, Frankfurt/M. – Berlin 1991.

Brunton, Paul: *Geheimnisvolles Ägypten – Pyramiden, Sphinxe, Pharaonen*, Bauer, Freiburg i. Br. 1951.

Carmin, E. R.: *Das Schwarze Reich – Geheimgesellschaften und Politik im 20. Jahrhundert*, Tegtmeier, Büllingen/Belgien 1994.

Clayton, Peter A.: *Die Pharaonen – Herrscher und Dynastien im Alten Ägypten*, Econ, Düsseldorf 1995.

Doucet, Friedrich W.: *Geschichte der Geheimwissenschaften*, Heyne, München 1980.

Heresch, Elisabeth: *Alexej, der Sohn des letzten Zaren*, Langen Müller, München 1997.

Hornung, Erik: *Das geheime Wissen der Ägypter – und sein Einfluß auf das Abendland*, C. H. Beck, München 1999.

Le Forestier, Réne: *Die templerische und okkultistische Freimaurerei im 18. und 19. Jahrhundert*, 4 Bände, Kristkeitz, Leimen 1987–1992.

Landels, John Gray: *Die Technik in der antiken Welt*, Beck, München 1979.

Leavitt, Aric Z.: *The Illuminati*, Daystar, Los Angeles (USA) 1994.

Lehner, Mark: *Das Geheimnis der Pyramiden*, Orbis, München 1999.

Lennhoff, Eugen: *Politische Geheimbünde*, Amalthea, Wien – München – Zürich 1931 und 1966.

Maurice, Florian: *Freimaurerei um 1800*, Niemeyer, Tübingen, 1997.

Müller, M. A. Z.: *Entdeckte Illuminaten-Recepte*, Petit und Schöne, Berlin 1788.

Neugebauer-Wölk, Monika: *Esoterische Bünde und Bürgerliche Gesellschaft – Entwicklungslinien zur modernen Welt im Geheimbundwesen des 18. Jahrhunderts*, Wallstein, Göttingen 1995.

o. N.: *System und Folgen des Illuminatenordens aus den gedruckten Schriften desselben gezogen*, Strobl, München 1787.

Payson, Seth: *Proof of the Real Existence, and Dangerous Tendency, of Illuminism*, Samuel Etheridge, Charlestown, Massachusetts (USA) 1802.

Perloff, James: *The Shadows of Power*, Western Islands, Appleton 1988.

Pike, Albert: *Morals and Dogma of the Ancient and Accepted Scottish Rite of Freemasonry*, Jenkins, Richmond 1944.

Rachold, Jan: *Die Illuminaten – Quellen und Texte zur Aufklärungsideologie des Illuminatenordens*, Akademie, Berlin 1984.

Robbins, Alexandra: *Secrets of the Tomb*, Little, Brown & Company, Boston – New York – London 2002.

Schuster, Georg: *Die Geheimen Gesellschaften*, Leibing, Leipzig 1906.

Stein, Conrad C.: *Die geheime Weltmacht – Die schleichende Revolution gegen die Völker*, Hohenrain, Tübingen 2001.

Sutton, Antony C.: *America's Secret Establishment – An Introduction To The Order of Skull & Bones*, Trine Day, Walterville 2002.

Szepes, M./Charon, W.: *Die geheimen Lehren des Abendlandes*, Orbis, München 2001.

van Dülmen, Richard: *Der Geheimbund der Illuminaten*, Frommann-Holzboog, Stuttgart – Bad Cannstatt 1975.

von Grolmann, L. A. C.: *Die neuesten Arbeiten des Spartacus und Philo in dem Illuminatenorden jetzt zum ersten Mal gedruckt, und zur Beherzigung bey gegenwärtigen Zeitläuften herausgegeben*, o. N., Frankfurt 1793.

von Rétyi, Andreas: *Die unsichtbare Macht – Hinter den Kulissen der Geheimgesellschaften*, Kopp, Rottenburg 2002.

von Rétyi, Andreas: *Geheimbasis Area 51 – Die Rätsel von ›Dreamland‹*, Kopp, Rottenburg 1998.

von Rétyi, Andreas: *Skull & Bones – Amerikas geheime Macht-Elite*, Kopp, Rottenburg 2003.

von Rétyi, Andreas: *Streng geheim – Area 51 und die ›Schwarze Welt‹*, Kopp, Rottenburg 2001.

Webster, Nesta Helen: *The French Revolution: A Study in Democracy*, Constable, London 1920.

Weishaupt, Adam: *Apologie der Illuminaten*, Grattenauer, Frankfurt und Leipzig (= Nürnberg!) 1786.

Weishaupt, Adam: *Das verbesserte System der Illuminaten mit allen seinen Einrichtungen und Graden*, Grattenauer, Frankfurt und Leipzig (= Nürnberg!) 1787.

Zichy, Géza Graf: *Aus meinem Leben – Erinnerungen und Fragmente von Géza Graf Zichy*, 3 Bände, DVA, Stuttgart 1911–1920.

Abbildungen:

A. v. R. – Aufnahme des Verfassers
Unmarkiert: Archiv des Verfassers/KD
British Museum: S. 37
M. Strapatin: S. 70

Register

A

Abu-Ghraib 235f
Academia Masonica 117
Adamo, Teofania di 126
Ajax, s. Massenhausen, Anton von
Albright, Madeleine 229
Aldworth, Lady Elizabeth 188
Alexander II. 197, 209
Alexander II. (Papst) 159
Alexander III. 197f, 209, 211
Alexandra Fjodorowna 207f
Alexej Romanow 207ff
Alfred, s. Pestalozzi, Johann H.
Alix, Prinzessin von Hessen, s. Alexandra Fjodorowna
Al-Khadr, Omar 237f
Al-Ma'Mun 62
Al-Makrizi 30, 50
America First 231ff
Amnesty International 237, 239
Aqua Tofana 124f
Arme Ritterschaft Christi, s. Templer
Ashmole, Elias 122
Assassinen 113, 212
Augustinus 27

B

Baader, Ferdinand M. 129, 137
Baal, s. Luce, Henry L.
Baker, James A. 228
Balabanova, Svetla 41, 43f
Balduin I. 105f
Banker, internationale 195, 213, 220f
Baphomet 113ff, 117, 175, 184f
Barruel, Abbé 143f
Bayerische Illuminaten, s. Illuminaten, Bayerische
Beck Kehoe, Alice 44
Bethune Institute for Anti-Fascist Studies 236

Bigu, Jaime 39
Bilderberger 146, 205, 229
Blätter, magische 50f
Blavatsky, Madame Helena P. 82, 176, 179–182, 185, 188
Blavatsky, Yuri 180
Bode, Christoph 139, 143, 162
Bohemian Grove 227
Borki-Attentat 197f
Born, Ignaz von 127
Bouillon, Gottfried von 105
»Brennkiste« 125
Brier, Robert 39
Bronstein, Leo (»Trotzki«) 195f, 213f
Brunés, Tons 81, 176
Brunton, Paul 61–66, 68, 76, 176
Bund der Köhler, s. Carbonari
Burg der »drei Wagen«, s. Gisors 112
Busche, Wilhelm van dem 139, 143
Bush, Familie 165, 171
Bush, George W. 169–172, 228f, 234, 236, 240, 244
Bush, Prescott S. 165, 223

C

Carbonari 158–162, 175, 182, 189
Carmin, E. R. 161
Carta Belota 123
»Cato«, s. Zwack, Franz X. von
Cayce, Edgar 57f
Center for a New Generation 229
Central Intelligence Agency (CIA) 169, 172f, 223, 228, 235
CFR, s. *Council on Foreign Relations*
Cheops 47, 53, 79
– , Grab des 32f
– , Pyramide des, s. Große Pyramide
Chephren 29, 47
– , Pyramide 29, 33
CIA, s. *Central Intelligence Agency*

CIDCON-1 239
Civil Disturbance Plan 239
Clarin de la Rive, Abel 201
Clarke, Richard 240
Clarke, Victoria 238
Clemens V. (Papst) 111
Clinton, William J. 228
Code-Namen 102
Collegium lucis 120
Comenius, Jan Amos 120
Comité politique 140
Comte de Virieu 123f
Council on Foreign Relations (CFR)
   195, 205, 224f, 228f
Crata Repoa 121ff
Cremation of Care 227
Crowe, James R. 185f
Crowley, Aleister 116f, 176

D

Damascus pontifex, s. Herder, Johann
   G.
Dana, Charles 195
David, Rosalie 42
de Charney, Geoffrei 110f
de Molay, Jaques 109ff
Defense Policy Board 229
Dekabristen 168
Des Amis réunis 139f
»die guten Vettern«, s. Carbonari
Dippel, Johann K. 84ff
Djedefre 47
»Dr. Clavius« 51f
Dr. Frankenstein 83, 86
Drexel, Anton 90
Dualismus 202, 243
Dülmen, Richard van 13, 133

E

Echnaton 30, 59, 78
Einweihung 51, 53, 69ff, 76, 82, 101,
   108, 121f, 175-178
Emanationsystem 102f
Emser Depescheneffekt 171f, 227

Encausse, Gérard A. V., s. »Papus«
Erster Weltkrieg 200, 224

F

Fanthorpe, Lionel 110
Fanthorpe, Patricia 110
Fed, s. *Federal Reserve*
Federal Reserve 216ff, 224
Feuerkult 22, 103, 184
Fichte, Johann 164
Fleming, Walter L. 185f
Foreign Affairs 224
Franckenstein, Barone von 84
Frankenstein, Burg 84ff
Französische Revolution 138f, 143,
   157, 162, 196, 207
Fraternitas Saturni 117
Fraunhofer, Joseph von 136
Freimaurer 21, 23, 26, 28, 81f, 90,
   95f, 104, 116f, 119-123, 130f,
   137-140, 142, 144, 157f, 161,
   165, 167f, 172, 174, 182f,
   185-189, 201f, 207, 221
Freimaurer, weibliche 188
Friedrich Wilhelm III. 141

G

Galitzin, Alexander Prinz 180
Gantenbrink, Rudolf 57
Geometrie, heilige 81
George III. 220
Germer, Renate 37ff
Geronimo 165f
Gilgamesch-Epos 78
Giseh 29, 32ff, 47, 49, 59, 61, 65, 71f
Gisors 112
Gnostiker 23, 113, 116, 202
Goethe, Johann W. von 131, 164
Grabtuch von Turin 67, 115
Greenspan, Alan 217
Grolmann, Ludwig A. C. von 138ff
Große Pyramide 29f, 32f, 48f, 53,
   57ff, 61f, 64ff, 68-73, 76-82,
   101, 176ff

–, als Einweihungstempel 81f, 176
–, Große Galerie 62f, 178
–, Königinkammer 57f, 62, 79f
–, Königskammer 29, 50, 53, 66ff, 79, 177
–, Sarkophag 53, 63ff, 67f, 72, 79, 177
Große Weiße Bruderschaft 182
Großloge von British Columbia und Yukon 186
Guantanamo Bay 236ff
Guelfen 161

H

Hahn, Helena P. von, s. Blavatsky, Helena P.
Hallen der Aufzeichnungen 57ff, 69
Hardenberg, Fürst 141f
Harriman, William A. 223
Harriman, Familie 214
Haschisch 41, 113
Hassan-i-Sabbah 113, 212
Hawass, Zahi 32f, 59
Hegel, Georg F. W. 87, 163ff, 190f, 223, 232
Hegelsche Dialektik 87, 146, 169, 190f, 229
Heinrich III. 111
Herbart, Friedrich 164
Herder, Johann G. 164
Heresch, Elisabeth 209
Hermes Trismegistos, s. Thoth
Hermetische Bruderschaft des Lichts 116, 212
Hermetische Bruderschaft von Luxor 177
Herzog Ernst II. 152f, 156
Hieroglyphen 26, 28, 33, 46ff, 57, 81
Hochgradfreimaurerei 183, 205, 207
House, Col. Edward Mandell 195f, 218, 224
Hugo, Graf von der Champagne 159
Hussein, Saddam 229, 239
Hymmen, Johann W. B. von 122

I

Ibdn-Abd-el-Hokem 30
Ickstadt, Johann Adam Freiherr von 21
Illuminaten, Bayerische 72, 82, 84, 86f, 97, 116, 118, 129, 145f, 152, 160, 173
–, Eid 99f
–, Kalender (= Jezdegerische oder persische Zeitrechnung) 101f
–, Verbot 130, 133ff, 149ff
–, Verfolgung 157
»Illuminati« 146, 178
Illuminatus maior 95
Illuminatus minor 95
Imhotep 37, 39, 114
Initiation, s. Einweihung
Isis 114

J

Jacob, Heinrich E. 127f
Jakobinismus 140f, 143, 161
Jantschik, Walter (Jananda) 117f
Jerusalem 107, 111
Jesuiten 21, 23, 90, 103, 148, 163
Jesus Christus 175f
Jogand-Pagés, Marie-Joseph G. A. 202, s. Taxil, Leo
Johannes der Täufer 114
Johnson, Ray 47

K

Kairo 9, 38ff, 59, 113, 180
Kalot Enbolot, s. Carta Belota
Kammern, unentdeckte 32, 63, 177
Karl-Theodor, Kurfürst von Bayern 129f, 133ff, 151, 153
Karpinski, Janis 236
Kellner, Carl 116f
Kennedy, John F. 222
Kerner, Dieter 127
Kerry, John F. 169f, 244
Kimmel, Husband E. 233
Klebnikov, Paul 242

Klingsor 122
Klitzke, Axel 32, 68
Knigge, Adolf Freiherr von 94f
Kokain 40ff, 44f
Kokain-Mumien 40ff, 45
Kolmer Franz 26, 29, 82, 101, 103, 119
Kongreß von Wilhelmsbad 123, 138
König Skorpion 121f
Köppen, Carl F. 122
Körbel, Joseph 229
Ku Klux Klan 185f, 227

L
Lady Queenborough 201
Landulf II. von Capua 122f
Lanz, Johann Jakob 19f, 129, 150
Le Forestier, Réne 28
Lehner, Mark 48, 80
Lenin, Wladimir I. 195f, 213
Lennhoff, Eugen 134
Lescot, Michelle 43f
Lester, John C. 185
Lethbridge, David 236f
Levitation 53
Lhomoy, Roger 112f
Lindbergh, Charles A., Jr. 215, 232
Lindbergh, Charles A., Sr. 216f
Long, Hyman I. 185
Luce, Henry L. 230
Ludwig I. 41
Luxor 44, 177
Luzifer 115, 118, 177, 189, 202f
Luziferische Doktrin 201f

M
Malteser 27, 82
Manichäer 23, 27, 113, 201
Markov, Georgi 242
Martinisten 123, 207, 211
Marx, Karl 191
Massenhausen, Anton von 93, 125
Maximilian, Kurfürst von Bayern 136, 156

Mazzini, Giuseppe 189, 200, 203
McCollum, Arthur 232
Medizin, ägyptische 37ff
Menes 121
milites templi, s. Templer
Miller, Edith Starr, s. Lady Queenborough
Minerval 95, 119, 134, 137
Monsieur Philippe 207f
Morgan, John P. 218, 223, 229
Morgenthau, Henry 230
Moses 81
Mozart, Wolfgang A. 126–129
Mykerinos-Pyramide 32
Mysterien 28f, 69, 79, 81, 96f, 101, 103, 108, 119, 168, 178, 184
Mysterienschulen 58, 78, 103, 116, 155, 175, 227
Mystizismus 74, 159

N
Napoleon Bonaparte 29, 220
Narmer 122
National Herbart Society for the Study of Education 164
Nationalsozialismus 191, 232
Neophyt 72, 78, 159, 166, 174, 176ff
Neue Weltordnung 174, 191, 217, 224, 241
Nieman Foundation for Journalism 241
Nikolaus II. 197, 199, 209f, 212
Nikotin 41ff
»Nine-Eleven« 229, 234, 237, 239f
Novize 95, 104, 119, 145, 156, 175
Novus Ordo Seclorum, s. Neue Weltordnung

O
Olcott, Henry Steele 181f
Orden 322, s. *Skull & Bones*
Orden der Perfectibilisten (= *Bayerische Illuminaten*) 22, 88, 221

Ordo Templi Orientis (O.T.O.) 116f,
144, 177, 212
Osireion von Abydos 33
Osiris 34, 176, 178

P

Palladium Orden 202
»Papus« 206ff, 211f
Parsen 22, 103, 184, 227
Payens (Payns), Hugo von 105ff, 109
Payson, Seth 143
Pearl Harbour 230–233, 240, 243
Pentagon 234, 238, 243
Perle, Richard 229f
Pestalozzi, Johann H. 164
Petrie, Flinders 36
Philipp IV., der Schöne 109f
»Philo«, s. Knigge, Adolf Freiherr von
Pike, Albert 183–192, 196, 200f, 203,
205
Pitt, Sir William 221
Plato 81, 103
Polakovics, Friedrich 87
Pozen, David 171f
Project for the New American Century
229
Prometheus 83
Proselyten 140, 156
Protokolle der Weisen von Zion
191–196, 236
Ptolemäus IV. 48
Pythagoras 81
Pythagoras, s. Drexel, Anton

Q

Quantenphysik 75, 145
Quibuslicet 89
Quigley, Carroll 225

R

Ra Djedef, s. Djedefre
Ramses II. 43, 220
Randall-Stevens, H. C. 58
Raphael, s. Wundt, Karl K.

Rasputin, Grigorji J. 208, 210f
Ravenscroft, Trevor 122
Reed, Richard R. 185
Regenten 96
Renner, Vitus 131–134
Rennes-le-Chateau 110
»Republik der Bienen« 103
Revolution, russische 196, 208,
211–214
Rex 96, 101
Rhodes, Cecil 213
Rice, Condoleezza 228f
Richardson, James O. 233
Riten 17, 28, 70, 76, 98f, 111, 117f,
120, 123, 174f, 178, 185, 189,
227
Ritualmord 178, 220, 227
Robbins, Alexandra 173
Robison, John 142ff
Rockefeller, David 228
Rockefeller, Familie 222, 226
Rockefeller, John D. 244
Roosevelt, Clinton 195
Roosevelt, Franklin Delano 195,
230ff
Roosevelt, Theodore 218
Rosenkreuzer 22f, 58f, 69, 76, 82,
116, 120, 123, 129, 182
Rothschild, Familie 107, 213, 220
Roundtable-Gruppen 213
Rumpus 171f
Russell, William Huntington 162–166

S

Sakkara-Nekropole 39, 41
Salomon-Tempel 106, 120
Saurid Ibn Salhuk 31
Sayer, Anthony 121
Schädelsymbolik, kultische 115, 166f,
175
Schatzkammern 31
Schottischer Ritter 96
Schottischer Ritus 185, 207

Schröckenstein, Friedrich Freiherr von 114
Schröder, Friedrich L. 205
Schuster, Georg 143f, 152, 191
Schwarze Hand 212
»Schwarzes All« 117
Schwarzkopf, Col. Norman H. 215
Seifert, Karlheinz 38
Serapeum 40
Sheldrake, Rupert 75
Shelley, Mary Wollestonecraft 83f
Short, Walter 233
Sidon 115, 175
Siloam 176f
»Sittenregiment« 96, 132, 150
Skull & Bones 11, 18, 145, 164f, 167, 169–175, 178, 190, 192, 195, 205, 214, 216, 218, 222ff, 225f, 228ff, 239, 241, 243f
Sonnenbarke des Cheops 45
Spartacus, s. Weishaupt, Adam
Sphinx 34, 59, 69, 121, 168
Stanford Research Institute (SRI) 60
Stanford University 228
Stimson, Henry L. 230
Stinnett, Robert B. 231, 233
Stolypin, Pjotr A. 209f, 212
Strahlung, radioaktive 39
Strapatin, Manuel 32, 68
Strikte Observanz 104, 119
Sufismus 211f
Supreme Council 33° 186f, 201
Sutton, Antony C. 171f, 174, 214
Swerdlow, Jakow 213
Swieten, Baron van 128
Szepes, Mária 78

T

Tabak 42f, 45
Taft, Alphonso 165, 218
Taft, William H. 165, 218
Taguba, Antonio M. 235
Taguba-Bericht 235f
Tahuti, s. Thoth

tap night 169, 174
Taxil, Leo 202f
Templer 23, 27, 58, 76, 82, 105ff, 109–116, 118ff, 123, 159, 175, 184, 212
–, Schatz der 112f
Tenet, George 240
Teotihuacán 46
Terrorismus 234, 240, 243
Theosophische Gesellschaft 181, 207
Thibault, Graf von Brie und Champagne 158f
Thoth (Hermes Trismegistos) 31, 114, 178
Tod, symbolischer 174f, 178
Todeserfahrung 76
Todtenkopf und Phönix 165, 167f
»Tomb« 166, 170f, 174, 178
Tompkins, Peter 82
Trotzki, s. Bronstein, Leon
Tutanchamun 30, 38
Tuthmoses III. 59
Tyscalat, s. Sittenregiment

U

Ulmer Münster 76f
Unvollendete Kammer 61, 68–73, 79f
Utzschneider, Joseph von 129, 136f

V

Vachod, Philippe, s. Monsieur Philippe
Verbrüderung des Schwarzen Schädels 206

W

»War on Terror« 234, 238
Washington, George 221f
Watson, Paul J. 240
Webster, Nesta H. 23, 26
Weishaupt, Adam 20–29, 31, 35, 50, 60, 72, 82f, 86–91, 93–97, 101–104, 116, 118f, 123ff, 129, 132, 134, 139, 141, 143f,

148–158, 160–163, 166ff, 178,
183, 189f, 196, 205f, 216, 219,
221ff, 230
Weishaupt, Alfred 153
Weishaupt, Karl 153
Weltkriege, geplante 189
Wilhelm II. 171f
Wilson, Woodrow 195, 218f, 229f
Witte, Sergej Graf 212
Wolffsohn, Michael 110
Wolfowitz, Paul 228
Wolfram von Eschenbach 122
World Trade Center 234, 240, 243
Wright, Angela 237
WTC, s. World Trade Center
Wundt, Karl K. 165
Wundt, Wilhelm 165
Wurzbach, Constant von 141

Y

Yale-Universität 164-167, 171, 173f,
223
York Manuscript No. 4 188
Yoshimura, Sakuji 80

Z

Zarathustra (Zoroaster) 22, 103
Zichy, Géza Graf 198, 200
Zichy, Michael von 197ff
Zichy, Stephan Graf 141f
Zimmermann, Markus 235
Zwack, Franz X. von 90, 104, 131,
149, 153f

Skull & Bones – die machtvollste Geheimgesellschaft, die unsere Welt jemals bedroht hat

Es sind genau 15 junge Männer, die Jahr für Jahr für den elitärsten Geheimbund der Welt, *Skull & Bones*, auserwählt werden. Seit über 170 Jahren treffen sich seine Mitglieder im Verborgenen. Der geheimnisvolle Orden wird von den Blutlinien der prominentesten Familien-Dynastien der USA beherrscht.

Neben Bush finden sich hier so illustre Namen wie Rockefeller, Taft und Harriman. Aus den Reihen ihrer Eingeweihten gehen Präsidenten, Senatoren, Richter, Finanz-Tycoone und Medienzaren hervor. Sie sind die Titanen der Finanzwelt und der Industrie.

Ihren Sitz haben die *Skull & Bones* in einem seltsam anmutenden Gebäude auf dem Gelände der Elite-Universität Yale, das sie »die Gruft« nennen. Hier werden nicht nur magische Rituale für die Neophyten-Einweihung durchgeführt und wichtige Artefakte des Ordens aufbewahrt. In dieser »Gruft« entwerfen die »Bonesmen«, die ihre Organisation »die Bruderschaft des Todes« nennen, ihre weitreichenden Pläne für eine Untergrundverschwörung zur Übernahme der Weltmacht. In ihrem Bestreben, eine neue Weltordnung zu etablieren, die die ultimative Macht in die Hände ihrer Familien legt, hat *Skull & Bones* bis zum heutigen Tag nahezu jeden gesellschaftlich wichtigen Bereich erfolgreich unterwandert – sei es Forschung, Politik, Finanzen, Industrie, Militär oder die Medien. Tatsächlich lenkt *Skull & Bones* – für viele unerkannt – die Geschicke der USA und damit der Welt.

gebunden
256 Seiten
zahlreiche Abbildungen
ISBN 3-930219-70-0
19,90 EUR

KOPP VERLAG
Graf-Wolfegg-Straße 71
D - 72108 Rottenburg
Telefon (0 74 72) 9806-0
Telefax (0 74 72) 9806-11
Info@kopp-verlag.de
http://www.kopp-verlag.de